QUER BEET

W0391835

Dumme rennen, Kluge warten,
Weise gehen in den Garten.

Rabindranath Tagore

Burkhard Mücke
John A. Ferguson
Sabrina Werner

Das große Gartenjahrbuch

QU

ER
BEET
2010
av BUCH

Bildnachweis

Umschlag: Sabrina Werner, *Papaver rhoeas*, siehe auch Seite 59

Burkhard Mücke: Seite 48, 119; J. Pinske: Seite 23 alle, 24, 25 rechts, 26; Artur Szmigiel: Seite 14 unten, 25 links, 34 unten, 65, 70 klein, 72 links, 76, 77, 90 oben, 99 links, 110 unten, 112 oben, 127 rechts; Bildagentur Waldhäusl: Seite 10, 12, 14 oben, 17, 18, 27 rechts, 30, 33, 34 oben, 35, 36, 37, 39, 40 beide, 41, 42 rechts, 43, 48, 49 links, 50, 51, 52, 54, 55, 58, 60, 62, 64, 66, 67 beide, 68, 70 groß, 72 rechts, 73 unten, 74, 78, 79 alle, 80, 82, 83, 86, 87, 90 unten, 91, 92 Mitte, 93, 94, 97, 98, 99 rechts, 100, 101, 103, 104, 105, 106, 108, 110 oben, 113, 116, 117, 119, 120, 121, 122 rechts, 124 links und rechts oben, 125 beide, 126 beide, 127 links, 129 unten links, 130 unten, 131, 132, 133, 134, 135, 137, 139, 140, 141, 142, 143 beide, 144, 148 beide, 149, 150, 152, 154 beide, 156, 159, 160 oben rechts und unten, 161 beide, 162, 164, 165, 166, 167, 169, 170, 172, 173, 174 oben, 176, 178, 181, 182, 184 beide, 185, 187 rechts, 188, 189; Sabrina Werner: Seite 13, 19 rechts und links, 20, 21, 22, 27 links, 28, 29, 31, 32 beide, 38, 42 links, 44, 45, 46, 47, 49 rechts, 56, 57, 59, 61, 69, 71, 73 oben, 75 beide, 81, 84 alle, 88, 92 links und rechts, 95, 96, 102, 107, 109, 111, 112 unten, 114, 115, 118, 122 links, 124 rechts unten, 129 oben rechts und links und unten rechts, 130 oben rechts und links, 136 beide, 145 beide, 146, 147, 151, 153, 158 beide, 160 oben links, 163, 171, 174 unten, 175, 177, 179, 186, 187 links

Impressum

© 2009 Österreichischer Agrarverlag Druck- und Verlagsges. m.b.H. Nfg. KG
Sturzgasse 1A, A-1141 Wien, E-Mail: buch@avbuch.at, Internet: www.avbuch.at

Deutsche Nationalbibliothek – CIP-Einheitsaufnahme
Die Deutsche Nationalbibliothek verzeichnet diese Publikation in der Deutschen Nationalbibliografie; detaillierte bibliografische Daten sind im Internet über dnb.ddb.de abrufbar.

Das Werk ist einschließlich aller seiner Teile urheberrechtlich geschützt. Jede Verwertung außerhalb der engen Grenzen des Urheberrechtsgesetzes ist ohne Zustimmung des Verlages unzulässig und strafbar. Das gilt insbesondere für Vervielfältigungen, Übersetzungen, Mikroverfilmungen und die Einspeicherung und Verarbeitung in elektronischen Systemen.

Für die Richtigkeit der Angaben wird trotz sorgfältiger Recherche keine Haftung übernommen.

Projektleitung: Brigitte Millan-Ruiz, avBUCH
Redaktion: Redaktionsbüro Wolfgang Funke, Augsburg
Umschlag & Layout: Ravenstein + Partner, Verden
Satz: armanda.geisler Wien
Bildreproduktion: Hantsch & Jesch PrePress Services OG, Wien
Druck und Bindung: AV+Astoria Druckzentrum GmbH, Wien

Printed in Austria

ISBN 978-3-7040-2363-6

Inhalt

Einleitung

An den Blüten der Schneerose kann man sich bereits ab Februar erfreuen.

Wir von Querbeet sind Gartennarren. Wir sind verliebt in das Faszinosum Garten; für uns ist Garten lebendiger Ausdruck von Natur, Kunst und Kultur. Diese Grundhaltung ergibt letztlich den großen Rahmen, das Szenarium, in dem wir mit unserem eigenen kleinen Stück Natur leben, in dem wir den Garten mit all seinen großen und kleinen Bestandteilen empfinden. Gärten sind auch etwas ungemein Persönliches. Empfindung und Wahrnehmung, Natur und Umwelt fühlen und erfassen, im Garten ist all dies eingebettet in ein geistig-kulturelles Umfeld, das in einer langen historischen Tradition verwurzelt ist.

Soweit das Philosophische am Garten. Etwas profaner sieht der Alltag aus: Selbst erfahrene Gärtner sind sich oft nicht ganz sicher, wann sie bestimmte Arbeiten im Garten erledigen sollen. Wann ist der beste Zeitpunkt, um einen Rhododendron zu pflanzen, eine stark wuchernde Clematis zurückzuschneiden, eine zu üppige Asternstaude zu teilen oder einen Teich auszuheben?

An diesem Punkt setzt unser neues BR-Gartenbuch an. Denn für die meisten Arbeiten gibt es einen bestimmten Zeitpunkt, der dafür am besten geeignet ist. Leben im und mit dem Garten, mit Pflanzen und Blumen, das macht uns vertrauter mit der Natur und ihren Geheimnissen. Ein Garten ist eine faszinierende Lebenswelt für sich. Selbst in kleinsten Stadtgärten kann man Dinge entdecken, die man dort nie vermutet hätte. Die Aufmerksamkeit für die natürlichen Vorgänge in Ihrem Garten und in Ihrer unmittelbaren Umgebung zu wecken, ist ein Anliegen dieses Buches.

Pflanzen sind genauso wie alle anderen Lebewesen den verschiedenen Einflüssen des Wetters, des Klimas und der lokalen Bedingungen unterworfen. Sie bestimmen in hohem Ausmaß, ob eine Pflanze an einem bestimmten Standort gedeihen kann, wann sie zu wachsen, zu blühen oder Früchte auszubilden beginnt, oder wann ihre Winterruhe einsetzt; ebenso, wann sie altert und das Ende ihres Lebens erreicht. Eine Einteilung des Gartenjahrs in die vier Jahreszeiten Frühling, Sommer, Herbst und Winter ist also nicht genau genug, um den richtigen Zeitpunkt für viele wichtige Gartenarbeiten zu bestimmen. Es hätte z. B. keinen Sinn zu empfehlen, einen bestimmten Strauch im April zurückzuschneiden, denn der April in Kiel oder Bamberg unterscheidet sich erheblich vom April am Bodensee. Jeder Garten hat zudem sein eigenes Kleinklima, abhängig von der jeweiligen Lage. Der Frühlingsanfang

etwa wird nicht vom astronomischen Kalender bestimmt, sondern hängt von einer Reihe von Faktoren ab, die sowohl konstant als auch veränderlich sind. Wichtige konstante Bedingungen sind z. B. die geografische Lage des Gartens, der Längen- und Breitengrad sowie die Meereshöhe, der Abstand vom Meer oder anderen großen Wasserflächen. Hinzu kommen die Neigung des Geländes oder die Sonneneinstrahlung und die vorherrschende Windrichtung. Eine große Rolle spielt auch, ob ein Garten in der Stadt oder auf dem Land liegt, denn die Wärme und die geschützte Lage, die eine Stadt bietet, kann großen Einfluss auf die Dauer der Jahreszeiten haben. Birnbäume in München öffnen ihre Blüten gut drei Wochen früher als in einem Garten auf dem Land, der vielleicht nur 80 km entfernt ist. Nimmt man all diese Faktoren zusammen und bezieht auch noch die großen Schwankungen des Wetters von Jahr zu Jahr mit ein, wie z. B. die Unvorhersehbarkeit des Frühlingsanfangs, dann leuchtet ein, dass jeder Garten ein einzigartiger klimatischer Kosmos ist.
Dennoch: Frühling, Sommer, Herbst und Winter sind für die meisten Menschen klar definierte Jahreszeiten. Doch die Abläufe in der Natur weichen terminlich oft deutlich vom gregorianischen Kalender ab. Sie werden stark von der wechselhaften Witterung beeinflusst und sind von Region zu Region unterschiedlich. Während in den Tropen und Subtropen die Vegetations- und Ruhezeiten der Pflanzen durch Regen- und Trockenzeiten ausgelöst werden, prägt in unseren Breiten die Durchschnittstemperatur den Zustand der Vegetation.

Der phänologische Kalender

In unserer Vorstellung verbinden wir die vier Jahreszeiten mit bestimmten Bildern: Der Frühling bringt saftiges Grün, der Sommer die Blütenfülle, der Herbst lässt Früchte reifen, der Winter zeigt kahle Äste und Tannengrün. Doch die Natur hält sich nicht immer an diesen Kalender. Oft weht zum kalendarischen Frühlingsbeginn noch ein rauer Wind oder es fällt sogar Schnee. Die Tätigkeiten im Garten müssen aber mit diesen vorherrschenden Verhältnissen im Einklang sein.
Eine bessere Orientierungshilfe als der reguläre Kalender bietet hier der phänologische Kalender, dem langjährige Beobachtungen wiederkehrender Ereignisse in der Natur zugrunde liegen.
Die häufig belächelten Bauernregeln spiegeln dieses Wissen vielfach wider. Aus diesen Überlieferungen entwickelte sich im 18. Jahrhundert die „Lehre der Erscheinungen" – die Phänologie. Hier werden Beobachtungen aus Land- und Forstwirtschaft, Meteorologie und Ökologie miteinander verknüpft.
Der phänologische Kalender kennt für die Vegetation 10 Jahreszeiten, die in der Tabelle unten aufgeführt sind. Entwicklungsstadien, wie Blühbeginn und Reife bestimmter Pflanzen, signalisieren den Beginn einer Jahreszeit. Dieser Zeitpunkt kann jedoch je nach Landschaftsgebiet unterschiedlich sein, z. B. zwischen dem Weinbaugebiet am Main und dem Alpenvorland. Witterungsbedingt gibt es nicht selten „Ausreißer", wodurch eine phänologische Jahreszeit extrem früh bzw. sehr spät beginnen kann. Beim Vergleich von jahrelangen Aufzeichnungen eines kleinen Gebietes zeigt sich – trotz mancher Unregelmäßigkeiten – eine Tendenz zum verfrühten Beginn des Frühling.

Jahreszeit:	**Fängt an mit dem Beginn von:**
Vorfrühling:	Haselnussblüte oder Schneeglöckchenblüte
Erstfrühling:	Forsythienblüte oder Blattentfaltung der Stachelbeere
Vollfrühling:	Apfelblüte
Frühsommer:	Blüte des Schwarzen Holunders
Hochsommer:	Blüte der Winterlinde
Spätsommer:	Fruchtreife von Frühapfel oder Eberesche
Frühherbst:	Fruchtreife des Schwarzen Holunders
Vollherbst:	Fruchtreife von Stieleiche oder Rosskastanie
Spätherbst:	Blattverfärbung von Stieleiche oder Rosskastanie
Winter:	Vegetationsruhe/Blattfall der Stieleiche

Vorfrühling

Allgemeine Gartenarbeiten
- Beete vorbereiten: Erde oberflächlich lockern und einebnen
- Kompost ausbringen und in die obere Erdschicht einarbeiten
- Gründünger in Beete und im Kleingewächshaus aussäen: Spinat, Senf, Raps
- Mistbeet neu packen, Frühbeet herrichten evtl. Substrat auffüllen

Nutzgarten
- Aussäen im Haus: Tomaten, Sellerie, Paprika, Kohlrabi, Aubergine, frühe Kohlsorten, Sommerlauch
- Aussäen im Kleingewächshaus, Frühbeet: Spinat, (Schal-)Erbsen, Steckzwiebeln, Radieschen und Rettich, Pastinaken, Möhren, Petersilie, Puffbohnen, Pflücksalat, Mairüben
- Erdbeerbeete pflegen: Boden lockern, Pflanzen ausputzen, Unkraut entfernen

Ziergarten
- Aussäen im Haus: Edelwicken, Löwenmaul, Tagetes, Spinnenpflanze, Sommernelke, Ziertabak, Glockenrebe
- Kübel- und Zimmerpflanzen umtopfen, zurückschneiden, auf Schädlinge kontrollieren
- Aussäen im Freien: Ringelblume, Kornblume, Goldmohn, Schleierkraut, Schleifenblume, Jungfer im Grünen, Klatschmohn
- Vortreiben von Knollenbegonien, Gladiolen, Dahlien in Töpfen
- Staudengräser eine Handbreit über der Erde zurückschneiden
- Frühjahrskur für den Rasen: Vertikutieren, Düngen, Unkräuter und Moos entfernen
- empfindliche Gehölze pflanzen (insbesondere Rhododendren und andere Immergrüne)

Der Garten im Vorfrühling

Filigranes, nacktes Geäst der Bäume hebt sich gegen einen klaren, sonnigen Himmel ab, zarte Düfte, leuchtende Farbtupfer wie Leberblümchen, Winterlinge, Anemonen und Christrosen, die sich zwischen die Wurzeln der Bäume ducken, um Schutz vor Frühlingsstürmen und dem letzten Schnee zu suchen – das sind die Kennzeichen des Gartens im Vorfrühling. Dieses heitere Bild lässt sich selbst im kleinsten Garten in der Stadt verwirklichen. Bereits ein einzelner, gut platzierter Strauch kann diesen Eindruck hervorrufen, etwa ein weit ausladender Haselstrauch, unterpflanzt mit rosa blühender *Erica carnea,* oder ein weißer *Abeliophyllum*-Strauch, der in einem dichten Teppich von Efeu, Leberblümchen, Schneeglöckchen und Winterlingen steht.

Frühbeetkästen früher und heute

Von den ersten Mistbeetkästen bis zu modernen Frühbeetanlagen war es ein weiter Weg.

Am Anfang des Bemühens, die Vegetationszeit im Garten zu verfrühen, stand das Mistbeet: Über Jahrhunderte hinweg war es die wichtigste und gelungenste Art, empfindliche Nutz- und Zierpflanzen in der kalten Jahreszeit zu kultivieren und für das Freiland vorzuziehen. Man ging das Problem dabei von zwei Seiten an: Von unten, aus der Tiefe des Mistbeetkastens, strahlte der Pferdemist seine Wärme ab, und von oben heizten das Licht und die Sonne, wenn sie denn schien, den biologischen Umbauprozess im Kasten an. In einem alten Standard-Ratgeber, *Schmidlin's Gartenbuch* aus dem Jahre 1877, sind Mistbeet-Weisheiten zu finden, die vielleicht etwas umständlich klingen, bis heute aber noch Gültigkeit haben:

„Gegen das Ende des Februars oder in den ersten Tagen des März geht man an die Herrichtung des Frühbeetes. Das beste Material zur Erwärmung desselben ist mit trockenem Laube recht gleichmäßig gemischter Pferdemist. Die Höhe der Düngerlage soll 50–60 cm betragen. Das erwärmende Material wird mittelst einer Gabel schichtweise aufgebracht, wobei langer und kurzstrohiger Mist gut gemischt wird, und jede Schicht festgetreten, bis die erforderliche Höhe erreicht ist. Dieses Verfahren ist notwendig, um eine in der ganzen Mistlage gleichmäßige Fermentation und Erwärmung zu erzielen."

Diese vom königlichen Hofgärtner zu Charlottenhof bei Potsdam beschriebene Mistbeet-Anlage ist für den mobilen Frühbeetkasten gedacht. Wobei man davon ausging, dass der Mist von beiden Seiten wärmen muss, von innen durch die fermentierende Packung und von außen, wo die Kasten-Bretter in ihrer ganzen Höhe noch mal mit einer 30 cm breiten Schicht Mist umgeben wurden. Auch heute gilt, wenn Jungpflanzen im Mistbeet schon ab Februar wachsen sollen, muss eine 60 cm starke Schicht möglichst frischen Pferdemists in den Kasten eingebracht werden. Frühbeete mit Laub oder Rindenhumuspackungen legt man nicht vor Mitte März an, weil sie geringere Wärme entwickeln. Das warme Kleinklima im Kasten hält besser und länger, wenn man den Mistbeetkasten von allen Seiten möglichst gut isoliert, entweder wie früher mit Pferdemist, oder mit Laub, mit Rinde, mit Erde oder mit Wärmedämmplatten.

Der Charlottenhof war die Sommerresidenz des Königs von Preußen.

Lange Geschichte

In der historischen Gartenliteratur hat das hohe Gewächshaus bei den Beschreibungen des Unterglas-Anbaus Priorität: In der praktischen Wirklichkeit stand jedoch der niedrige Frühbeetkasten eindeutig im Vordergrund. Bereits der römische Kaiser Tiberius ließ in Frühbeetkästen Melonen anziehen. Im 15. Jahrhundert erlebte die Melonenkultur im Mistbeet in und um Paris einen ersten großen Höhepunkt. Später entwickelten sich daraus die bekannten Champignonanzuchten. Es waren Warmbeete ohne Glas, da die Glasscheiben in der damaligen Zeit noch zu teuer waren für solche Zwecke. In der Nacht oder bei Kälteeinbrüchen, aber auch am Tag, deckte man die Mistbeete mit Stroh, Schilf- oder Bastmatten ab. Glas gab es nur in Ausnahmefällen in fürstlichen oder klösterlichen Gärten, wo Glasabdeckungen zum Verfrühen und Schützen von Gurken oder Melonen eingesetzt wurden.

Glas und die Folgen

Seinen Siegeszug trat der Frühbeetkasten Ende des 17. Jahrhunderts an, nachdem Lucas de Nehon 1688 das Gussglas erfunden hatte und Glasscheiben erschwinglicher wurden. Erst nach der für die Glasherstellung so wichtigen Entdeckung der Sodagewinnung nach dem Leblanc-Verfahren im Jahre 1791 konnte Glas als Massenware und einigermaßen preisgünstig hergestellt werden.

Gemüseanbau en gros

Die meisten Gärtnereien stiegen in den ersten Jahrzehnten des 19. Jahrhunderts in die Frühgemüsekultur ein. In Hamburg ist der Beginn der Mistbeetkultur für Frühgemüse und Blumen unter Glas im Jahre 1790 belegt. In Würzburg waren es 1830 die Gebrüder Zippelius, die dem Treibgemüsebau im glasbedeckten Frühbeetkasten zum Durchbruch verhalfen. Eine Generation später, im Jahr 1875, gab es in Würzburg bereits 30 Gemüsetreibereien mit etwa Tausend Frühbeetfenstern. 30 Jahre danach, 1905, waren Betriebe mit Tausend Frühbeetfenstern keine Seltenheit mehr. Zur Perfektion gelangte die Mistbeetkultur unter Glas nach dem ersten Weltkrieg. In Mittel- und Norddeutschland schlossen die Gärtner damit in erster Linie die Produktionslücke für die üblichen Gemüsearten: Radieschen, Rettich, Salat, Kohlrabi, Gurken und Möhren. Ende November begann die Beettreiberei von Radieschen, die bis Februar oder März geerntet wurden. Die Gurkenaussaaten von Anfang Februar kamen Ende März zum Ertrag und erreichten Spitzenpreise von zwei Goldmark je Gurke im Jahre 1914.

Innovationen

Große wirtschaftliche Bedeutung erlangte in Holland und Norddeutschland die Produktion von Erdbeeren als Frühkultur. Und im Raum Hamburg hatte schon vor dem ersten Weltkrieg die Rhabarbertreiberei in heizbaren Kästen Hochkonjunktur. Man beschränkte sich dabei nicht alleine auf Mist zur Wärmeerzeugung, sondern verwendete Luftheizungen mithilfe von Tonröhren und teils auch schon Warmwasserheizungen zur Kastenerwärmung. Vor dem Einbau zusätzlicher Heizungen war die Frühbeetkultur vom Mist abhängig. Nicht mehr das Glas, sondern die Pferdehaltung und der Anfall von Pferdemist waren der begrenzende Faktor für die Gemüsetreiberei im Kastenbeet. Weil es bisweilen an Pferdemist mangelte, suchte man schon früh nach Alternativen. Eine davon war das Laubbeet. *Schmiedlin's Gartenbuch* von 1877 gibt darüber Auskunft.

„Weit weniger kostspielig ist die Anlage von Laubbeeten. Man wirft dazu an der wärmsten Stelle des Gartens eine Grube von 30-60 cm Tiefe, 3-4 m Länge und 1,30 m Breite aus. In dieselbe bringt man Laub von Bäumen, welches fest eingetreten werden muß, bis auf einen Raum von etwa 15 cm Höhe, der mit guter, durchgeworfener oder gesiebter Erde ausgefüllt wird. Dieses Laublager wird mit einem üblichen Mistbeetrahmen eingefaßt und, nachdem es besät worden, mit Fenstern bedeckt. Ein solches Laubbeet darf jedoch nicht vor Mitte oder Ende des Monats März eingerichtet werden, doch erhält man in ihm gesunde Setzlinge immer noch früh genug, zu Anfang des Mai."

Und dann erläutert der königliche Hofgärtner aus Potsdam, wie die Fruchtfolge in so einem Beet aussehen könnte. Zum einen geht es darum, zunächst die Küche mit Blumenkohl, Kohlrabi, Wirsing, Salat und Rettichen zu versorgen. Um früh genug dran zu sein, sollte man am besten Aussaaten vom vergangenen Herbst verwenden, die man Anfang März ins Frühbeet setzt. Dann gibt es bereits Anfang Juni reifen Blumenkohl, noch früher Kohlrabi und etwas später Wirsing.
Und die Melonenkerne, so die Empfehlung aus dem alten Gartenbuch, setzt man Anfang Mai in das Beet, dann kann man Ende August die reifen Früchte ernten.

Auf Mist gewachsen

Weil es bequemer ist, vorgezogene Pflanzen für den Salat- und Gemüsegarten beim Gärtner zu kaufen, ist das Mistbeet heute weitgehend aus der Mode geraten. Aber seitdem vermehrt Reitställe aus dem Boden schießen und sich die Pferdehaltung zu einem weit verbreiteten Hobby entwickelt, erschließen sich neue Quellen für das Grundmaterial, den Pferdemist. Und so mancher Häuslebauer und Kleingartenbesitzer entdeckt die alte Methode der Kulturverfrühung aufs Neue. Deshalb zum Schluss ein paar praktische Tipps: Ein Mistbeet kann man in einem der herkömmlichen, im Handel zu beziehenden Frühbeetkästen anlegen, oder man kann es selbst aus Holz bauen. Allerdings sollte man darauf achten, dass der Abstand vom Glas des Frühbeetfensters bis zur Bodensohle, auf welcher man den Mist aufbringt, wenigstens 80 cm beträgt.

Das Mistbeet packen

Die Wärmeentwicklung im Mistbeet lässt sich steuern: Tritt man den Mist sehr fest, können sich die Bakterien nicht so gut entfalten und die Wärme entsteht langsamer und wird auch nur verzögert an die Umgebung abgegeben. Deshalb ist ein festes Antreten nicht ratsam, wenn man schnell ausreichende Wärme für die Kulturen braucht. Trockenen Mist sollte man während des Einbringens in den Kasten mit warmem Wasser angießen. Die eingebrachte Schicht Kulturerde auf dem gepackten Mist sollte 20 cm dick sein.
Wenn das Beet fertig gepackt ist, muss zwischen dem Glasfenster und der Erde ein Abstand von 20-30 cm bleiben.
Stellt man sich diesen Aufwand einmal vor, dann ist es verständlich, dass man heutzutage das Mistbeet lieber fest installiert und nicht als mobile Einheit verwendet, die nach Bedarf auf- und abzubauen ist. Wobei früher der mobile Einsatz von Mistbeeten noch einen anderen Zweck erfüllte: Nach der Frühbeetnutzung blieb ein Gemisch aus altem Mist, Stroh, Laub und Erde übrig, das eine ideale Basis für ein Freilandgemüsebeet bildete.

Frühbeetkästen heute

Seine Renaissance erlebte der Frühbeetkasten nach dem Krieg in den Kleingartenvereinen und den Schrebergartenkolonien. Und auch seit einigen Jahren wieder, da man entdeckte, dass ein Frühbeetkasten ebenso viele Vorteile für das zeitige Vorziehen von Pflanzen bietet wie ein Kleingewächshaus. Die modernen, ausgereiften Frühbeetkonstruktionen mit ihren selbstlüftenden Fenstern haben für das alte Mistbeet auf neue Weise wieder einen Platz im Garten erobert, auch wenn man auf den wärmenden Pferdemist oft verzichtet. Sorgt man für zusätzlichen Kälteschutz, dann kann man es durchaus wagen, im Frühbeetkasten ab Mitte März mit der Vorkultur zu beginnen. In so einem Frühbeet profitieren die jungen, oft etwas langstielig geratenen Pflänzchen gleich von Wuchsbeginn an vom intensiven Licht und den länger werdenden Tagen. Wo Lücken entstehen unter dem schützenden Glas, weil die ersten Kulturen bereits ins Freie gepflanzt wurden, sind sie eine Einladung zum Nachziehen der Folgekulturen oder zum Ausprobieren neuer Salat- und Gemüsearten oder neuer Blumensorten für den Sommer und den Herbst. Von der Anzucht über Früh- und Sommerkulturen bis zur Winternutzung mit Feldsalat, Winterpostelein oder Kräutern ist der Frühbeetkasten das ganze Jahr hindurch eine wertvolle Ergänzung zum Freiland, vielfach eine Station zwischen Fensterbrett und den Blumen-

Regelmäßiges Belüften der Frühbeete ist eine Voraussetzung für gesunde Pflanzen.

und Gemüsebeeten draußen. Und weil das Frühbeet eine Schlüsselrolle im ganzen Kulturgeschehen eines Gartens einnimmt, lohnt es sich, auf stabile, langlebige Konstruktionen zu setzen.

Selbst lüftende Kästen

Wer etwas Dauerhaftes will, das ein ganzes Gärtnerleben hält, der sollte sich mit dem System einer kleinen Münchner Firma anfreunden: Es handelt sich dabei um selbst lüftende Frühbeetfenster. Man kann sich bei diesem System den Kasten in beliebiger Größe, mit ein, zwei oder drei Fenstern selbst bauen – aus Holz oder Stein. Die Glasscheiben sitzen dabei fest in beweglichen Kunststoffhaltern. Falls eine Scheibe zu Bruch geht, kann man sie selbst leicht auswechseln. Die Lüftungsautomatik an diesen Fenstern funktioniert verblüffend einfach: Sie besteht aus einem Thermostat in Form eines Kupferrohrs, das mit einer öligen Flüssigkeit gefüllt ist und sich bei Wärme ausdehnt und bei Kälte zusammenzieht. Die geringe Bewegung wird auf einen Hebel übertragen, der die in den Kunststoffbügeln hängenden und miteinander verbundenen Einzelfenster öffnet oder schließt. Frühbeetkästen in dieser Qualität können durchaus mit einem Kleingewächshaus mithalten, ja in mancher Hinsicht sind sie dem begehbaren Glashaus überlegen. Die selbst lüftenden Frühbeetkästen lassen sich übrigens auch als Mistbeetkasten nutzen.

Kompaktfrühbeete

Ein gewisser Schlusspunkt in der Entwicklung des Frühbeetkastens ist die Rückkehr zum voll beweglichen System, wie man es früher hatte; und zwar in der Gestalt transparenter Kompaktkonstruktionen aus schlagfestem, gewelltem Kunststoff, die vom Hersteller Kompaktfrühbeete genannt werden. Sie sind eine ideale Lösung zur Anzucht aller besonders Wärme liebenden Kulturen wie Gurken, Tomaten, Zucchini, Paprika und Auberginen. Man stellt sie nur zur Anzuchtzeit auf, ansonsten lassen sie sich gut im Schuppen stapeln. Angeboten werden die Kompaktfrühbeete in farbloser und in milchiger Ausführung. Ihr Vorteil: Man kann sie überall hinstellen, wo im Garten gerade Bedarf nach Wärme und Regenschutz besteht. Wie der Frühbeetkasten eignen sie sich für die Anzucht von Pflanzen im Frühjahr und zur Verlängerung der Ernten im Herbst. Nur dass so eine Plastikhaube eben viel flexibler zu handhaben ist. Man kann sie als eigenständigen Frühbeetkasten einsetzen oder bei Bedarf über ausgesäte oder ausgepflanzte Kulturen im Garten stülpen. Die transparenten Kompaktfrühbeete stehen nicht nur in ihrer Funktion zwischen Folie und Frühbeetkasten, auch im Preis kommen sie an die sogenannten Holländerfenster heran. 85,- bis 135,- € kostet das etwa einen Quadratmeter große Kunststofftunnel-Element. Für das klassische, einfache Frühbeetfenster muss man heutzutage zwischen 60,- und 100,- € bezahlen.

John Ferguson

QUER BEET

Gesunde und kräftige Zimmerpflanzen

Der Korallenstrauch stammt aus Brasilien. Er ist sicher eine der attraktivsten Kübelpflanzen. Die herrlichen Blüten erscheinen ab Juni.

Zimmerpflanzen am Fenster – doch welche Pflanzen fühlen sich am Süd- und welche am Nordfenster wohl? Wir von Querbeet haben mit Till Hägele, dem Leiter der Gewächshäuser im Botanischen Garten München, einen Versuch gestartet:

Attraktive Zimmerpflanzen für die Fensterbank

Für ein Südfenster eignet sich der Korallenstrauch, botanisch *Solanum pseudocapsicum*. Er gehört zur Familie der Nachtschattengewächse. Seine gelben, orangefarbenen oder roten Beerenfrüchte trägt er von Herbstbeginn an bis weit in den Winter hinein. Man sollte ihn aber nicht zu warm stellen.

Eine der schönsten Zimmerampelpflanzen ist *Columnea* aus der Familie der Gesneriengewächse. Sie liebt einen warmen Standort mit viel Sonne. Dann blüht sie unermüdlich mit rot-orangefarbenen bis scharlachroten Röhrenblüten. Genügend Sonne benötigt auch das Flammende Käthchen, botanisch *Kalanchoe*. Es gehört zu den Dickblattgewächsen und stammt aus Madagaskar. Mit seinen roten, rosafarbenen oder gelben Blüten bringt es stetig Farbe ins Haus.

Dracaena reflexa möchte einen hellen Platz, aber keine direkte Sonne.

Der Gummibaum ist ein Klassiker auf der Fensterbank. Hier ein Exemplar mit interessanter Blattzeichnung.

Für interessante Abwechslung auf der Fensterbank sorgen auch panaschierte Grünpflanzen. Attraktive weiß gestreifte Blätter haben zum Beispiel einige Sorten des Drachenbaums, botanisch *Dracaena*. Es gibt ihn aber auch in vielen anderen dekorativen Blattzeichnungen. Die Pflanze aus der Familie der Agavengewächse ist äußerst pflegeleicht. Vermeiden Sie jedoch sowohl Staunässe als auch Ballentrockenheit. Ebenfalls wunderschön gemustertes Blattwerk haben einige Sorten des Gummibaums. Er zählt zu den Klassikern unter den bei uns alt eingesessenen Grünpflanzen. Lange Zeit wurde er von den kleinblättrigen Arten verdrängt, den sogenannten Birkenfeigen. Neue Attraktivität erhielt der großblättrige Gummibaum durch die modernen Züchtungen mit weiß und gelb panaschierten Blättern. Er kommt mit dem – zum Teil überheizten – Raumklima in unseren Wohnzimmern gut zurecht. Ab und zu sollte man seine Blätter abwischen, damit der Baum wieder „atmen“ kann. Er darf auch nicht völlig austrocknen.

Am Nordfenster fühlen sich manche Schattenpflanzen wohl. Buntnesseln, botanisch *Solenostemon*, gehören dazu und sorgen mit ihren bunten Blättern für Farbe. Es gibt sie mittlerweile in vielen verschiedenen Sorten mit interessanten und dekorativen Blattzeichnungen. Buntblättrig ist auch die Efeutute, botanisch *Epipremnum*. Sie bildet bis zu 10 m lange Triebe und benötigt daher Platz zum Ranken. Im jungen Alter bringt sie herzförmige, grün-gold gemusterte Blätter hervor, die mit zunehmendem Alter bedeutend größer werden und gelappt sein können.

Praxistipp

Zimmerpflanzen umtopfen

Die meisten Zimmerpflanzen erwachen jetzt zu neuem Leben. Im Topf treiben frische Wurzeln und neue Blätter wachsen – Zeit zum Umtopfen. Die Saison für die meisten Topfpflanzen fängt im März an und sollte bis Mitte Mai abgeschlossen sein.

Ein paar Tipps:

- Den neuen Topf im Durchmesser höchstens 4 cm größer wählen.
- Bei der Umtopferde nicht sparen, möglichst torffreie Qualitäts-Blumenerde verwenden.
- Für die verschiedenen Pflanzengruppen werden spezielle Substrate angeboten, was sich jedoch nur lohnt, wenn man mehrere Pflanzen einer Gruppe hat.

Orchideen im Haus

Gut geplant, kann ein Orchideenfenster Raum für viele dieser tropischen Schönheiten bieten. Hier kommen Pflanzensammler voll auf ihre Kosten.

Um Orchideen ranken sich in aller Welt viele Geschichten. Schon immer waren diese Pflanzen etwas Besonderes, umgeben vom Flair des Geheimnisvollen und Zauberhaften. Im alten China galten sie als Sinnbild der Reinheit und Bescheidenheit und gehörten zu den „vier Edlen". Man braucht nicht unbedingt ein Gewächshaus, um Orchideen kultivieren zu können, denn sie gedeihen auch auf der Fensterbank. Und die Pflege? Etwas Pflege braucht jede Pflanze. Das Paradebeispiel für Orchideen, die leicht auf der Fensterbank zu halten sind *Phalaenopsis.* Der Name kommt aus dem Griechischen und bedeutet „einem Nachtfalter ähnelnd", was auf die Blütenform hindeutet. Diese farbenreichen, blühfreudigen und robusten Orchideen eignen sich hervorragend selbst für unerfahrene Orchideenliebhaber.

Standort in der Natur

Für eine erfolgreiche Orchideenhaltung ist das Wissen um ihren Naturstandort hilfreich, denn dadurch erklären sich viele der Pflegemaßnahmen von selbst. *Phalaenopsis* zum Beispiel sind Orchideen mit tropischer Herkunft, sie leben in den Kronen von Bäumen als Epiphyten (Aufsetzer). Einige Orchideen ernähren sich ausschließlich aus der Luft, der sie Feuchtigkeit und Nährstoffe entnehmen. Ihrem Wirt, das ist der Baum, auf dem sie sitzen, entziehen sie weder Nährstoffe noch Wasser. Die Luftfeuchtigkeit im Regenwald ist sehr hoch, der Lichteinfall dagegen eher gering. Neben den Orchideen gedeihen im Regenwald noch viele andere Pflanzen, die bei uns häufig als Blattschmuckpflanzen angeboten werden. Viele Farne gehören in diese Gruppe sowie Aronstabgewächse, Bromelien und diverse Kletterpflanzen. Die Kombination mit anderen Blattpflanzen schätzen die Orchideen sehr, steigern diese doch die Luftfeuchtigkeit und schaffen so ein Wohlfühlklima für die sensibleren Orchideen.

Arten für Anfänger

Orchideen sind nicht so leicht zu halten wie Gummibaum, Efeu oder Geranie. Doch es gibt einige Gattungen, wie *Cattleya, Coelogyne, Cymbidium, Dendrobium, Doritaenopsis, Eucyclia, Laelia, Lycaste, Masdevallia, Miltonia, Odontoglossum, Oncidium, Paphiopedilum* und *Phalaenopsis,* die gut als Zimmerpflanzen zu pflegen sind.

Orchideenpflege im Zimmer

Der Lichtbedarf der Orchideen richtet sich nach der Herkunft. Man erkennt dies schon an den Blättern: Blätter mit fester, glatter Oberfläche vertragen mehr Licht (Sonne) als weiche Blätter. Cattleyen benötigen z. B. mehr Licht als Paphiopedilien. Grundsätzlich mögen Orchideen aber keine direkte Sonne. Ein Platz mitten im Raum ist jedoch viel zu finster, die Pflanzen blühen zwar weiter, wachsen aber nicht nach und bilden auch keine neuen Rispen. Am besten geeignet ist ein Ost- oder Westfenster, leichte Morgen- oder Abendsonne schadet den Pflanzen nicht. Lichthungrige Orchideen wie Cymbidium, Vanda oder Cattleya können im Sommer auch im Freien kultiviert werden. Der Wärmebedarf richtet sich nach dem Naturstandort der Orchideen sowie nach der Jahreszeit. In der Wachstumsphase benötigen die Pflanzen, je nach Art, etwa 18–24 °C, in der Ruhezeit zwischen 10 und 20 °C. Eine ausreichende Versorgung mit Frischluft und Luftfeuchtigkeit ist wichtig. Beim Kauf der Pflanzen sollte man sich bezüglich des Standortes gut und ausführlich beraten lassen.

Gießen und Düngen

Orchideen vertragen kein frisches Leitungswasser. Es sollte mindestens einen Tag bei Zimmertemperatur gestanden haben. Zum Besprühen der Pflanzen verwendet man kalkfreies Wasser, damit sich auf den Wurzeln und Blättern keine Kalkschicht bildet, die den Gasaustausch verhindert. Orchideen vertragen generell keine stauende Nässe. Während der Ruhezeit der Pflanze reduziert man das Gießen auf ein Minimum.
Zur Düngung wird vom Handel ein spezieller Orchideendünger angeboten, der mehr Spurenelemente und weniger Hauptnährstoffe als der Standard-Blumendünger enthält. In der Wachstumszeit in Abständen von 2–3 Wochen düngen.

Substrat und Umtopfen

Nach 2–3 Jahren ist das Substrat meist so weit verrottet, dass es erneuert werden muss. Ist die Pflanze für den Topf zu groß geworden, wird ebenfalls umgetopft. Beste Zeit hierfür ist das Frühjahr. Abgestorbene Wurzeln oder Pseudobulben werden beim Umtopfen entfernt, ebenso das alte

Besonders exotisch wirken diese getupften Orchideen.

Das richtige Substrat

Orchideenerde ist nicht vergleichbar mit üblicher Blumenerde. Der Pflanzstoff muss die Wurzeln zwar mit Feuchtigkeit versorgen, darf aber dabei die Luftzufuhr nicht verhindern. Für die meisten Orchideen kann man eine „Standard"-Mischung verwenden, die im wesentlichen aus Pinienrinde, Feinteilen und Sphagnum-Moos besteht. In Orchideen-Gärtnereien gibt es außerdem Spezialmischungen für die etwas komplizierteren Pflanzen.

Substrat aus den Wurzeln. Geeignete Pflanzgefäße sind Ton- oder Plastiktöpfe sowie Holzkörbchen. Zuunterst kommt eine Drainage aus Tonscherben oder Korken, darüber spezielle Orchideenerde. Wichtig ist, dass die Wurzeln einen guten Halt haben. Blühende Pflanzen sollte man nicht umtopfen. Wenn jedoch der Zeitpunkt für das Umtopfen da ist und ein Ende der Blüte nicht in Sicht, sollte man den Blütenstand abschneiden und die Pflanze anschließend umtopfen. Die abgeschnittenen Orchideenblüten sind sehr dekorativ in der Vase.

Orchideen umtopfen

Die Vorgehensweise beim Umtopfen, wie sie Orchideengärtner John Ferguson von Currlin-Orchideen empfiehlt:

- Der neue Topf sollte etwa 1 cm größer sein als der alte.
- Die Pflanze nach dem 2. Auge, also der zweiten Verdickung, abschneiden.
- Aus dem alten Topf herausnehmen, dabei alle Wurzeln mitnehmen.
- Den alten Pflanzstoff vollständig entfernen.
- Die Wurzeln in den neuen Topf geben, hineindrehen.
- Das Substrat zwischen die Wurzeln einklopfen, nicht andrücken. Das ist wichtig für eine gute Durchlüftung.

Schildläuse sind kein Grund zur Verzweiflung, man braucht aber Geduld, um sie wieder loszuwerden.

Krankheiten und Schädlinge der Orchideen

Erst schleichend, dann immer deutlicher beginnt die Orchidee zu welken. Die Blüten öffnen sich nicht mehr und die Blätter haben all ihre Spannkraft verloren. Manchmal kann man kleine Watteböllchen in den Blattachseln entdecken, ein anderes Mal sind nur kleine braune Schilde zu sehen. Nicht immer müssen es tierische Schädlinge sein, die der Orchidee das Leben schwer machen. Fast schlimmer noch sind verschiedene Pilzkrankheiten, denn hier gibt es häufig keine Rettung mehr. Braune, fleckige Blätter oder klebrige Stellen an der Pflanze sind immer ein Warnsignal und sollten ernst genommen werden. Denn gerade bei Orchideen ist die frühzeitige Erkennung der Krankheiten oder lästigen Schädlinge wichtig, reagieren die Pflanzen doch auf viele Bekämpfungsmittelchen allergisch.

Robuste und gesunde Pflanzen

Die beste Bekämpfung von Krankheiten und Schädlingen ist die Vorbeugung. Dazu gehören möglichst optimale Kulturbedingungen und die gute Pflege der Pflanzen. Deshalb sollte man sich beim Kauf einer Orchidee ausführlich beraten lassen. In Fachgeschäften und Gärtnereien werden die Pflanzen optimal kultiviert und nicht zu schnell angetrieben. Gute Qualität erkennt man an kräftigen dunkelgrünen Blättern und vor allem an den gesunden Luftwurzeln. Sind die Luftwurzeln eingetrocknet und welk, sollte man die Finger von der Pflanze lassen. Vereinzelte Knospenabwürfe können auch bei gesunden Pflanzen vorkommen, da sie die Umstellung nicht immer vertragen. Grundsätzlich jedoch sind Orchideen sehr robuste und langlebige Pflanzen, die viel Freude bereiten und weit länger blühen als die meisten anderen Zierpflanzen. Blütezeiten von mehreren Monaten sind keine Seltenheit bei den exotischen Schönheiten!

Tierische Lästlinge

Der am häufigsten anzutreffende Schädling lebt im Verborgenen. Kleine weiße und wollige Ausscheidungen verstecken den eigentlichen Übeltäter, die Woll- oder Schmierlaus. Einzelne dieser Läuse werden leicht übersehen, haben sie sich allerdings erst einmal etabliert, wird man sie kaum noch los. Sie sitzen meist in den Blattachseln oder den noch geschlossenen Blattscheiden, teilweise aber auch in Blüten oder im Substrat, kurzum einfach überall, wo man sie nicht so einfach entdecken kann. Befallene Pflanzen sollten unter Quarantäne gestellt werden. Mit Mitteln auf Ölbasis kann man die Tierchen ersticken, allerdings muss man sehr penibel vorgehen, um wirklich alle zu erwischen. Die ganze Prozedur sollte mehrmals wiederholt werden. Auch bei den Verwandten der Schädlinge, den Schildläusen, bietet sich die gleiche Bekämpfungsmethode an. Beim Kauf von Orchideen sollte man die Pflanzen gründlich auf die genannten Schädlinge überprüfen oder die neuen Pflanzen erst einmal unter Quarantäne stellen.

Spinnentierchen an Orchideen

Kleine Flecken auf den Blättern, gekrümmte Austriebe und absterbende Blätter können auch von Spinnmilben verursacht werden. Diese kleinen Tierchen sind kaum mit dem bloßen Auge erkennbar und sitzen meist an den Unterseiten der Blätter. Ist der Befall weit fortgeschritten, bilden sich zarte Spinnenweben um die Triebspitzen und Blätter. Spinnmilben sind nicht auf allen Orchideen gleichermaßen zu beobachten, besonders gerne befallen sie Cymbidien, Dendrobium und auch Miltonien. Meist treten die lästigen Tierchen bei trockener und warmer Luft auf. Erhöht man die Luftfeuchte, fühlen sie sich nicht mehr wohl und die Vermehrung geht langsamer von statten. Niem-Produkte eignen sich sehr gut zum Bekämpfen der Spinnmilben, sie werden aus den Samen des indischen Niembaums gewonnen. In feuchten und warmen Wintergärten oder an Blumenfenstern kann man Raubmilben aussetzen, diese vertilgen die Schädlinge sehr schnell und zuverlässig. Wichtig ist die regelmäßige Kontrolle der Pflanzen auf einen erneuten Befall.

Ziehharmonikawuchs

Diese Erscheinung wird nicht von Schädlingen verursacht, sondern von verschiedenen Umweltbedingungen. Wenn die Neutriebe längere Wachstumspausen einlegen, wieder weiter wachsen und anschließend langsamer treiben, kann es zu knittrigen Blättern kommen. Grund ist meist zu viel oder zu wenig Wasser, zu hohe Temperaturen oder zu geringe Temperaturabsenkung in der Nacht. Meist trifft dieses Phänomen *Miltonia-*, *Odontoglossum-* und *Promenea-*Arten. Selbst bei idealen Bedingungen ist ein leichter Knitterwuchs oft nicht zu verhindern. Diese Erscheinung macht die Pflanze zwar unattraktiver, hat aber sonst keine Auswirkungen auf die Orchideen. Man sollte versuchen, den Pflanzen möglichst optimale Kulturbedingungen zu verschaffen, dadurch reduziert sich der Knitterwuchs.

Das typische Gespinst der Spinnmilben. Besprühen mit Wasser hilft.

Ziehharmonikawuchs entsteht bei unregelmäßigen Wachstumsschüben.

Silbrige bis schwarze Flecken?

Besonders Orchideen mit dicken, weichen Blättern bekommen manchmal silbrige bis schwarze Flecken auf den Blättern. Breiten sich die Flecken nicht aus und sind trocken, hat die Orchidee wahrscheinlich einen Sonnenbrand bekommen. Im Frühjahr reichen bereits wenige Stunden Sonne aus, um einen Sonnenbrand zu verursachen. Man sollte deshalb die Pflanzen langsam an mehr Licht und Sonne gewöhnen und keine plötzlichen Standortwechsel durchführen. Selbst lichthungrige Vandeen können im Frühjahr einen Sonnenbrand bekommen. Sind nicht zu viele Blätter betroffen, erholt sich die Pflanze bald wieder und es bleibt nur der Schönheitsfehler zurück.

Pilze, Bakterien und Viren

Sie sind der Schrecken des Orchideenliebhabers. Gegen alle drei Arten der Erkrankung gibt es keine direkte Bekämpfung und nur das schnelle Reagieren kann die Pflanze retten. Pilze sind erkennbar an braunen oder schwarzen, eingesunkenen

Flecken auf Blättern können wie hier von Bakterien verursacht sein.

Flecken, die sich auf den Blättern ausbreiten. Meist sind die befallenen Stellen trocken. Pilze breiten sich besonders gut bei hoher Luftfeuchte und Wärme aus. Deshalb die Luftfeuchte senken und für mehr Frischluft sorgen. Die befallenen Blätter oder Stellen mit einem Messer wegschneiden. Das Messer dabei vor und nach jedem Schnitt desinfizieren. Die betroffenen Pflanzen sollten unter Quarantäne gestellt werden. Sofort reagieren muss man bei kleinen, wässrigen Flecken, die sich scharf vom Blatt abgrenzen. Hier können Bakterien am Werk sein. Die kranken Orchideen so schnell wie möglich von den gesunden Pflanzen trennen und den Kulturraum desinfizieren. Auch hier hilft das Wegschneiden von befallenen Stellen, die Desinfektion vor und nach dem Schnitt ist hier besonders wichtig! Auch die Hände sollten desinfiziert werden. Da Bakterien sich sehr schnell über Spritzwasser verteilen können, darf nicht gesprüht oder gespritzt werden.

Kreise, die sich ausbreiten?

Virenerkrankungen sind sehr selten geworden, da in den Gärtnereien nur gesundes Pflanzenmaterial vermehrt wird. Treten dennoch Viren auf, wurden sie meist von saugenden Insekten oder durch nicht desinfizierte Werkzeuge übertragen. Sie äußern sich in vielen kleinen Flecken, die streifen-, ring- oder pfeilförmig angeordnet sind und sich ausbreiten. Außer der sofortigen Isolation kann leider nichts für die Pflanze getan werden. Befinden sich Kindel an der Orchidee, können diese manchmal noch gerettet werden. Die Unterscheidung zwischen den viralen Krankheiten ist nicht eindeutig und letztlich kann nur eine Laboruntersuchung das verursachende Virus eindeutig feststellen.

Querbeet-Ökotipp

Bodenpflege im Frühjahr

Im Winter haben sich die meisten Böden wie ein Schwamm mit Wasser vollgesaugt. Dieses Wasser dringt im Frühjahr unablässig nach oben, ähnlich wie Öl in einem Docht aufsteigt. Wenn sich die Erde erwärmt, verdunstet es und die Oberfläche verkrustet. Jetzt besteht die Gefahr, dass Sonne und Wind die Beete austrocknen, wenn der Boden unbearbeitet bleibt.

Andererseits gilt, dass jeder Eingriff ins Beet mit Werkzeugen und Geräten das Erdreich bewegt, die Krümelstruktur verändert und damit neues Leben in Gang setzt. Denn wenn Luft in den Boden kommt, beginnt sich die Welt der Kleinlebewesen zu rühren. Nährstoffe werden abgebaut und der Boden ist bereit, Wurzeln optimal mit allem zu versorgen, was sie brauchen.

Das Lockern des Beetes, das Einarbeiten von Kompost und Dünger, das Beseitigen aller Unkräuter – dies sind die Hauptarbeiten, die der Aussaat vorangehen. Je nachdem, wie krümelig, fein oder grob, wie verunkrautet oder bereits gejätet ein Beet daliegt, kann man unterschiedlich verfahren. Die klassische Methode besteht darin, dass man im Frühjahr den Boden mit der Grabgabel lockert. Das Lockern geht leicht und man bringt das Bodenleben nicht durcheinander. Danach setzt man zum Ebnen des Beets den Kultivator ein. Das Saatbeet erhält auf diese Weise eine feine, lockere Struktur, in der der Samen leicht keimen kann.

Diese Zweischritt-Methode, zunächst mit der Grabgabel zu lockern und dann mit dem Kultivator die Erde durchzuziehen, hat sich vor allem auf verkrusteten oder über längere Zeit verunkrauteten Böden bewährt. Für das gleichmäßige Aufreißen bereits vorbereiteter Böden bieten sich verschiedene Kultivator-Kleingeräte an. Wenn die obersten Schollenspitzen in den Beeten anfangen heller zu werden, sollte man Kultivatoren einsetzen und mit dem Aufreißen beginnen.

Profitipp
Sabrina Werner

Die Birnenmelone oder Pepino stammt aus Südamerika. Sie verlangt etwas Geduld: Von der Blüte zur Reife dauert es manchmal über 100 Tage.

Das aromatische Zitronengras ist ein fester Bestandteil der asiatischen Küche.

Sauerampfer

Die Zuchtsorte ist zarter und milder im Geschmack als der wild in der Wiese wachsende Ampfer. Im Garten sollte man den Salat-Ampfer ins Kräuterbeet pflanzen. Er wächst ausdauernd, treibt also Jahr für Jahr aufs Neue aus. Mit Erde zudecken, etwas andrücken und angießen – fertig ist die Aussaat.

Zitronengras

Ein neues Angebot vieler Samenhandlungen. Zitronengras ist allerdings aufgrund seiner Wärmebedürftigkeit eher für Balkon und Terrasse geeignet. Im Unterschied zu anderen Nutzpflanzen wird es nicht in Reihe gesät, sondern locker über die Aussaatschalen gestreut.

Knolau

Als Alternative oder Ergänzung zum Schnittlauch. Einmal eingewachsen, treibt er jedes Jahr von Neuem aus, sowohl im Beet als auch im Topf oder Kübel.

Pepino

Auch Birnenmelone genannt. Wird sie früh gesät, bringt sie bereits im August die ersten Früchte hervor.

Radieschen

Saatgutfirmen bieten seit einigen Jahren sehr attraktive und pflegeleichte Radieschen-Mischungen an. In Saatbändern sind verschiedene Sorten, rote und auch weiße, eingearbeitet und die Samen liegen bereits im richtigen Abstand zueinander. So erhält man auch bei einmaligem Säen eine bunte Radieschen-Vielfalt. Wer schon im Februar aussäen möchte, sollte dies noch unter Glas tun; ab März ist dann die Aussaat im Freien möglich. Vor dem Aussäen sollte der Boden gut ge-lockert werden und, wenn der Samen aufgegangen ist, sollte das Erdreich gleichmäßig feucht gehalten werden.

Ein Tipp zur Lagerung: Werden bei den Radieschen gleich nach der Ernte die grünen Blätter entfernt, halten sie sich im Kühlschrank mehrere Tage. Radieschen und Rettiche sind ernährungsphysiologisch sehr wertvoll:

- Sie haben antibakterielle und antimykotische Wirkung
- Sie vernichten Magen- und Darm-Bakterien und -Pilze
- Sie wirken desinfizierend auf die Schleimhäute
- Sie wirken bei Schnupfen und Husten schleimlösend
- Sie helfen bei Blähungen, Durchfall und Verstopfung
- Sie tragen dazu bei, den Cholesterin- und Blutfettspiegel zu senken.

Schneeglöckchen

Von den über zehn Schneeglöckchen-Arten kann man bei uns nur fünf im Handel kaufen, zwei sind überwiegend verbreitet: das einheimische Schneeglöckchen *(Galanthus nivalis)* und das großblumige Schneeglöckchen *(Galanthus elwesii)*. Das Schneeglöckchen hat drei innere Blütenblätter, die grüne Flecken aufweisen. Bisweilen haben diese drei Blätter statt grüner Flecken einen grünen Saum. Vor der Samenreife werden die Stängel der Schneeglöckchen mit den Samenkapseln schlaff, die Kapseln neigen sich bis zum Boden und platzen dann bald auf. Ameisen, die das fleischige Anhängsel der Samen gern fressen, schleppen die Samen in ihre Nester. Das ist der wichtigste Verbreitungsweg für Schneeglöckchen.

Empfehlenswerte Sorten

Wer sich nach früher Schneeglöckchenblüte sehnt, dem sei *Galanthus nivalis reginae-olgae* empfohlen. Diese Schneeglöckchenart blüht schon im November, bevor die Blätter aus dem Boden treiben. Bereits im Dezember blüht die Sorte *Galanthus nivalis corcyrensis,* die allerdings einen vollsonnigen Standort braucht. Schneeglöckchen mögen allgemein einen sonnigen bis halbschattigen Standort. Sonne braucht die Pflanze nur in der Wachstumsphase und zur Blüte. Später können Bäume und Sträucher ruhig Schatten liefern.

Wann wird gepflanzt?

Die beste Pflanzzeit für *Galanthus* ist der Spätsommer oder der Frühherbst. Man setzt sie in kleinen unregelmäßigen Horsten. Zu dicht stehende Gruppen können direkt nach der Blüte geteilt und gleich wieder eingepflanzt werden. Normalerweise werden Zwiebelgewächse in ihrer ruhenden Phase nach dem Verschwinden der oberirdischen Teile verpflanzt. *Galanthus* ist eine Ausnahme, der ideale Zeitpunkt zum Versetzen ist die Grünphase.

Steckbrief

Schneeglöckchen
Galanthus

Boden:	humusreich, locker, kalkhaltig
Licht:	sonnig bis halbschattig
Standort:	unter Sträuchern und Laubbäumen
Wasser:	feucht und frisch während der Wachstumszeit, ab Juni eher etwas trocken
Sorten:	*Galanthus nivalis*, einfach, Blüte Februar–März; *Galanthus elwesii*, großblumig, blüht zwei Wochen früher

Profitipp
Cornelia Augustin

Schneeglöckchen vermehren
Schneeglöckchen werden dann vermehrt, wenn sie in vollem Saft stehen. Dadurch wird auch eine Verjüngung eines zu eng stehenden, verfilzten Schneeglöckchen-Horsts erzielt.
Den Horst mit dem Spaten ausgraben, dabei aufpassen, dass die Zwiebeln nicht verletzt werden. Mit den Händen den Zwiebelpulk entflechten. Dann die Zwiebeln büschelweise auf der Fläche verteilen, ein Büschel enthält etwa 6–8 Zwiebeln.
Einpflanzen: Zuerst eine Rasensode ausstechen, aufklappen und das Erdreich zerkleinern. Bodenverbesserer sind bei Zwiebelblühern überflüssig. Die Pflanzenbüschel einpflanzen und ringsum mit Erde auffüllen, am besten mit den Stücken von der abgenommenen Rasensode. Darauf achten, dass keine Hohlräume entstehen, da die Zwiebeln sonst austrocknen. Nach ca. 5–6 Jahren sind die Schneeglöckchen wieder zu einer Fläche zusammengewachsen. Am wohlsten fühlen sich die Pflanzen unter Sträuchern, die zur Blüte die Frühlingssonne durchlassen und später Schatten spenden.

Hamamelis – die Zaubernuss

Zaubern kann sie tatsächlich, die Zaubernuss. Ihre Blütenblätter, die sogenannten Petalen, reagieren mechanisch auf äußere Impulse, auf Kälte und Wärme. Bei schönem Wetter öffnen sich die spinnenartigen Blüten. Bei Schnee und Kälte rollen sie sich zusammen und öffnen sich erst wieder, sobald das Wetter freundlicher wird. Die Zaubernuss, botanisch *Hamamelis*, gehört zu den frühesten Blütensträuchern im Jahr. Schon an warmen Januartagen, spätestens aber im Februar und März zeigen sie ihre duftenden gelben oder rötlichen Blüten. Sie vertragen ohne weiteres Temperaturen bis minus 10 °C. Im Spätherbst zaubert die Zaubernuss ein zweites Mal. Wenn die Fruchtkapseln reif sind, springen sie mit einem Knackgeräusch auf und schleudern ihre zwei großen schwarzen Samen mehrere Meter weit.

Die Zaubernuss hat nicht nur attraktive Blüten, diese duften auch gut.

Die Chinesische Zaubernuss

Am weitesten verbreitet ist bei uns die Chinesische Zaubernuss *(Hamamelis mollis)*. Sie wird bis zu 5 m hoch und mindestens so breit. Ihre Blütenblätter sind etwas kräftiger, goldgelb und wohlriechend. Die großen, eirunden Blätter der Chinesischen Zaubernuss werden im Herbst gelb; ihr im Wind glänzender Silberschimmer gibt der Pflanze im Sommer einen besonderen Reiz.

Die Japanische Zaubernuss

Hamamelis japonica stammt aus den Bergwäldern Japans und gedeiht bei uns gut in voller Sonne und im leichten Schatten hoher Bäume. Ausgewachsen wird sie ein großer ausladender Strauch, 2–3 m hoch, und ist in ihrer Wuchsform meist etwas bizarr. Die Japanische Zaubernuss ist sehr widerstandsfähig gegen Luftverschmutzung durch Autoabgase und aus Industrieschornsteinen.

Reichlich Platz einräumen

Alle Hamamelis-Sorten lieben volle Sonne, vertragen aber auch Halbschatten. Am besten ist ein Standort, an dem man auch im Winter vorbeigeht oder hin und wieder verweilt, denn die Blüten der Zaubernuss und ihr Duft wirken am besten aus der Nähe. An den Boden stellt die Zaubernuss keine besonderen Ansprüche; am besten gedeiht sie in leicht feuchtem, tiefgründigem Boden. Pflanzen aus der Baumschule sind ziemlich klein und verhältnismäßig teuer, denn um sortenechte Pflanzen zu bekommen, müssen recht aufwendige Veredelungen gemacht werden. Obwohl sie nur langsam wächst, soll man der Zaubernuss im Garten reichlich Platz einräumen. Denn nach zehn Jahren kann sie bereits 2 m breit sein. Am schönsten sieht die Zaubernuss natürlich gewachsen aus. Auch ist sie zu kostbar, um sie zurückzuschneiden. Ältere Pflanzen lassen sich schlecht verpflanzen, deshalb empfiehlt es sich, den Standort gleich sorgfältig auszuwählen.

Erstfrühling

Was jetzt zu tun ist

Allgemeine Gartenarbeiten

- Komposthaufen umsetzen, fertigen Kompost absieben
- Blumenwiese und Schmetterlingspflanzen in hierfür vorbereitete Beete aussäen
- Schutz vor Nachtfrösten: Gemüsepflanzen und Kübelpflanzen mit Vlies abdecken oder nah an die Hauswand rücken
- Immergrüne Gehölze regelmäßig wässern

Nutzgarten

- Aussäen im Haus (oder Frühbeet): Blumenkohl, Brokkoli, Kohlrabi, Kopfsalat, Spätkohl, Gurken, Zucchini, Zuckermais, Rosenkohl, einjährige Küchenkräuter
- Gemüseaussaaten im Freien: Pflücksalat, Möhren, Mangold, Rote Rüben, Erbsen, Radieschen, Chicorée, Spinat, Dill, Borretsch
- Kartoffeln in tiefgründig gelockerte Beete pflanzen
- Auspflanzen von vorgezogenem Gemüse: Kopfsalat, Frühkohl, Kohlrabi, Sommerlauch
- Kräuterbeete leicht mit Kompost düngen, ca. 3 Liter pro Quadratmeter
- Grünspargel in vorbereitete Beete pflanzen, mit Kompost düngen

Ziergarten

- Aussäen von Einjährigen im Haus: Sommerastern, Zinnien, Strohblumen
- Zimmerpflanzen zu Beginn der Wachstumssaison düngen und bei Bedarf zurückschneiden
- Neuanlegen von Zierrasen; Fläche vorher gründlich von Wurzelunkräutern säubern
- Dahlien, Gladiolen und andere nicht vorgetriebene, sommerblühende Zwiebelblumen gegen Ende des Erstfrühlings pflanzen
- Aussaat im Freien: Mädchenauge, Sonnenblume, Bechermalve, Duftsteinrich, Portulakröschen, Kapuzinerkresse, Tagetes
- Rosen schneiden, mit Kompost und Hornspänen düngen
- Rasen mit Langzeitdünger düngen

Der Garten im Erstfrühling

Die launenhafteste Jahreszeit, der Erstfrühling, beginnt mit dem Aufblühen des zierlichen Buschwindröschens oder auch Feen-Windblume *(Anemone nemorosa)*. Es bevorzugt feuchte Plätze am Waldrand und erscheint oft zusammen mit Schlüsselblumen unter Hecken und an Böschungen. Die kleinen, weißen und zart rosa gefärbten Blütenglocken halten dem wechselhaften Wetter des Erstfrühlings gut stand.

Den Plan für den idealen Erstfrühlingsgarten hat die Natur gezeichnet: Er ist bestimmt von Bäumen und Sträuchern voller weißer Blüten, bisweilen auch in rosafarbenem Kleid. Die zarten, weißen und rosa Farben sind der helle Kontrast zu dem am Boden erblühenden Teppich von Gelb, Beige und Blau, der sich in der warmen Böschungssonne widerspiegelt, oder zur frischen Frühlingswiese mit ihren gelben Narzissen.

John Fergusons kleine Unkrautphilosophie

Löwenzahn (links) und Gänseblümchen (rechts) sind allgegenwärtig.

Sie lauern immer im Hintergrund und warten nur auf einen günstigen Moment, um loszulegen. Sie schlafen nie, ihre Sensoren sind immer eingeschaltet und melden sofort, wenn die Zeit gekommen ist, alle Systeme auf Grün zu stellen: die Unkräuter, unsere liebsten Feinde. Gerade jetzt, während ich versuche, mich auf das Schreiben dieser Zeilen zu konzentrieren, über sie und ihr teuflisches Unwesen, weiß ich, dass die Unkräuter in meinem Garten meine Abwesenheit schamlos zu ihrem Vorteil ausnutzen. Vogelmiere, Rote Taubnessel, Ehrenpreis, Franzosenkraut, Gänsedistel, Melde, Knäuel, Klettenlabkraut und Springkraut erscheinen im Nu aus dem Hinterhalt und nehmen die neu angelegten Gemüsebeete in Angriff. In den Staudenbeeten wütet ein Dauerkrieg zwischen meinen zarten, schutzbedürftigen Zierpflanzen und den leider sehr robusten heimischen Quecken, der Brennessel, dem Giersch, der Ackerdistel und dem Löwenzahn. Unkräuter kennen keine Feuerpause, keinen Waffenstillstand. Sie marschieren einfach weiter, solange es noch offene Erde und unbesetzte Plätze in der Sonne gibt. Die meisten haben es dabei sogar sehr eilig – alle einjährige Arten haben nur eines im Sinne: Noch in dieser Saison einen Platz besetzen, schnell blühen und so viele Samen zur Reife bringen, wie überhaut möglich. Quecke, Ackerdistel und Zaunwinde lassen sich mehr Zeit, als Mehrjährige müssen sie es nicht so eilig haben: Ihre tief reichenden Wurzeln sind imstande, alles im Garten zu unterwandern und zu erobern, langsam aber unaufhaltsam.

Gute alte Bekannte

Genau genommen habe ich ein viel engeres Verhältnis zu den Unkräutern in meinem Garten als zu den angebauten Nutz- und Zierpflanzen. Die Zeit, die ich zum Jäten, Hacken, Ausreißen und Ausstechen von Unkräutern brauche, ist bei Weitem mehr, als ich mit Aussäen und Ernten von Salat und Gemüse oder dem Pflanzen und Genießen von Stauden verbringe. Nach zwanzig Jahren Kampf kenne ich meine ganz persönlichen Unkräuter nur allzu gut. Auf einen Blick weiß ich, welcher Sämling ungestraft geduldet werden kann und welcher sofort bekämpft werden muss, wenn ich schlimmes Unheil abwenden will. Mittlerweile kann ich einen Klettenlabkrautsämling oder einen Queckenhalm in der dichtesten Staudenbepflanzung aus der Ferne erkennen. Beide müssen sofort raus, bevor sie sich ausbreiten können; einmal etabliert, sind sie nur schwer zu entfernen.
Da ich kein Landwirt bin, verursachen die Unkräuter bei mir keine ernsten finanziellen Schäden. Doch sie zu bekämpfen kostet eine Menge Zeit und, viel schwerwiegender, sie verletzen meinen Stolz! Wie schön stelle ich mir die Staudenbepflanzungen in meiner Fantasie während der Planung vor: immer ordentlich, immer gepflegt, immer unkrautfrei. Auch die gerade aufgegangenen Gemüsekulturen: junge gesunde Sämlinge, aufgereiht in sauberen geraden Linien, dazwischen nur offene, feinkrümelige, lockere Erde. Aber genau darauf haben die Unkrautsamen nur gewartet! Offene,

lockere Erde ist für sie ein Startsignal für das große Wettrennen um Licht, Luft und Nährstoffe. Wir, die Unkräuter und ich, stellvertretend für alle anderen Gärtner und Landwirte, sind aneinandergekettet. Aber ohne unser Wühlen in der Erde gäbe es überhaupt keine Unkräuter.

Gewusst wie

Fast alle Unkrautarten sind klassische Kulturbegleiter. Das heißt, sie haben sich während der letzten 10–15 Jahrtausende an unseren Lebensstil angepasst. Überall dort, wo wir mit Landwirtschaft oder Gemüsebau anfangen, sind sie schnell zur Stelle. Und wenn wir mal aufhören, in der Erde zu graben und zu buddeln, dann verschwinden sie in kürzester Zeit wieder. Die einjährigen Arten verlassen die Bühne innerhalb von 2–3 Jahren. Die Mehrjährigen, wie Quecke, Ackerdistel und Brennnessel, bleiben vielleicht ein oder zwei Jahrzehnte, aber schließlich weichen auch sie dem Konkurrenzdruck der Gehölze und werden zurückgedrängt. Tief in der Erde aber schlummern ihre Samen oft bis zu hundert Jahre oder länger. Sobald die Erde an einer Stelle freigelegt wird, durch einen Baumsturz, einen Hangrutsch, oder das Graben von Fuchs, Dachs oder Kaninchen, sprießen sie wieder und breiten eine heilende, schützende grüne Decke über die verletzte Erde. Dies ist nämlich die ursprüngliche ökologische Funktion der Wildkräuter, die wir verächtlich „Unkräuter“ nennen. Richtig gehandhabt, können einige einjährige Unkrautarten sehr wohl dieselbe schützende Funktion im Gemüsegarten erfüllen: Herbstkeimende, bodendeckende Arten wie Vogelmiere, Rote Taubnessel und Ehrenpreis schließen jedes Jahr im Herbst und Winter die Oberfläche der Beete in meinem Gemüsegarten mit einer dichten grünen Decke. Sie schützen die Erde vor Erosion durch Wind und Wasser, erhalten die Bodengare, lockern mit ihren Wurzeln die Erde und binden Nährstoffe, die sonst durch Regen und Schmelzwasser ausgewaschen würden. Und, sie sind kostenlos, sie erscheinen von allein jedes Jahr zum richtigen Zeitpunkt im Herbst. Aber Vorsicht! Im Frühjahr müssen sie rechtzeitig entfernt werden, noch bevor allzu viele Samen reifen können. Blühen werden sie sowieso, lang bevor ich dazu komme, sie mit Grabgabel und Kreil aus den Beeten zu räumen. Es ist keine schwere Arbeit, sie zu beseitigen, aber die Arbeit muss rechtzeitig erledigt werden.
Die Unkräuter bilden die erste Charge für den neuen Komposthaufen. Dort werden ihre Samen selbstverständlich nicht abgetötet; dies ist mir bis jetzt nie gelungen, aber damit habe ich mich schon abgefunden. Samen von Vogelmiere, Ehrenpreis und Roter Taubnessel keimen nur bei recht niedrigen Temperaturen. Im sommerlichen Garten werden sie normalerweise nicht keimen und auch nicht stören. Erst im Herbst erscheinen sie dann wieder.

Dabei darf man eines allerdings nicht vergessen: Eine einzige Vogelmiere, die sich polsterartig ausbreitet und immer wieder neue Wurzel austreibt, entwickelt aus ihren winzigen weißen Blütensternchen bis zu 15 000 Samen, die ihre Keimfähigkeit bis zu siebzig Jahre bewahren können! Unter der abgestorbenen Mutterpflanze können an einem frostfreien Wintertag neue Keimlinge ohne Bodenbedeckung erscheinen. Im Sommer trägt eine junge Pflanze schon nach drei Wochen wieder Samen. Die Vogelmiere kommt mit wenig Licht zurecht, daher wächst sie im Kleingewächshaus und im Frühbeetkasten fast ununterbrochen. Noch frosthärter als die Vogelmiere ist das Kreuzkraut. Fröste bis -7 °C beeinträchtigen es kaum. Die Keimung findet nahezu ganzjährig statt. Und wenn jede Pflanze „nur“ tausend Samen hervorbringt, die immerhin 3–5 Jahre keimfähig bleiben, entwickeln sie doch mehrere Generationen im Jahr.

Die Vogelmiere ist eine Heilpflanze und schmeckt auch als Salat zubereitet.

Immer mit der Ruhe

Die Devise lautet also jetzt: wachsam bleiben! Und dies, obwohl die Fronten im Krieg gegen das Unkraut etwas verwischt sind. Wenn die Vogelmiere im Winter den abgeernteten Boden mit einer schützenden Decke überzieht, ist sie als Wildkraut erwünscht. Im Sommer jedoch, wenn sie frisch gepflanzten Kopfsalat oder neu ausgesäten Zuckermais überwuchert, ist sie unerwünscht und wird sofort zum Unkraut erklärt. Es kommt immer auf den Standpunkt an, von dem aus wir eine Pflanze bewerten. Danach entscheidet sich, ob sie uns unerwünscht ist, ob also aus einem „Wildkraut" ein „Unkraut" wird.
Bei einigen Arten ist allerdings schon von vornherein klar, dass sie nicht ungestraft im Garten geduldet werden können. Solche Arten sind derart verbreitungstüchtig und konkurrenzstark, dass sie für alle Kulturpflanzen eine ernsthafte Gefahr darstellen, zum Beispiel Quecke, Zaunwinde, Gänsedistel, Kratzdistel und Giersch. Die schlimmsten Vertreter dieser Fünferbande sind mehrjährig, wachsen aus metertiefen Wurzeln und treiben weitreichende Ausläufer in alle Himmelsrichtungen. Einmal eingewandert und etabliert, sind sie nur schwer zu bändigen. Nur durch konsequentes und oft wiederholtes Ausgraben aller aufspürbaren Wurzelteile und tiefes Ausstechen aller sichtbaren Triebe können sie geschwächt werden. Bei entsprechender Ausdauer könnte es gelingen, sie vielleicht nach ein paar Jahren zu eliminieren. Allerdings: Bei der ersten Unachtsamkeit sind sie wieder da.

Die Zaunwinde ist ein Beispiel dafür, dass Wildpflanzen durchaus sehr schöne Blüher sein können.

Die hartnäckigen Quecken stellen jeden Gärtner auf eine Geduldsprobe.

Jäten und Hacken

Aus eigener Erfahrung weiß ich, dass es immer wieder Situationen gibt, in denen Unkräuter im Garten unbedingt zu bekämpfen sind. Aus der Vielzahl der möglichen Maßnahmen zur Bekämpfung hat sich nur eine als zuverlässig erwiesen: Das altbewährte Verfahren heißt Jäten und Hacken. Jäten und Hacken sind in der Jugendphase sowohl der Unkräuter als auch der Kulturpflanzen besonders wirkungsvoll. Unkräuter lassen sich dann leicht herausziehen oder heraushacken und können bei trockener Witterung im Beet liegen bleiben. Junge Kulturpflanzen bedanken sich für die Beseitigung der Konkurrenz um Wasser, Nährstoffe und Licht durch zügiges Wachstum. Alle anderen Methoden, wie Mulchen, Abdecken mit Vlies, Folie oder halbreifem Kompost haben sich im schneckenreichen Niederbayern als untauglich erwiesen. Aber hier macht wohl jeder Gärtner seine eigenen Erfahrungen.
Bei den Wildkräutern, die im Garten häufig vorkommen, handelt es sich meist um weit verbreitete, häufige Arten wie eben Ehrenpreis, Vogelmiere, Taubnessel, Schaumkraut oder Miere. Seltene Kräuter, die vielleicht sogar auf der Roten Liste der gefährdeten Pflanzen stehen, werden in der Regel nicht vorkommen.

Sie wurden meist längst zugunsten anpassungsfähigerer Arten verdrängt. Wir haben demnach im Garten wenig Gelegenheit, gefährdete Wildkräuter zu fördern. Andererseits kann die Toleranz gegenüber den verbreiteten Arten durchaus wertvoll sein. Wissenschaftler haben nämlich herausgefunden, dass Wildpflanzen erstaunlich viele Tiere ernähren, vor allem nützliche Insekten. Viele Tiere sind fest an bestimmte Pflanzenarten gebunden und es liegt auf der Hand, dass wo immer diese Pflanzen fehlen, den auf und von ihnen lebenden Tieren die Nahrungsquelle und damit die Existenzgrundlage entzogen wird. Somit hat selbst der schlimmste Feind auch seine gute Seite.

Querbeet-Ökotipp

Unkräuter als Bodenzeigerpflanzen

Unkräuter sind in bestimmten Fällen nicht nur nützlich, sie informieren auch über den Zustand des Bodens, in dem sie wachsen. Wer den Konkurrenzpflanzen im Garten zwischen Blumen und Gemüse mit Aufmerksamkeit und Interesse begegnet, der erfährt allerhand Nützliches über die Bedingungen und die Dynamik des Zusammenlebens in der Gartenwelt. Löwenzahn oder auch das lästige Klettenlabkraut sind beispielsweise ausgesprochene Stickstoffschlinger, werden aber, wenn man sie rechtzeitig jätet und in den Boden einarbeitet, zu wertvollem Gründünger. Die eingearbeitete Pflanzenmasse verbessert nicht nur den Boden, sondern schützt auch vor Austrocknung. Durch ihre Anwesenheit und durch die Gesellschaft, in der die wilden, ungebetenen Pflanzen auftauchen, zeigen sie, wie der Boden beschaffen ist. Man nennt diese Pflanzen deshalb auch Zeigerpflanzen. Wer mühsam die zäh verankerten Wurzeln des Hahnenfußes jätet, der sollte wissen, dass sein Boden zu Staunässe neigt und verdichtet ist. Hahnenfuß, Wucherblumen, Sauerampfer und Breitwegerich sind Zeiger, die auf schwere, undurchlässig Böden hinweisen. Die grüne Decke der Vogelmiere dagegen zeigt dem Gärtner, dass seine Gartenerde locker und humusreich ist. So gibt es für jede Bodenart, für alle möglichen Nährstoff- und Humusgehaltsstufen die typischen, den jeweiligen Zustand anzeigenden Wildkräuter. Neuere Forschungen und auch viele praktische Erfahrungen zeigen aber, dass diese klaren Einordnungen heute nicht mehr stimmen. Denn für intensiv bearbeitete Flächen, wie sie auch ein Garten darstellt, sind die Grenzen verwischt. Aus der Umgebung und auch aus dem Kompost gelangen alle möglichen Unkräuter in die Kulturflächen, keimen dort und breiten sich aus. Die Bodenbeschaffenheit tritt als begrenzender Faktor für die Ausbreitung von Wildpflanzen und Unkräuter zunehmend in den Hintergrund.

Nützliche Wildkräuter

Unsere heimischen Unkräuter haben ihren angestammten Platz in unserer Umwelt. Im Gegensatz zu den neu eingewanderten Neophyten, den sich rasch ausbreitenden Pflanzenarten aus fremden Ländern, dienen die europäischen Wildkrautarten vielen Tieren als Nahrung. Meist sind es pflanzenfressende Insekten, darunter viele nützliche oder sogar in ihrer Existenz gefährdete Insektenarten, die abhängig von den Wildkräutern in der Landschaft und in

Je vielfältiger es blüht, umso vielfältiger die Tierwelt, die sich bald einfinden wird.

Auch Schwebfliegen sind neben den Bienen wichtige Bestäuber. Sie haben eine Vorliebe für gelbe Blüten.

unseren Gärten leben. Die Gemeine Quecke etwa dient 81 wild lebenden Tieren als Ernährungsgrundlage! Bei der Acker-Kratzdistel sind es ebenfalls 80 Arten, beim Kreuzkraut sind es sechsundsiebzig Arten, bei der Vogelmiere sechsunddreißig. Die Gänsedistel ist Wirtspflanze für vierzehn Arten und der Ehrenpreis für vier Arten. Die meisten anderen Garten-Unkräuter liegen in der Zahl der von ihnen abhängigen Insektenarten irgendwo dazwischen. Plötzlich nehmen die Unkräuter einen anderen, neuen Stellenwert in unseren Überlegungen ein.
Wildkräuter können auch zu einer Verminderung von Kulturschäden beitragen. Tierische Schädlinge, wie Raupen von Erdeulen, Blattläuse oder Blattflöhe, haben durch die Wildkräuter eine reiche Nahrungsauswahl und vergreifen sich weniger an Kulturpflanzen. Gleichzeitig dient eine konstante aber kleine Population von solchen Schädlingen auf den Unkräutern als Nahrung für zahlreiche Nützlinge, wie Marienkäfer, Florfliege, Schwebfliege oder Laufkäfer. Blühende Wildkräuter locken auch blütenbesuchende Insekten an, die dort reichlich Blütenstaub oder Nektar finden. Unter ihnen sind viele nützliche Insekten, wie die erwähnten Florfliegen und Schwebfliegen. Diese legen ihre Eier auf den Unkräutern in der Nähe unserer Kulturen ab, und die daraus schlüpfenden Larven, die allesamt eifrige Vertilger von Blattläusen sind, haben so nur einen kurzen Weg zu den Kulturpflanzen. Da mein Gemüsegarten wie eine Insel inmitten eines Meeres von Wildkräutern liegt, habe ich nie Probleme mit schädlichen Insekten wie etwa den Blattläusen. Eine ausreichend große Grundpopulation der verschiedensten Nützlinge ist auf den Wildkräutern immer vorhanden und lässt es nie zu, dass Blattläuse sich auf den Bohnen oder im Salat ausbreiten.
Fazit: Mit einem Garten betreuen wir ein Stück Natur. Dieses Stückchen Land, das ich meinen Garten nenne, ist mir nur vorübergehend geliehen worden. Ich bin nur ein Glied in einer langen Kette von Betreuern: der momentan verantwortliche Betreuer. Im eigenen Garten kann ich – kann jeder – einen Beitrag zugunsten einer natürlichen Artenvielfalt leisten. So können wir vor der eigenen Haustür Naturschützer sein und dafür sorgen, dass doch einige einheimische Wildkräuter wieder mehr Lebensraum als bisher vorfinden.

John Ferguson

Profitipp
Stefan Ludwig

Unkrautbekämpfung

Allzu heftig sollte man die Konkurrenzkräuter nicht bekämpfen, tragen sie doch auch ihren Teil zur Gartenflora bei. Wenn sie jedoch überhandnehmen, ist es sicher besser sie zu jäten. Auf jeden Fall sollte Beinwell entfernt werden, außerdem Pflanzen mit tief in den Boden eindringenden Wurzeln: Ackerkratzdistel, Quecke, Ampfer, Löwenzahn. Als geeignetes Gerät erweist sich ein zweizackiger Unkrautstecher.

Das 1 x 1 des Biogartens

Im Biogarten geht es bunt zu.
Hier gedeiht Nützliches neben Schönem.

Bodenfruchtbarkeit erhalten

Im ökologischen Garten steht der Boden im Mittelpunkt. Alle Maßnahmen müssen daher auf die Erhaltung und Steigerung der Bodenfruchtbarkeit abzielen:

- sorgfältige und schonende Bodenbearbeitung
- vielseitige Fruchtfolge und/oder Mischkultur
- regelmäßige und angepasste organische Düngung (z. B. mit Mist, Kompost oder Hornmehl)
- ganzjährige Bodenbedeckung
- Mulchen (z. B. mit Stroh, Gras oder Laub)

Biologisch, ökologisch – diese Begriffe sind heute zu viel strapazierten Schlagwörtern geworden, die aus der Diskussion um die Alternativen für eine gesündere Umwelt kaum mehr wegzudenken sind. Sie finden Anwendung in den verschiedensten Bereichen, zum Beispiel der Landwirtschaft, im Gartenbau, dem Obstbau, dem Pflanzenschutz oder auch bei Nahrungsmitteln generell. Die Idee des biologischen Land- oder Gartenbaus wurde bereits in den 1920iger Jahren geboren. In den darauffolgenden Jahrzehnten haben sich überzeugte Landwirte zu verschiedenen ökologischen Anbauverbänden wie z. B. Demeter, Bioland oder Naturland zusammengeschlossen und ihre Grundsätze in eigenen Richtlinien festgehalten. Seit 1992 ist der biologische Land- und Gartenbau auch in einer EG-Öko-Verordnung gesetzlich geregelt. Doch was bedeutet „biologisch" eigentlich für den eigenen Garten? Was versteht man unter „biologischem Gärtnern"? Einen Ansatz bietet die Definition von Albert von Haller (aus: „Die Wurzeln der gesunden Welt"):

„Im biologischen Gartenbau gilt es, die vielfältigen Beziehungen der Kulturpflanzen zu den Lebewesen des Bodens, zu Luft und Wasser, zu Klima und Kleinklima zu berücksichtigen und jede Kulturmaßnahme auf ihre Wirkung auf das Ganze zu prüfen".

Dieses Prinzip haben sich alle Bio-Anbauverbände zu eigen gemacht. Will man also als Hobbygärtner nach diesem Prinzip gärtnern, kann man sich an den Richtlinien der verschiedenen Anbauverbände oder der, in einigen Punkten etwas weniger strengen, EU-Öko-Verordnung orientieren. Einige der wichtigsten Grundregeln des biologischen Gärtnerns werden auf den folgenden Seiten erläutert.

Organische Düngung

Im biologischen Gartenbau werden die Pflanzen nicht mit leicht löslichen Mineraldüngern direkt ernährt. Ziel ist es vielmehr, die Versorgung der Pflanzen über den natürlichen Nährstoffkreislauf des Bodens sicherzustellen.

Querbeet-Ökotipp

Pflanzenjauche
Alle verschiedenen Ausrichtungen im biologischen Gartenbau schwören seit jeher auf die Kunst der Jauchezubereitung und schreiben den Kräuter- und Pflanzenauszügen auch heilende und schädlingsbekämpfende Wirkungen zu. Bewiesen ist bisher jedoch nur die Düngewirkung und der positive Einfluss auf den Boden von verschiedenen Pflanzenjauchen.
Wie stellt man nun eine Düngejauche her, zum Beispiel aus Brennnesseln? Man füllt ein Holzfass oder eine Tonne aus Steingut knapp zur Hälfte mit abgeschnittenen Brennnesseln und füllt das Gefäß mit Wasser auf. Am besten verwendet man dafür Regenwasser oder Wasser aus dem Gartenteich. Wer es etwas genauer haben will, für den gilt die Faustregel: ein Kilogramm frisches Pflanzenmaterial auf 10 l Wasser. Einmal am Tag sollte die Jauche kräftig durchrührt werden. Die Dauer des Gärprozesses hängt von der Jahreszeit und der Temperatur ab. An einem sonnigen Platz verläuft dieser Prozess schneller. Zunächst wird die Flüssigkeit trüb und nimmt dann langsam Farbe an. Im letzten Stadium wird sie dann zu einer dunklen Brühe mit bereits sich zersetzenden Pflanzenteilen.
Wenn einem der scharfe Geruch der Brennnesseljauche zu unangenehm ist, kann man ihn etwas reduzieren, indem man einige Handvoll Steinmehl einrührt. Steinmehl verbessert auch die Düngewirkung der fertigen Jauche. Die Jauche hat ihre volle Düngewirkung, wenn sie vergoren ist. Sie soll dann zugleich auch schädlingsabwehrende Funktionen besitzen. Gießt man mit diesem, nach einigen Wochen vollständig vergorenen Substrat den Boden, dann sollte man die Jauche verdünnen: ein Teil Jauche auf die zehnfache Menge Wasser; will man damit direkt Pflanzen gießen, sollte man noch stärker verdünnen, nämlich im Verhältnis 1:20. In dieser Verdünnung ist Brennnesseljauche ein effektiver Blattdünger. Zur Herstellung von speziellen Jauchen eignen sich auch andere Pflanzen, wie zum Beispiel Comfrey, Kamille, Zwiebel, Knoblauch, Rainfarn, Kohlblätter oder gemischte Unkräuter.

Brennnesseljauche ist ein perfekter Dünger zur Kräftigung der Pflanzen.

Förderliche Maßnahmen sind vor allem:

- eine sinnvolle Fruchtfolgegestaltung durch Einhaltung einer Trachtfolge
- der Anbau von Stickstoff sammelnden Leguminosen (wie z. B. Bohnen, Lupinen) und bodenverbessernden, Nährstoffe aufschließenden Gründüngungspflanzen wie z. B. *Phacelia*
- die Zufuhr von Komposten, Wirtschaftsdüngern wie z. B. Stallmist oder Pflanzenjauchen wie z. B. Brennnesseljauche
- die Verwendung von zugelassenen Handelsdüngern (Hornmehl, Rizinusschrot) oder Bodenverbesserungsmitteln (z. B. Steinmehl, Algenkalk)

Vorbeugender Pflanzenschutz

Der vorbeugende Pflanzenschutz steht im ökologischen Garten im Vordergrund. Dazu zählen unter anderem die Förderung der Pflanzengesundheit, die Stärkung natürlicher Abwehrkräfte und die Unterstützung der Regulationsmechanismen im Ökosystem – zum Beispiel die Förderung von Nützlingen. Entsprechende Maßnahmen hierzu sind:

- eine ausgewogene Fruchtfolge/Mischkultur
- geeignete robuste und dem Standort angepasste Sorten
- schonende Bodenbearbeitung
- Wahl des geeigneten Saat- und Pflanzzeitpunkts

- angepasste Düngung; ein Mangel, aber auch Überschuss an Nährstoffen kann zur Schwächung der Pflanzen und ihren natürlichen Abwehrkräften führen
- Maßnahmen zur Förderung von Nützlingen, z. B. Anlage von Blühstreifen, Feldrainen und Hecken, Tolerierung von geringem Schädlingsbefall und geringem Besatz mit Unkräutern
- Einsatz mechanischer Maßnahmen wie z. B. Vliesen, Kulturschutznetzen und Folien
- Mulchen zur Vermeidung von zu starkem Unkrautbewuchs
- Unkrautbeseitigung mit der Hacke oder von Hand

Mischkultur und Fruchtwechsel

Ein anderes wichtiges Prinzip des ökologischen Gärtnerns ist Vielfalt statt Einfalt. Dem wird auch die Mischkultur im Gemüsegarten gerecht: Als Mischkultur bezeichnet man das Bepflanzen eines Beetes mit zwei oder mehr Kulturen. Diese wechseln sich entweder in der Reihe ab oder sie sind reihenweise angeordnet. Die Mischkultur-Bepflanzung ist in Hausgärten weit verbreitet. Unser Wissen darüber beruht in erster Linie auf Überlieferung und der Erfahrung einzelner Gärtner. Die Erfolge lassen sich nicht immer und überall, nicht bei jedem Boden oder bei jedem Wetter erzielen. Manche Kombinationen funktionieren nicht oder sind unpraktisch, andere zeigen nur unter bestimmten Bedingungen Erfolg. So schützen Zwiebeln Möhren nur dann vor der Möhrenfliege, wenn das Lauchgewächs die Möhrenpflanzen in mehreren Reihen und in großer Menge einrahmt. Außerdem hält der Schutz lediglich so lange vor, wie die Zwiebelblätter wachsen. Sobald die Schlotten ihre endgültige Größe erreicht haben und die Zwiebeln zu schwellen beginnen, haben die Möhrenfliegen wieder leichtes Spiel.

Vielfalt ist ein Garant für gesunde Pflanzen.

Ringelblumen, Tagetes und andere Blumen sowie Kräuter wie Dill oder Kamille werden meist nicht reihenweise mit Gemüse und Salat kombiniert, sondern nach Belieben auf den freien Zwischenflächen eingesät. Der Begriff Fruchtwechsel bedeutet, dass man auf einer Fläche nicht jedes Jahr dasselbe Gemüse anbaut.

Benjeshecke

Biogärtnern bedeutet vor allem auch Lebensraum schaffen für Pflanzen und Tiere aller Art. Gut bewährt hat sich hierfür die Benjeshecke. Sie kombiniert zwei wichtige ökologische Prinzipien: Recycling und Lebensvielfalt.
In jedem größeren Garten, in Parkanlagen und Alleen fällt Jahr für Jahr beim Strauch- und Baumschnitt Reisig in erheblicher Menge an. Früher wurde dieses Material gewöhnlich verbrannt, heute wandert es durch die Häckselmaschine, den sogenannten „Schredder“. Beide Methoden müssen aus Rücksicht auf die Umwelt abgelehnt werden: Beim Verbrennen entstehen Rauch und Abgase. Viele Tiere, die in den Reisighaufen Zuflucht gesucht haben, verbrennen mit. Das Häckseln erfordert entweder weite Transportwege zur Häckselmaschine oder der Maschine selbst zum Reisig. In beiden Fällen – mit Sicherheit aber beim Häckseln selbst – entstehen Motorabgase, die die Luft belasten. Viel sinnvoller, billiger und umweltfreundlicher ist es, Reisighecken aus diesem Material zu errichten. Zwischen zwei Pfostenreihen wird

Eine Benjeshecke bietet Lebensraum für zahlreiche Tierarten.

das Schnittgut in beliebig langen Mieten aufgeschichtet, die an Grundstücksgrenzen, Weg- und Waldrändern oder auch zwischen Alleebäumen platziert werden. Auch Doppelreihen sind möglich, wenn der Platz dafür vorhanden ist. In diesem Falle kann man zwischen die Reihen sogleich Bäume pflanzen, die dort vor Wild- und Viehverbiss gut geschützt sind. Diese Methode sei überall dort empfohlen, wo im Garten Platz ist oder wo lückenhaft gewordene ältere Alleen oder Obstbaum-Reihen wieder ergänzt werden sollen.
Schon bald besiedeln Vögel und andere Tiere die Reisighecken. Kräuter und Gräser durchwachsen sie, und nach einiger Zeit zeigen junge Holunder-, Wildrosen- und Weißdornsträucher an, dass die Vögel mit ihrem Kot die Samen der Wildsträucher hierher getragen haben. Auf diese Weise wird die allmählich vermorschende Reisighecke zur lebenden Naturhecke.

Blumenpracht à la carte!

Viele Neuzüchtungen von Beet- und Balkonpflanzen haben einen Zusatznutzen, der sich allerdings nur dem Kenner erschließt. Nachfolgend einige Verwendungstipps für die neuen Schönheiten auf Balkon und Terrasse. Das Kochen mit „Gourmet Geranien“ bringt beispielsweise farbige Akzente in jede Küche.
Ob Spaghetti mit Pelargoniensoße oder eine Geflügelsuppe mit Pelargonie und Orange – fast nichts ist unmöglich. Wichtig ist, die Pelargonienblätter erst am Schluss der Zubereitung zuzugeben, denn zu starkes Erhitzen vertragen sie nicht. Weit mehr als Tausend verschiedene Duftgeranien gibt es, in jeder nur denkbaren Geschmacksrichtung. Zitrone, Orange, Karotte, Apfel, Zimt und Schokolade sind nur ein kleiner Teil davon. Will man die Geranien in der Küche verwenden, sollte man auf zu großzügige Düngerrationen verzichten. Auch mit Pflanzenschutzmitteln darf die Pflanze nicht behandelt werden.

Tolle Idee für die Küche: Mit duftenden Pelargonien Gerichten eine besondere Note verleihen.

Pflege der Gewürzgeranien

Am wohlsten fühlen sich die schmackhaften Pflanzen, wenn sie alleine in einem großzügig bemessenen Terrakottatopf kultiviert werden. Regelmäßiges Gießen und ganz sparsames Düngen sichert die Langlebigkeit der Pflanze. Gourmet Geranien lassen sich problemlos im Haus überwintern. Sie sollten hell und kühl stehen, dann ist die Blatternte im Winter ebenfalls gesichert. Vermehren kann man diese Geranien wie ihre Artgenossen auch, einfach über Kopfstecklinge.

Weitere essbare Pflanzen

Die als Blattschmuckpflanze bekannten Süßkartoffeln sind ebenfalls genießbar. Lässt man sie den ganzen Sommer über üppig gedeihen, bilden sich im Herbst Knollen, die wie Kartoffeln verwendet werden können. Als Knobi-Flirt wird die *Tulbaghia violacea* angeboten. Gegensätzlicher kann der Nutzen einer Pflanze wohl

Borretschblüten über den Salat gestreut, erfreuen Augen und Gaumen gleichermaßen.

nicht sein: Für den einen gilt *Tulbaghia* klein gehackt in z. B. Salaten, Zaziki oder anderen Saucen als fantastischer Knoblauchersatz. Denn auf dem Fensterbrett können Blüten und Blätter vom Knobi-Flirt ganzjährig frisch geerntet werden. Eine Blüte ist dabei so würzig wie eine echte Knoblauchzehe, aber nach dem Verzehr ist kaum Mundgeruch wahrzunehmen! Für den anderen zieht die *Tulbaghia* im Garten gegen Wühlmäuse und Maulwürfe zu Felde. Die Wirkung der Pflanze beruht auf den ätherischen Ölen, die sich in den dicken, fleischigen Wurzeln befinden und konstant ausströmen. Diesen Geruch mögen die gewieften Tunnelbauer überhaupt nicht und suchen das Weite.

Salat und Blütensalat

Ein neuer Trend, der aber auf alte Traditionen zurückgreift: Blüten als Nahrungsergänzung. Im Mittelalter aß man Veilchen im Frikassee und färbte die Butter mit Ringelblumen gelb. Zu den Qualitäten genießbarer Blüten zählen die heilsamen Inhaltsstoffe, die ja auch in Form von Teezubereitungen konsumiert werden.

Unter anderem eigenen sich die Blüten von:

- Borretsch, Dahlien, Gänseblümchen, Indianernessel, Lavendel, Malve, Nachtkerzen, Salbei.

Profitipp

Barbara Krasemann

Eine Bereicherung aus der chinesischen Küche: *Chrysantheum coronarium,* Salatchrysantheme, als Saatgut unter der Bezeichnung „Shungiku" erhältlich.

Bei aller Experimentierfreude ist jedoch auch Vorsicht geboten: Viele Gartenblumen – wie zum Beispiel der Fingerhut – sind giftig! Deshalb nur Blüten essen, die man kennt und von denen man weiß, dass sie essbar sind.

Ein Feuerwerk der Farben

Profitipp
Eva-Maria Geiger

Die Petunie 'Cascadias Bicolor Cabernet' ist eine der robustesten und blütenreichsten Petunienneuheiten. Sie besticht mit einer zweifarbigen Blüte, ein roter Stern auf weißem Grund. Die Blüten erscheinen sehr zahlreich und sind erstaunlich regenfest. Bis zu einem Meter lang können die Triebe werden. Dafür braucht die Pflanze aber ausreichend Wasser und vor allem auch Nährstoffe. Meine Empfehlung: Drei Wochen nach dem Einpflanzen in den Balkonkasten mit dem Düngen beginnen, erst einmal in der Woche, ab Juli bis zu dreimal pro Woche. Am besten eignen sich Flüssigdünger. Um Mehltau zu vermeiden, sollte man die Pflanzen am Abend nicht von oben gießen.

Calibrachoa 'Dream Kisses' und Petunien: reizvolle Kombination in einem Hanging Basket.

Calibrachoa 'Million Bells Crackling Fire' nennt sich eine weitere Neuheit im Beet- und Balkonpflanzensortiment. In feurigem Orange tritt die Minipetunie auf und überzeugt durch und durch mit ihren überreichen Blüten. Sie trägt ihren Namen „Million Bells" wirklich zu Recht! In der Pflege ist sie anspruchslos und mag eher trocken gehalten werden. In einer guten Kübelpflanzenerde fühlt sich *Calibrachoa* besonders wohl.
Auch bei den Geranien gibt es zahlreiche neue Sorten. Ob sternförmige, samtene oder gesprenkelte Sorten – für jeden Blumenliebhaber finden sich interessante Neuheiten.

Kapkörbchen, Schneeflockenblume und Strohblume

Die neuen Kapkörbchen überzeugen alle mit einer schönen und vor allem ausdauernden Blüte. Es tritt auch im Hochsommer keine Blütenpause mehr auf. Bei den Schneeflockenblumen gibt es ebenfalls neue Sorten, die fliederfarbenen blühen in der vollen Sonne zuverlässiger als die rein weißen. In der Gruppe der *Sanvitalia* – besser bekannt als Azteken-

gold, fällt die Sorte 'Starbini' besonders auf. Relativ große Einzelblüten leuchten als gelbe Punkte aus dem dunkelgrünen Laub.
Die Strohblume, Balkonpflanze des Jahres 2005, hat ebenfalls Nachwuchs bekommen. Die Sorte *Mohave* 'Red Pepper' überzeugt mit dunkelroten großen Blüten. Ein Standort in der vollen Sonne bekommt ihr am besten und sichert eine reiche Blüte. Die neuen Eisbegonien glänzen mit bronzefarbenem Laub und gefüllten Blüten. Nicht nur für den Friedhof sind diese aparten Schönheiten geeignet. Ob auf Balkon, Terrasse oder im Beet – die kleinen Blüten überraschen auch bei näherem Hinsehen.
Die neuen Züchtungen von Kapuzinerkresse, botanisch *Tropaeolum,* haben kräftige Farben, attraktives Laub und bringen bis zum Frost immer neue Blüten hervor. Ein nicht zu nährstoffreicher Boden und ein sonniger Platz sind ideal für diese Pflanze, die ursprünglich aus Peru und Bolivien stammt und um 1600 nach Europa kam. Neben dem Zierwert leistet sie auch einen Beitrag für das Frühjahrsbuffet: Die jungen Blätter und Blüten sind essbar!
Die Blätter sind reich an Vitamin C und haben kräftigende sowie blutreinigende Wirkung. Sie sollten stets frisch und nur in kleinen Mengen verwendet werden. Sie eignen sich gut für Salate.

Ein echter Hingucker ist die Blüte des Kapkörbchens.

Querbeet-Ökotipp

Kleinklima am Haus
Am schönsten sind Balkone, wenn sie in voller Blüte stehen. Doch es ist nicht nur das Grüne und Bunte, das den Balkon ziert, Pflanzen am Balkon und auf der Terrasse übernehmen auch klimatische Funktionen, denn sie nutzen das Kleinklima in der Nähe der Hausmauer aus. Durch eine entsprechende Bepflanzung kann deshalb das Kleinklima auf Balkon und Terrasse gestaltet und verbessert werden. Pflanzen am und um das Haus bieten Wind-, Staub- und Lärmschutz. Anbauten und Überdachungen, Schutz- und Wärmemauern, Stein- und Erdmodellierungen, und vor allem Wasserflächen lassen ein eigenes Klima entstehen, das die Nutzungsmöglichkeit des Gartens wesentlich erhöht und positiven Einfluss auf den Wärmehaushalt eines Gebäudes hat. Je direkter die Sonne, die Kälte, der Regen, die Hitze und der Frost auf ein Haus einwirken können, umso ausgeprägter und umso extremer sind die Verhältnisse, die dabei erzeugt werden. Ein Haus übt erheblichen Einfluss auf das umgebende Klima aus, ebenso wirken sich Kletterpflanzen oder eine dichte Bepflanzung um das Haus mäßigend auf klimatische Extreme aus. Durch das eigentliche Kleinklima auf Balkon und Terrasse sind die Pflanzen dort geschützter als im offenen Garten. Man kann Arten und Sorten halten, die sonst nicht winterhart sind. Der kleine Garten am Haus bietet zudem eine gute Möglichkeit, negative Umwelteinflüsse vom Wohnbereich fernzuhalten. Eine üppige Balkonvegetation kann die Trostlosigkeit eintöniger Fassaden mildern, kann sie beleben und auflockern. Je lauter und verbauter eine Straße oder ein Haus ist, umso stärker können Pflanzen und Blumen dagegenwirken, gegen das Unangenehme abschirmen, eine andere, bessere Atmosphäre schaffen. Der Balkon wird zum grünen oder bunten Freiraum, vor allem wenn er nicht mit alltäglichen Balkonpflanzen, sondern mit Blumen, Stauden und Gehölzen, die sonst eigentlich in Gärten wachsen, gestaltet ist. Eine dichte Balkonbepflanzung bildet gleichsam einen Schutzschild gegen den Schmutz und Lärm der Straße, erlaubt aber zugleich den freien Blick nach außen.

Rembrandttulpen

Die Geschichte der Gartentulpe beginnt im Jahr 1554 als die ersten Zwiebeln und Samen aus der Türkei nach Westeuropa gelangten. Von Anfang an war es eine Eigenschaft, die der Tulpe zu ihrem Siegeszug verhalf: ihre Wandelbarkeit, die Vielfalt der Formen und Farben in der Züchtung. Im Jahr 2009 feiert eine besondere Tulpe ihr Jubiläum. Genauer gesagt feiert ein Künstler, nach dem sie benannt wurde, seinen 400. Geburtstag: Harmeszoon van Rijn, genannt Rembrandt.
Die ersten dieser geflammten Tulpen brachten ein Vermögen ein und beherrschten dadurch drei Jahrzehnte lang die Züchtung. Als man erkannte, dass Blattläuse sich positiv auf die Farbenvielfalt auswirkten, versuchte man, so viele Läuse wie möglich in die Tulpenbeete zu locken. Erst spät fanden Forscher heraus, dass begehrte Farbvarianten durch einen Virus verursacht wurden, den die Läuse verbreiteten. Das Virus bewirkt, dass sich der Pflanzenfarbstoff Anthozyan, der eigentlich im gesamten Blütenblatt gleichmäßig verteilt ist, nur noch in begrenzten Bereichen sammelt. Die Folge sind Streifen oder Flecken auf einem ansonsten rein weißen oder gelben Blütenblatt. Es gab sehr viele verschiedene Farben und Farbverläufe, die auch innerhalb einer Sorte stark variieren konnten.
Bei den modernen geflammten Tulpensorten muss man keine Angst vor Krankheiten haben. Dank fortschrittlicher Züchtung und vieler Versuche sind die heutigen geflammten Tulpen gesund und virenfrei.

Pflanztipps

Gepflanzt werden Tulpen und andere Zwiebelblumen im Herbst. Der Boden für Tulpen sollte durchlässig sein; Staunässe vertragen sie nicht. Hat man im eigenen Garten einen eher lehmigen, undurchlässigen Boden, kann man Sand auf den Grund des Pflanzloches geben. Eine 5 cm dicke Sandschicht fördert das Ablaufen von Wasser und ermöglicht den Tulpen ein gutes Wachstum.
Tulpenzwiebeln sind die Leibspeise von Wühlmäusen: Als Schutz gegen sie, sollten die Tulpen in spezielle Zwiebelkörbe gepflanzt werden. Dies schützt die Tulpen nicht nur vor den Wühlmäusen, sondern erleichtert auch das Finden der Zwiebeln im Herbst. Gräbt man im Herbst die Zwiebeln aus und pflanzt sie in Töpfe, können sie vorgetrieben werden und schon im Februar im kühlen Hausflur zur Blüte kommen.

Magnolien

Magnolien sind Bäume, die ab März durch ihre zahlreichen, großen, weißen, rosafarbenen und neuerdings auch gelben Blüten auffallen. Sie stammen aus Nordamerika, China und Japan. 1755 tauchten Magnolien das erste Mal in Europa auf, in den Königlichen Gärten von Paris. Magnolien wollen lehmige, kräftige Humuserde und einen geschützten Standort. Junge Bäume sollte man gegen Frost schützen.

Schönheit mit Anspruch

Was den Standort betrifft, sind die meisten Magnolienarten etwas anspruchsvoller. Auf humosen Böden mit einem pH-Wert um 5,0 fühlen sie sich am wohlsten, wobei Sternmagnolien in der Regel eine höhere Kalktoleranz aufweisen als zum Beispiel Tulpenmagnolien. Den zarten Schönheiten sollte man einen windgeschützten, sonnigen bis halbschattigen Platz im Garten reservieren, an dem sie ihre Blütenfülle ungehindert entfalten können. Um den Anwachserfolg zu gewährleisten, greift man am besten auf ballierte oder getopfte Ware zurück, die ab Ende Februar in den tiefgründig gelockerten Boden gepflanzt werden kann.
Da Magnolien zu den flach wurzelnden Gehölzen zählen, die einen Großteil ihrer Wurzeln nahe der Erdoberfläche ausbreiten, nehmen sie einen viel begangenen oder befahrenen

Standort, etwa nahe der Gartenauffahrt oder nahe eines Wegs, übel. Aus demselben Grund sollte die Baumscheibe rund um den Stamm nicht gehackt oder umgegraben werden.

Die Blüten von *Magnolia* 'Lolanthe' sind enorm groß. Der Strauch ist sehr starkwüchsig.

Magnolia 'Galaxy' besticht durch purpurfarbene bis rote Blüten.

Magnolien von klein bis groß

Heute finden Gartenbesitzer unter den verschiedenen Arten und Sorten der Magnolie für jeden Geschmack und jede Grundstücksgröße das richtige Exemplar. Besonders beliebt ist die klein bleibende Sternmagnolie *(Magnolia stellata)*. Von dieser aus Zentraljapan stammenden Art finden Magnolienliebhaber ein breites Sortenspektrum im Handel, mit reinweißen bis purpurroten Blüten, die sich wie bei der Sorte 'Rubra' bereits im März vor den ersten Blättern zeigen und herrlich duften.
Im Herbst setzt diese Art noch einmal mit leuchtender Färbung einen bunten Akzent im Garten. Wer die Blütezeit der Gehölze im Garten bis in den Mai verlängern möchte, kann auf die reich blühende Sommermagnolie *(Magnolia sieboldii)* zurückgreifen.
Alle Magnolien haben einen sehr schönen, malerischen Wuchs und sollten auf keinen Fall mit der Schere verstümmelt werden. Schon beim Pflanzen ist deshalb auf die Wuchsstärke zu achten und es sollte ausreichend Platz eingeplant werden, damit die Pflanze auch später ihre volle Pracht entfalten kann. Zur Schere greift der Gärtner nur dann, wenn abgestorbene Zweige das Bild stören oder sich ein Ast allzu weit in den Garten neigt. Die Schnittwunden der Magnolien heilen relativ schlecht und neue Zweige treiben aus dem mehrjährigen Holz nicht mehr aus.

Steckbrief

Sternmagnolie
Magnolia stellata

Familie:	Magnoliengewächse (Magnoliaceae)
Herkunft:	Nordamerika, China und Japan; eine der Urpflanzen
Wuchs:	aufrecht, verzweigt bis zu 60 cm hoch, mit dunkelgrünen Blättern
Blüte:	kleine Sterne in Reinweiß bis Zartrosa, überreich blühend aber frostempfindlich
Standort:	humoser, leicht feuchter Standort, sonnig bis leicht schattig
Pflege:	an geschützten Standort setzen, lehmigen Boden mit Moorbeeterde verbessern

Die bekanntesten Magnolien

- *Magnolia grandiflora:* Schalenförmige Blüten, öffnen sich von Mai bis Juni
- *Magnolia stellata:* Weiße, sternenförmige, duftende Blüten, die sich bereits im März öffnen (mehrere Sorten, von denen sich einige auch gut für ganz kleine Gärten eignen)
- *Magnolia acuminata* (bzw. Zuchtformen, wie z. B. *Magnolia brooklynensis*): Gelbe Blüten, die erst blühen, wenn die Blätter ausgebildet sind
- *Magnolia sieboldii:* Eine „Sommermagnolie", deren Blüten sich ab Mai bis in den August hinein öffnen.

Vollfrühling

Was jetzt zu tun ist

Allgemeine Gartenarbeiten

- Beete mit Stroh oder Grasschnitt mulchen, wenn die Erde warm genug ist
- Biologische Pflanzenpräparate zur Pflanzenkräftigung ansetzen z. B. Brennnessel- oder Beinwelljauche
- Bodenuntersuchungen machen lassen, gezielt nach dem Laborergebnis düngen
- Schnecken durch Absammeln bekämpfen, Schneckenzäune installieren, Unterschlupfmöglichkeiten verringern, Fressfeinde fördern

Nutzgarten

- Obstbäume nach der Blüte mit Kompost düngen, 10–20 Liter pro Baum
- Aussaaten im Freien: Lager-Möhren, Rote Rüben, Salate, Chicorée, Radieschen und Rettich, Gewürzkräuter, Zuckermais, Mangold und nach den Eisheiligen: Bohnen, Gurken, Kürbis
- vorgezogene Gemüsepflanzen auspflanzen: Kohl, Salate, Sommerlauch, Gewürzkräuter und nach den Eisheiligen: Tomaten, Paprika, Auberginen, Zucchini, Artischocken
- Düngung der Gemüsebeete mit Kompost und Hornspänen
- Erdbeerbeete bei beginnendem Fruchtansatz mit Stroh mulchen

Ziergarten

- Letzte Sommerblumen aussäen: Tagetes, Schmuckkörbchen, Zierkürbis
- Kübelpflanzen an einem bedeckten Tag ins Freie räumen – Sonnenbrandgefahr!
- Pflanzzeit für Seerosen und andere Wasserpflanzen
- Auspflanzen der vorgezogenen Sommerblumen in die Beete und Kästen, empfindliche Arten erst nach den Eisheiligen ins Freie setzen
- verblühte Blumenzwiebeln düngen, Samenkapseln entfernen
- vorgetriebene, sommerblühende Zwiebelblumen nach den Eisheiligen auspflanzen: Dahlien, Knollenbegonien, Gladiolen
- herbstblühende Zwiebelblumen pflanzen: u. a. Krokusse, Herbstzeitlose, Sternbergien
- Gehölze und Staudenflächen mit Kompost und Hornspänen düngen, mulchen

Was jetzt zu tun ist

Der Garten im Vollfrühling

Die Blütenfarbe Weiß ist mehr als jede andere Farbe charakteristisch für den Vollfrühling. Obstbäume, Sträucher und Hecken öffnen der Reihe nach ihre weißen Blüten – die Kirschen, Birnen, Äpfel, Schlehen und schließlich der Weißdorn. Die allerersten Zeichen dafür, dass der Frühling auf seinen Höhepunkt zuschreitet, sind die blassrosa oder weißen Blüten des Klarapfels. Aber auch andere beliebte Apfelsorten blühen zur selben Zeit, wie zum Beispiel 'Berlepschs Goldrenette', 'Idared', 'Boskop', 'Gravenstein', 'Discovery' und 'Red Delicious'. Wenn die ersten Blüten auf mehreren benachbarten Bäumen dieser Apfelsorten sich ganz geöffnet haben und ihr Pollen bereits zu reifen beginnt, dann lässt sich mit vollem Recht sagen: Der Frühling ist endlich da!

Österliches Pflanzenbrevier

Mit Palmzweigen wurde Jesus begrüßt, als er in Jerusalem Einzug hielt.

Kenner der Heiligen Schrift, die Bibel-Exegeten, wissen es: Das Buch der Bücher ist eine wahre botanische Fundgrube. Zier- und Nutzpflanzen, Obstbäume und Ackerfrüchte tauchen darin auf, aber auch uns vertraute, wohlriechende und schön blühende Gewächse neben exotischen Arten. Für jede Lebenslage und für jede Jahreszeit bietet die Bibel Pflanzen. Wir haben einige davon ausgewählt, alles Pflanzen, die mit dem Osterfest zu tun haben bzw. eng mit dem jüdischen Passah-Fest verbunden sind, das mit dem christliche Osterfest historisch zusammenhängt. Hebräisch bedeutet Passah „Überschreitung". Ursprünglich ein Erntefest, wurde es später zum Fest der Erinnerung an den Auszug der Israeliten aus Ägypten. Gefeiert wird es im März/April und es dauert in Israel sieben Tage. In der christlichen Tradition beginnt Ostern genau genommen schon am Palmsonntag. In der Bibel ist das der Tag, an dem Jesus in Jerusalem einzog und ihn das Volk mit Palmzweigen begrüßte und ihn als „König Israels" pries. Es waren übrigens Zweige der Dattelpalme, eines der ältesten Obstbäume im Heiligen Land.

Biblische Pflanzen

Im Alten Testament ist die Palme das Symbol für Aufrichtigkeit, Gerechtigkeit und Rechtschaffenheit. Im Christentum wurde sie zum Zeichen der Heiligkeit und für die Auferstehung im Glauben. Das wohl schönste Palmen-Gleichnis steht im Psalm 92, Vers 12-15. Da heißt es: „Der Gerechte spross wie der Palmbaum, wächst hoch wie die Zeder auf dem Libanon. Gepflanzt im Hause des Herrn, sprossen sie auf in den Vorhöfen unseres Gottes. Noch im Alter tragen sie Frucht, sind saftvoll und frisch."
Als zweite Pflanze wählten wir ein in der ganzen Welt verbreitetes Gewächs aus, das in der österlichen Passionsgeschichte zum Szepter wird, als nämlich die Soldaten Christus die Dornenkrone aufs Haupt drückten und ihm ein Rohr in seine rechte Hand gaben. Botanisch heißt das in den Sümpfen und Mooren wachsende Schilf *Phragmites australis.* „Australisch" bedeutet südlich, also eine in südlichen Gefilden beheimatete Art.
Dornige Gewächse tauchen in der Bibel übrigens recht häufig auf, im Neuen wie im Alten Testament. Die Botaniker tun sich allerdings schwer damit, genau zu definieren, um welche Dornenpflanze es sich jeweils handelt. Weitgehend einig ist man sich unter den Exegeten und Botanikern, welche Pflanze bei Johannes 19, Vers 5 gemeint ist, der Stelle, die schildert, wie Jesus vorgeführt wurde, „die Dornenkrone und den Purpurmantel tragend". Die botanische Bezeichnung des Christdorn-Baumes ist *Paliurus spina-christi.* Einige wenige Bibel-Exegeten meinen allerdings, dass zum Winden der Dornenkrone eine andere Pflanze verwendet wurde, und zwar *Sarcopoterium spinosum,* ein sehr weit verbreiteter Zwergstrauch.

Myrrhe und Aloe

Eine wichtige Rolle in den Kulturen in und um Israel zur Zeit Christi spielten Gewürze, Duftstoffe, Parfüms und Salben. Als Nikodemus zum Grab Jesu kam, brachte er eine Mischung von Myrrhe und Aloe mit. Die rosettenartig wachsende Aloe lieferte schon im alten Ägypten Stoffe, die zum Einbalsamieren von Toten verwendet wurden.
Den in der Wüste wachsenden Wildpflanzen misst das Alte Testament besondere Kräfte zu. Der Syrische Ysop *(Origanum syriacum)* gehört dazu,

Myrrhenharz war im Altertum neben Weihrauch das wichtigste Räuchermittel.

Die Feige zählt zu den ältesten Nutzpflanzen der Menschheit.

ein gedrungener, vielstängeliger, mit grauen Haaren bedeckter Busch, der etwa 70 cm hoch wird. Mit einem auf einen Ysop-Stängel gesteckten Schwamm reichte man Jesus kurz vor seinem Tod Essig. Es handelte sich wohl nicht um normalen Essig, sondern vielmehr um eine Mischung aus betäubenden Essenzen, die man den Gemarterten am Kreuz reichte. Bittere, wild wachsende Pflanzen tauchen an mehreren Stellen der Bibel auf, sowohl in der Ostergeschichte als auch in den Beschreibungen des Passah-Festes. In den biblischen Bitterkräutern finden sich außerdem interessante Hinweise auf die zur Zeit Christi vorhandenen Wildpflanzenvorkommen im Heiligen Land. Welche Kräuter gesammelt wurden, hing natürlich vom jeweiligen Ort ab. Über das erste Passah-Fest, das die Israelis vor ihrem Auszug aus Ägypten feierten, heißt es im Zweiten Buch Mose: „Sie sollen das Fleisch essen in derselben Nacht, am Feuer gebraten und ungesäuertes Brot dazu, und sollen es mit bitteren Kräutern essen". Kräuter aus der Pflanzenfamilie der Korbblütler standen dabei im Vordergrund.

Der Feigenbaum

Den Aufbruch der Natur ins neue Vegetationsjahr symbolisiert eine Pflanze, die ganz früh in den Geschichten der Bibel auftaucht. Es handelt sich um die Feige, genauer den Feigenbaum. Man könnte die Feige auch als Frühlingssymbol bezeichnen, wie im zweiten Kapitel des Hoheliedes, wo es heißt: „Sieh nur, der Winter ist dahin; vorüber, fort ist der Regen. Die Blumen erscheinen im Lande, die Zeit des Singens ist da, und das Gurren der Turteltaube hebt an. Am Feigenbaum röten sich die Früchte."
Ficus sycomorus heißt der Wilde Feigenbaum botanisch, die Sykomore. Die andere Art ist *Ficus carica,* die Fruchtfeige, die anfangs in der Bibel nicht als Frucht, sondern nur mit ihren Blättern auftaucht.
„Vom Feigenbaum aber lernet das Gleichnis: Wenn sein Zweig schon saftig wird und die Blätter hervorwachsen, merkt man, dass der Sommer nahe ist." Zitat aus Matthäus 24,32.
Auch hier zeigt sich die Feige als jahreszeitliche Zeigerpflanze. Eine Pflanze übrigens, die in nördlichen Gefilden immer beliebter wird – und zwar als Kübelpflanze für Balkon und Terrasse.

Burkhard Mücke

Hoch hinaus – Gemüse in der Vertikalen

Die Inkagurke, auch Hörnchenkürbis genannt, ist nicht nur Gemüse, sondern auch Heilpflanze.

Ein verbreitetes Problem unter Gartenbesitzern ist, dass sie oft zu wenig Raum für den Anbau von Gemüse haben. Die paar Quadratmeter in manchem Handtuchgarten oder auf dem Balkon reichen gerade mal für ein paar Blümchen und die Standardpalette an Kräutern. Wo soll da noch Gemüse hin – noch dazu solches mit großem Platzbedarf wie Kürbis oder Zucchini? Die Lösung des Problems heißt „Gärtnern in der Vertikalen". Hiebei wird Gemüse und Obst einfach an Klettergerüsten in die Höhe gezogen.
Man braucht nicht viel dazu: einige Pflanzgefäße, etwas Erde, eine geeignete Kletterhilfe und natürlich das passende Klettergemüse. Und damit sind nicht nur die üblichen rankenden Gewächse wie Erbse, Bohne, Gurke & Co. gemeint, sondern auch Gemüsearten, die ihr Dasein normalerweise eher in Bodennähe fristen. Unter diesen gelten die kleinfrüchtigen Kürbisse und Melonen oder die kletternden Zucchini als besonders geeignet für den Anbau in der Vertikalen. Wer sich gerne an Exoten versuchen möchte, dem seien die Birnenmelone *(Pepino)*, der Hörnchenkürbis *(Cyclanthere)* oder die Kiwano *(Cucumis metuliferus)* ans Herz gelegt. Auch Obstarten wie Himbeere, Brombeere, Kiwi und kletternde Erdbeere lassen sich an geeigneten Kletterhilfen selbst im Hinterhof ziehen.

Kletterhilfen

Gemüse und Obst, das hoch hinaus möchte, benötigt eine passende Kletterhilfe. In den meisten Fällen reichen ein paar gespannte Schnüre oder Drähte aus, an denen es aufgebunden werden kann. Stangen und Gerüste aus Holz, Bambus oder Stahl bieten den Pflanzen hingegen etwas mehr Halt. Dies empfiehlt sich zum Beispiel bei Gemüsearten mit schweren Früchten wie Kürbis oder Melone. Dabei muss es sich nicht immer um teure Edelstahl-Rankgitter oder Pergolen handeln. Billige Baustahlgitter geben den Pflanzen ebenfalls stabilen Halt und können mit einem Bolzenschneider in beliebig große Teile zerlegt werden. Und was die Ästhetik angeht: Kürbis, Gurke und Zucchini wachsen so rasch und üppig, dass man das Gitter darunter binnen einiger Tage nicht mehr sieht.
Vertikales Gärtnern bietet neben der äußerst sinnvollen Raumnutzung noch viele weitere Vorteile. So ist es zum Beispiel gerade für ältere Menschen einfacher, wenn sie sich für die Pflege- und Erntearbeiten nicht ständig bücken müssen. Auch Wärme liebende Pflanzen wie Tomaten, Melonen oder Pepinos wissen ein warmes und windgeschütztes Plätzchen an der Hauswand zu schätzen. Denn die tagsüber von der Hauswand gespeicherte Wärme wird nachts

Blätter, Blüten und Knospen der Kapuzinerkresse sind essbar.

wieder abgestrahlt und sorgt für ein gleichmäßiges Klima. Auf Terrassen oder Balkonen bietet eine dichte „Wand“ aus Kapuzinerkresse oder Kürbissen einen hervorragenden Wind- und Sichtschutz, der nicht nur praktisch, sondern dazu noch sehr schön anzusehen ist.

Gemüse und Obst für den vertikalen Garten

Erbse	Zuckererbse, Markerbse, Schalerbse
Bohne	z. B. Stangenbohne und Feuerbohne
Gurke	Salatgurke
Tomate	z. B. Cherrytomate und Flaschentomate
Kletterzucchini	Sorten ‘Black Forest’ oder ‘Black Hawk’, bis zu 2 m hoch und bis zu 30 Früchte
Kleinfruchtiger Kürbis	‘Jack Be Little’, bis zu 30 Früchte (150 und 300 g) an einer Pflanze; ‘Uchiki Kuri’ (auch als Hokkaido im Handel); kleine, orangerote Früchte (1–1,5 kg); ertragreiche Pflanze; robust und wetterfest, ‘Sweet Dumpling’, kleine Früchte, 400–600 g
Kletternde Kapuzinerkresse *(Tropaeolum peregrinum)*	2–3 m lange Triebe; bessere Klettereigenschaften als die bekannte Kapuzinerkresse *(Tropaeolum majus)*, die nur leicht klettert
Cyclanthere oder Hörnchenkürbis *(Cyclanthera pedata)*	einjährige rankende Pflanze mit vielen kleinen, leuchtend grünen Früchte, die olivengroß geerntet und vorwiegend roh als Gemüse verwendet werden
Pepino oder Birnenmelone *(Solanum muricatum)*	stammt aus dem südamerikanischen Hochland; kleine Früchte, die geschmacklich an eine Mischung aus Birne und Melone erinnern; sehr wärmebedürftig
Kiwano oder Horngurke *(Cucumis metuliferus)*	geschmacklich zwischen Banane, Gurke und Limone; hoher Wärmebedarf
Melone	kleinfruchtige Sorten sind vorzuziehen, da sie sonst zu schwer werden; wärmebedürftig
Kiwi	winterfeste Sorten sind für unsere Breiten geeigneter
Beerenobst	Himbeere, Brombeere
Klettererdbeere	bildet im Gegensatz zu den üblichen Erdbeersorten lange Triebe, die aufgebunden werden können

Wilde Schönheit

Eine exotische Blüte, zartes, hellgrünes Laub und ein süßer Duft: Eigenschaften, die bezeichnend sind für den heimischen Frauenschuh, botanisch *Cypripedium calceolus.* Der Frauenschuh steht unter Naturschutz und ist trotzdem nur noch selten in lichten Wäldern zu bewundern. Die schuhförmige Gestalt der Lippe und die Größe der Blüte weckt schnell die Aufmerksamkeit zahlreicher Pflanzenfreunde – teilweise ungewollte Aufmerksamkeit. Werden doch immer noch viele Stöcke der Natur entnommen, die dann einige Zeit mehr schlecht als recht in einem Garten leben und trotz aller Aufmerksamkeit sehr schnell verenden. Der Grund: An ihren Naturstandorten sind Orchideen an einen spezifischen Symbiosepilz gebunden, der sie bei der Nährstofferschließung unterstützt. Werden diese Pflanzen an einen anderen Standort versetzt und finden sie dort ihren Symbiosepartner nicht vor, sterben sie in der Regel ab. Gärtnerisch vermehrte, auf Nährmedium ausgesäte Orchideen sind jedoch nicht auf einen spezifischen Bodenpilz angewiesen. An ihrem Standort im Garten gehen sie mit geeigneten Pilzen eine Symbiose ein, helfen diesen, sich im Verlauf einiger Jahre auszubreiten und bauen sich damit geeignete und langfristig stabile Vegetationsbedingungen selbst auf.

Hybriden für den Garten

Im Laufe der Jahre entwickelt die Frauenschuh-Orchidee einen kräftigen Horst, also ein ausgedehntes Rhizom mit zahlreichen Trieben. Bei ausreichend Licht und Nahrung öffnet sich im Mai an fast jedem dieser Triebe eine süßlich duftende Blüte mit gelber Lippe und kontrastierenden braunen Blütenblättern. Nach fünf Jahren sind Stöcke mit fünfzig und mehr Blüten keine Seltenheit. Der heimische Frauenschuh ist jedoch eine relativ anspruchsvolle Pflanze und benötigt eine sorgfältige Standortwahl und einen erfahrenen Gärtner. Viel empfehlenswerter sind da die seit einigen Jahren erhältlichen Frauenschuhhybriden. Einige dieser Hybriden sind optisch kaum vom heimischen Frauenschuh zu unterscheiden. *Cypripedium* 'Emil', die Hybride von *Cypripedium calceolus,* die mit dem nordamerikanischen *Cypripedium parviflorum* nahe verwandt ist, ist jedoch deutlich wüchsiger. Noch kräftiger im Wuchs und nicht weniger schön ist *Cypripedium* 'Gisela' *(Cypripedium parviflorum* x *macranthos).* Ein Teil der Hybriden hat größere Blüten und diese sind zudem intensiver gefärbt als die Naturform. Es gibt jedoch auch andere Naturformen, die in den Gärtnereien angeboten werden: Der Königinfrauenschuh *(Cypripedium reginae)* wächst gerne etwas feuchter und sonniger im Vergleich zu den meisten *Cypripedium*-Arten. Diese in Nordamerika in Sümpfen heimische Pflanze hat große, hellrosa bis rote Blüten und blüht erst ab Ende Juni. Wirklich empfehlenswert ist die Kreuzung dieser Art mit dem asiatischen *Cypripedium flavum, Cypripedium* 'Ulla Silkens'. Findet sich im Garten noch ein freier Platz, wird diese Garten-Orchidee sicher viel Freude bereiten!

Standort und Pflege

Auch die anspruchsloseren Hybriden brauchen ein bisschen Aufmerksamkeit und vor allem einen geeigneten Standort. Der richtige Standort ist der Schlüssel zur erfolgreichen Ansiedlung von Frauenschuhen im Garten. An ihren Naturstandorten sind Frauenschuhe meist Bewohner des lichten Waldes. Im Garten mögen sie ähnliche Bedingungen: Sie bevorzugen Morgen- und Abendsonne, während der Mittagszeit ist Beschattung durch Gehölze von Vorteil. Um die Horstbildung zu unterstützen, braucht der Frauenschuh ausreichend Platz. Als Begleitpflanzen eignen sich Bodendecker, die flach wurzeln, die so die Ausbreitung der Frauenschuhe also nicht behindern und trotzdem den Boden beschatten und feucht halten. Bereits vor der Pflanzung sollte der Gartenboden

Der Gelbe Frauenschuh oder Marienfrauenschuh ist eine prächtige Wildorchidee.

Profitipp
John Ferguson

Der Gartenboden ist dann am fruchtbarsten, wenn er den richtigen pH-Wert aufweist. Mit einfachen Untersuchungssets lässt sich dies leicht feststellen. Der Richtwert für einen leichten Gartenboden liegt bei pH 5,5, mittlere Böden sollen einen pH-Wert von 6,0–6,5 aufweisen und schwere, lehmige, tonige Böden dürfen ohne weiteres pH 7,0 erreichen. Da pH 7,0 einen neutralen Wert darstellt, bedeutet dies, dass die meisten Gartenpflanzen am besten in schwach saurem bis neutralem Boden gedeihen.

auf eine gute Luft- und Wasserführung geprüft und gegebenenfalls verbessert werden. Für diese Rhizomorchidee darf der Boden niemals völlig austrocknen. Eine leichte Mulchschicht aus feinen Holzhäckseln, Holzfasern oder Rinde wirkt sich sehr positiv auf das Wachstum aus. Diese, sich nur langsam zersetzenden Materialien können auch eingearbeitet werden, um einer Bodenverdichtung vorzubeugen. Doch Vorsicht, viele Frauenschuh-Arten sind Flachwurzler, deshalb Rindenmulch und auch Dünger nur vorsichtig in die oberste Schicht des Bodens einarbeiten. Ein halbschattiger Standort sagt diesen Pflanzen am besten zu. *Cypripedium* wachsen auch im Garten gerne in Gesellschaft von Sträuchern oder Bäumen, welche etwas Wind- und Sonnenschutz bieten. Eine Kombination mit Rhododendron oder auch Japanischem Fächerahorn und Farnen bietet den benötigten Schutz für die Orchideen und ist zudem optisch sehr ansprechend. Im Frühjahr sollten die Pflanzen während des Austriebs besonders vor Schnecken geschützt werden. Denn wie viele andere Stauden mit weichen Blättern werden auch die Frauenschuh-Orchideen von den lästigen Weichtieren sehr geschätzt.

Schneckenalarm

Feucht und warm – das Wetter der letzten Maiwochen ist geradezu ideal für die Nacktschnecken, die nun in Massen in unsere Gemüse- und Staudenbeete einwandern. Wohl jeder Gärtner hat so seine speziellen Erfahrungen bei der Abwehr von Schnecken gesammelt. Zunächst einmal gibt es die Möglichkeit, es den Schnecken so schwer wie möglich zu machen, an ihre Lieblingsspeisen zu kommen. Ungemütlich, zum Teil auch gefährlich für die Schnecken ist es, wenn sie trockenes Terrain überqueren müssen, denn sie kriechen auf ihrem eigenen Schleim und verlieren dabei Feuchtigkeit. Einfache Stein- und Betonplatten als Umfassungen von Beeten stellen deshalb bereits ein gewisses Hindernis dar. Bewährt hat es sich aber auch, während der schneckenreichen Jahreszeit die ohnehin vom Boden und den Kulturen benötigten, trockenen, staubigen und evtl. auch ätzenden Düngemittel rund um die zu schützenden Pflanzen auszubringen. So kann man z. B. die anliegenden Flächen neben den Salat- und Gemüsekulturen zur Schneckenzeit mit gebranntem Kalk versorgen, vorausgesetzt, die Bodenverhältnisse lassen eine Kalkgabe geraten erscheinen.
Auch Holzasche kann helfen. Zum einen ist sie ein hervorragender Kaliumdünger, zum anderen bildet sie, wenn man sie geschickt zwischen den Flächen mit feuchten Schlupflöchern und den Lieblingskulturen der Schnecken ausstreut, eine wirkungsvolle Barriere. Dies allerdings nur, solange es trocken ist oder nach einem Regen die Oberfläche wieder schnell abtrocknet.
Viele vertrauen auf Bierfallen, die jedoch nur funktionieren, wenn sie so im Boden verankert sind, dass die Schnecken leicht ans Bier gelangen, beim Trinken jedoch hineinfallen und dann ertrinken.

Querbeet-Ökotipp

Pflanzen- und Bodendünger

Viele Nährstoffe im Boden gelangen nur über Umwege an die Pflanzenwurzeln und in die Pflanze. Deshalb spricht man auch vom Boden- und Pflanzendünger. Stickstoff z. B. oder auch etliche im Kompost enthaltene Stoffe werden erst von den unzähligen Kleinlebewesen im Erdreich pflanzenverfügbar aufbereitet. Daneben gilt auch, dass Pflanzenwurzeln atmen können müssen, deshalb braucht der fruchtbare Boden luftgefüllte große Poren, um das dabei entstehende Kohlendioxid wieder abzugeben.
Wichtig für den Boden ist auch seine Fähigkeit, sich leicht zu erwärmen. Und schließlich sind die Mineralstoffe, genauer die optimale Zusammensetzung und Menge von Mineralstoffen, entscheidend für die Bodenfruchtbarkeit; unter ihnen die Hauptnährstoffe Stickstoff (N), Phosphor (P) und Kalium (K), die durch die Elemente Kalzium (Ca), Magnesium (Mg) und Schwefel (S) ergänzt werden. Eine gewisse Rolle spielen auch Spurenelemente wie Bor (B), Molybdän (Mo), Eisen (Fe), Mangan (Mn), Zink (Zn), Kupfer (Cu) und Silizium (Si). Mineralstoffe kann man dem Boden durch Mineraldüngung zuführen, aber auch durch organische Stoffe wie Kompost, Mist und organische Dünger, deren Salze sich an die Ton- und Humuskomplexe anlagern. Vielfach werden die nur langsam abbaubaren mineralischen Teilchen im Boden, die Ton- und Lehmteile, unterschätzt. Sie sind es jedoch, die aus einem schnell löslichen Nährhumus Dauerhumus machen.

Flieder schneiden und pflegen

Der duftende Frühlingsbote stellt nur geringe Ansprüche und beschenkt uns mit reicher Blüte.

Feiner Duft aus zarten Blüten. Der Flieder *(Syringa vulgaris)* gehört zu den robustesten und schönsten Blütengehölzen im Garten; mit Sicherheit einer der Gründe, warum er in keinem Bauerngarten fehlen durfte. Zarte Blütenfarben im typischen Lila oder in kräftigen Pinktönen, weiße oder auch gefüllte Blüten – der Flieder zeigt sich in vielerlei Formen. Es gibt von ihm nicht nur die großblumigen Gartensorten, sondern auch die feinen Blütenstrukturen der Wildformen.

Einfach und schnell gepflanzt

Die beste Pflanzzeit für wurzelnackten Flieder ist der Frühling oder Herbst. Containerware kann allerdings das ganze Jahr über gepflanzt werden. Ausreichendes Wässern ist vor allem bei Sommerpflanzungen besonders wichtig für den Anwachserfolg. Der Flieder sollte grundsätzlich nicht tiefer gepflanzt werden, als er vorher im Topf stand. Die Ansprüche an den Standort sind relativ gering, solange der Boden humos, durchlässig und nährstoffreich ist. Auch ein schlechterer Boden wird vertragen, allerdings darf er nicht sauer sein. Auch Staunässe mag Flieder nicht. Besonders attraktiv ist die Eigenschaft des Flieders, Umwelteinflüssen erstaunlich gut standzuhalten, darum wird er gerne an viel befahrenen Straßen und in Industriegebieten gepflanzt.

Pflege des duftenden Sommerboten

Die Pflegemaßnahmen beim Flieder sind einfach: Gelegentlich ausputzen und zurückschneiden reicht völlig aus. Schneiden kann man besonders problemlos während der Blüte, so ergibt sich ein schöner Nebeneffekt – blühender Flieder für die Vase! Wenn die ersten Blüten gerade offen sind, ist die beste Zeit, den Flieder zu schneiden; er hält bis zu zwei Wochen in der Vase. Wichtig dabei ist allerdings, dass möglichst alle Blätter entfernt werden, damit sich die Verdunstung reduziert. Ein langer, schräger Schnitt hilft den verholzten Zweigen möglichst viel Wasser aufzunehmen. Während der Wachstumszeit sollten Sie Wurzelschösslinge und Verblühtes regelmäßig entfernen. Sollten Wildtriebe aus der Unterlage herauswachsen, müssen diese dicht über dem Boden abgetrennt werden, damit die gewünschte Edelsorte bestehen bleibt. Meist sind diese wilden Flieder kräftiger im Wuchs und verdrängen, wenn sie nicht rechtzeitig entfernt werden, nach und nach die Edelsorte. Gerade gefüllte Fliedersorten sind dafür besonders anfällig. Beim Pflanzen eines neuen Flieders ist kein Pflanzschnitt nötig, im darauffolgenden Herbst sollte er allerdings kräftig gestutzt werden, um einen kompakten Wuchs zu fördern.

Flieder als Kübelpflanze

Flieder lässt sich auch im Kübel halten, denn er ist ausreichend winterhart. Am besten eignen sich dafür die kleinblütigen Arten, die nicht so schnell wachsen und nur 1,50 m hoch werden. Besonders attraktiv sehen Hochstämmchen aus, die sich leicht selbst anziehen lassen. Dafür ist nur ein gerade gewachsener Neutrieb nötig, dessen Seitentriebe direkt am Stamm immer wieder entfernt werden, bis die Wunschhöhe des Stämmchens erreicht ist. Um die Verzweigung zu fördern, kürzen Sie alle Triebe bis auf zwei Augen. In den folgenden Jahren erfolgt der Kronenaufbau. Damit sie nicht zu schwer wird, benötigt die Krone einen regelmäßigen, starken Rückschnitt. Auch bei alten Fliedersträuchern ist ein kräftiger Schnitt wichtig, damit sie wieder üppig blühen. Dazu sollte das älteste Drittel aller Äste, die dicker als etwa 4 cm sind, auf ca. 30–40 cm zurückgesetzt werden. Um trotz Schnitt einige Blüten zu haben, die im Sommer schon für das nächste Jahr angelegt werden, sollte der Schnitt jedoch nur unmittelbar nach der Blüte erfolgen. Ein alter, blühfauler Flieder verträgt einen noch radikaleren Verjüngungsschnitt, der dann allerdings im Winter erfolgen sollte. Der Nachteil: Die Blüte im kommenden Frühjahr fällt aus. Erst ein Jahr später holt der Strauch das Versäumnis dann umso üppiger nach.

Die Sorte *Syringa vulgaris* 'Sensation' verwöhnt Augen und Nase gleichermaßen.

Alte Sorten neu im Trend

Im Fliedersortiment der Baumschulen finden sich schier unendlich viele Sorten, die Farbpalette reicht von Weiß bis hin zu Dunkelviolett und bedient alle möglichen Zwischentönen. Dennoch kommen Liebhaber wieder auf die alten Sorten zurück, die schon vor Hundert Jahren in Bauerngärten und Parks zu finden waren. Eine besonders hübsche dunkelviolette Sorte des gewöhnlichen Flieders ist 'Andenken an Ludwig Späth', benannt nach Franz Ludwig Späth, der 1863 nahe Berlin eine traditionsreiche Baumschule gründete und zu den Fliederliebhabern zählte. Auch die 1885 in Frankreich gezüchtete Sorte 'Michel Buchner' mit ihren gefüllten zartlila Blüten erlebt dieser Tage eine echte Renaissance. Seit 1890 schon erfreuen die rein weißen Blüten von 'Madame Lemoine' immer wieder alle Sinne, zumal sie zu den am stärksten duftenden Fliedersorten gehört. Aus derselben Zucht stammt auch eine rosa blühende Sorte: 'Maréchal Foch'.

Sehr hell in der Farbe, nur noch mit einem leichten Roséschimmer, präsentiert sich die *Syringa*-Hybride 'California Rose', die schon 1876 aus einer Kreuzung zwischen *Syringa vulgaris* und *Syringa oblata* var. oblata entstand. Fast rot in der Farbe und gefüllt gehört seit 1896 die Hybride 'Charles Joly' in jedes Liebhabersortiment.

Flieder

Steckbrief

Syringa vulgaris

Familie:	Ölbaumgewächse (Oleaceae)
Herkunft:	Europa, Balkan, Asien
Wuchs:	aufrecht, stark verzweigt, bis 5 m hoch
Blüte:	Mai bis Juni, an den Triebspitzen
Standort:	sonnig bis halbschattig, humoser Boden
Pflege:	Rückschnitt für bessere Verzweigung, Abgeblühtes entfernen
Vermehrung:	durch Steckhölzer, Veredlung bei vielen Sorten, da schlechte Wurzelbildung

Blauregen

Blauregen ist an Blütenpracht kaum noch zu übertreffen. Er braucht aber einen festen Halt.

Der Blauregen, auch Glyzine oder Wisterie genannt, gilt als eine der schönsten blühenden Kletterpflanzen, ein Blickfang aus dicht hängenden Kaskaden angenehm duftender Blüten. Insgesamt neun verschiedene Arten gibt es, die ursprünglich in Nordamerika und Ostasien zu Hause sind.
Alle Wisterien sind stark wachsende Kletterer und erreichen ihre volle Blühfreudigkeit ab dem fünften Jahr. Sie eignen sich gut zum Beranken von Hauswänden, Lauben, Pergolen und Klettergerüsten, brauchen dabei aber eine stabile Konstruktion. Mit seinem dichten Geäst kann der Blauregen ganze Hausfronten bedecken. Besonders von Regenrinnen sollte man ihn fernhalten, da die starken Triebe Dachrinnen langsam zusammendrücken. In unseren Breiten werden hauptsächlich zwei aus Asien stammende Arten angepflanzt: der Japanische Blauregen *(Wisteria floribunda)* und der Chinesische Blauregen *(Wisteria sinensis)*.
Die Glyzinen brauchen tiefgründige, nährstoffreiche Erde und eine ausgiebige Wasserversorgung.

Wisteria sinensis

Der Chinesische Blauregen bietet blauviolette, aber auch weiß blühende Sorten wie 'Alba'. Die Hauptblütezeit von *Wisteria sinensis* ist der Mai; er kann bis zu 10 m hoch werden.

Wisteria floribunda

Diese aus Japan stammende Wisterie schafft es meist bis 8 m Höhe. Die Farbschattierungen reichen je nach Sorte von Lichtblau über Violett bis Weiß-Rosa, z.B. die Sorte 'Rosea'. Sie blüht im Mai und Juni.

Steckbrief

Blauregen
Wisteria sinensis

Familie:	Hülsenfrüchtler (Fabaceae)
Herkunft:	Ostasien
Wuchs:	starkwüchsige Kletterpflanze, bis 10 m hoch
Blütezeit:	im April/Mai, je nach Sorte, hell violettblaue Blüten in 10–30 cm langen Trauben.
Standort:	volle Sonne, nicht zu schwere und nicht vernässte Böden
Pflege:	verträgt Schnitt gut, bei Rückschnitt im Winter das vorjährige Holz schonen
Vermehrung:	Aussaat, Stecklinge, Ableger und Veredlung. Sämlinge sind in der Regel blühfaul

Mohn

Profitipp
Christa Habrich

Mohn gehört zu den ältesten Arzneipflanzen seit der Antike. Ritzt man die Samenkapseln an, tritt weißer Milchsaft aus, dieser verfärbt sich und trocknet zu einer harzigen Masse ein: Opium. Opium wiederum enthält verschiedene Alkaloide wie Morphin, Narcotin, Codein und Papaverin. Diese Inhaltsstoffe haben eine schmerzstillende, entkrampfende und Husten lindernde Wirkung und sind in verschiedenen Arzneimitteln enthalten. In der Küche werden Backmohn und Mohnöl verwendet. Vor allem in der österreichischen Küche gibt es viele Rezepte mit Mohn, da Österreich ein klassisches Mohnanbaugebiet ist.

Schlafmohn *(Papaver somniferum)*, einst der Mohn in Bauerngärten, darf wegen seines Inhaltsstoffs Opium in Deutschland nur mit Genehmigung der Bundesopiumstelle angebaut werden. Näheres dazu finden Sie auf der Website des Bundesinstituts für Arzneimittel und Medizinprodukte: www.bfarm.de.
Doch gibt es viele Arten von Klatschmohn oder Seidenmohn, einfache und gefüllte Mischungen in Weiß, Rosa und Rot, wie die Sorte 'Shirley', die problemlos gepflanzt werden können. Mohn bezaubert durch leuchtende Farben und seidige Blütenblätter. Er passt gut zur Füllung von kahlen Stellen in Blumenbeeten und Staudenrabatten. Die meisten Mohnarten säen sich leicht von selber aus, wenn man die Samenkapseln auf dem Beet ausreifen lässt.

Querbeet-Koch
Gregor Wittmann

Mohnparfait

Zutaten:

- *1 Vollei*
- *3 Eigelb*
- *100 g Puderzucker*
- *4 Gelatineblätter*
- *4 Esslöffel Kirschwasser*
- *4 Esslöffel gemahlenen Mohn*
- *2 Esslöffel aufgelöste weiße Schokolade*
- *350 g Schlagsahne*

Zubereitung:

Das Vollei, die Eigelbe und den Puderzucker über einem warmen Wasserbad schaumig aufschlagen, anschließend über Eiswasser weiterschlagen. Die Gelatineblätter einzeln in kaltes Wasser geben, zwei Minuten aufweichen lassen und ausdrücken. Die ausgedrückte Gelatine in das Kirschwasser geben und bei wenig Hitze auflösen, anschließend die aufgelöste Gelatine in die Eimasse geben. Weiße Schokolade und Mohn zugeben, alles gut verrühren und die geschlagene Sahne unterheben. Eine kastenförmige Terrine mit Folie auslegen und mit Öl einstreichen.
Die Masse einfüllen und dabei darauf achten, dass keine Hohlräume entstehen. Dann die Klarsichtfolie darüberschlagen und alles 6–8 Stunden in die Gefriertruhe stellen.

Frühsommer

Allgemeine Gartenarbeiten

- Gründünger aussäen, z. B. *Phacelia*, Raps, Klee, Tagetes
- Stecklinge schneiden: Eiben, Buchsbaum, Liguster, Hartriegel, Holunder etc.
- Jäten und Mulchen, um Unkraut zu unterdrücken und Wasser zu sparen
- Gehölze nur bis Mitte Juni mit Stickstoff düngen

Nutzgarten

- Gemüseaussaat: Bohnen, Sommerradieschen, Radicchio, Salate, Zuckerhut
- Lückenfüller (Salate, Kohlrabi) für Gemüsebeete laufend heranziehen
- Sommerschnitt der Obstbäume
- Erdbeeren nach der Ernte düngen, gut tragende Erdbeerpflanzen kennzeichnen und ab Juli durch Ausläufer vermehren
- Spargel- und Rhabarberernte bis Johanni beenden, Stauden ausreichend mit Dünger versorgen
- Jungpflanzen von Spätkohl-Sorten, Brokkoli, Grünkohl, Rosenkohl etc. auspflanzen

Ziergarten

- zweijährige Blumen aussäen: Stockrosen, Maßliebchen, Goldlack, Fingerhut, Stiefmütterchen, Marienglockenblumen, Bartnelken, Vergissmeinnicht, Islandmohn, Wolfsmilch, Königskerzen, Eselsdistel
- Rittersporn nach der Blüte zurückschneiden, welke Blätter der Stauden laufend ausputzen
- Bart-Iris nach der Blüte teilen und umpflanzen
- Heckenschnitt, nachdem die Jungvögel flügge sind
- Zimmerpflanzen an schattigen Platz ins Freie stellen, mit Wasser abbrausen, zurückschneiden, umtopfen

Der Garten im Frühsommer

Die freundlichste aller Jahreszeiten ist sicher der Frühsommer. Die ersten Anzeichen für den Beginn des Frühsommers sind die wohlriechenden Blüten zweier Heckensträucher, des Holunders und der Hundsrose. Auch die Robinie *(Robinia pseudoacacia)* mit ihrem schweren Parfum und der süß duftende Falsche Jasmin *(Philadelphus)* beginnen zu diesem Zeitpunkt zu blühen. Und der Holunder *(Sambuccus nigra)* trägt seine cremefarbenen Blüten in großen flachen Dolden; ihr intensiver, süßer Geruch lockt unzählige Insekten an, besonders Fliegen und Käfer, die den Pollen weitertragen. In der freien Natur wächst der Holunder vor allem an feuchten Fluss- und Bachufern, in Laubwäldern oder in Hecken. Kein anderer einheimischer Strauch wächst so schnell in den ersten Jahren. An einem geeigneten Standort kann er bis zu 7 m hoch werden.

Bärlauch hemmt das Wachstum anderer Pflanzen und bildet dort wo er vorkommt dichte Bestände.

Freunde und Feinde

Unter Pflanzen gibt es wie bei uns Menschen gute und schlechte Nachbarschaften. Nur die Ausdrucksweisen sind verschieden. So wie ein Mensch schroff und abweisend sein kann, so sind es bisweilen auch die Pflanzen. Die Wechselwirkungen, die Pflanzen aufeinander haben, die wechselseitige Beeinflussung der Pflanzen untereinander, ist eines der spannendsten Kapitel der Botanik. Die Einflüsse können positiv sein, also die Nachbarpflanze in ihrem Wachstum, im Blühen oder in der Fruchtreife fördern, oder auch negativ, indem die eine Pflanze die andere behindert. Die Wissenschaftler sprechen dabei von Allelopathie.

Pflanzen untereinander

Die Natur besitzt ein äußerst vielfältiges und raffiniertes Instrumentarium, um das Pflanzenwachstum zu beeinflussen und zu regeln. Wuchsstoffe, Hemmstoffe und Biokatalysatoren sind im Boden, in der Pflanze selbst und zwischen den Pflanzen tätig, um zu fördern oder zu hemmen. Viele Substanzen werden dabei von den Pflanzen ausgeschieden, um gezielt benachbarte Pflanzen zu beeinflussen.
Die Freisetzung solcher allelopathisch aktiver Substanzen kann auf verschiedenen Wegen erfolgen. Einmal durch Abgabe flüchtiger Verbindungen, praktisch auf dem Luftweg von Pflanze zu Pflanze, die Substanzen können aber auch durch Auswaschung übertragen werden oder durch pflanzliche Rückstände. Und schließlich ist da noch das weite Feld der Umsetzung von ausgeschiedenen Stoffen und von pflanzlichen Rückständen durch Mikroorganismen. Das heißt, ein entscheidender Teil der allelopathischen Vorgänge findet im Boden statt.

Allelopathie

Amerikanische Wissenschaftler haben festgestellt, dass in der Nähe der sogenannten Chaparral-Vegetation unter den dort wachsenden hartlaubigen Immergrünen kaum andere Pflanzen aufkommen können. Auf der Suche nach den Ursachen entdeckte man sogenannte Allelochemics, Stoffe, die sich voll auf die Beeinflussung ihrer Umwelt konzentrieren und dafür sorgen, dass das Wachstum anderer Pflanzen unterdrückt wird. Die Pflanzenwuchs bekämpfende Wirkung dieser Substanzen ist bewiesen und man weiß auch, wie die von den Hartlaubgehölzen abgesonderten Stoffe wirken: Sie hemmen die Keimung sämtlicher Samenkörner, die von Tieren herangetragen werden oder die der Wind hier angelagert hat.

Walnüsse

Ein Beispiel aus unseren Breitengraden ist die Walnuss. Wer eine Walnuss in seinem Garten stehen hat, weiß, dass darunter wenig bis nichts wächst. Das Prinzip der Allelopathie, der Beeinflussung der Umwelt durch die Walnuss, ist verblüffend einfach: Die Walnussblätter und grünen Fruchtschalen scheiden den keimhemmenden Stoff Juglon aus. Dieser gelangt durch den Regen in den Boden und wirkt dort wie ein Unkrautbekämpfungsmittel, in der Art, dass jede Pflanze, die sich unter dem Walnussbaum befindet, stark im Wuchs gehemmt wird – egal ob Unkräuter, Zierpflanzen, Nutzpflanzen, Stauden oder Sträucher.

Bodenmüdigkeit

In der Fachliteratur finden sich viele Beispiele dafür, dass dieses Fördern oder Hemmen des Pflanzenwuchses in der Praxis eine große Bedeutung hat. Doch hatte man lange keine Ahnung davon, was genau die Ursachen dafür sind. Unter Biologen und Landwirten ist zum Beispiel schon lange bekannt, dass Hafer durch Kratzdisteln im Wuchs gehemmt wird, oder dass Weizen in seinem Wachstum von benachbarten Roggenpflanzen gestört wird. Und jeder Obstbauer weiß, dass

Blühende Pfirsichbäume im Süden von Frankreich.

man nach Pfirsich keinen Pfirsich an dieselbe Stelle pflanzen darf. Landläufig spricht man von Bodenmüdigkeit, wenn am alten Platz des Pfirsichbaums die neue Pfirsichpflanze nicht anwachsen will. Beim Pfirsich hat man den Übeltäter inzwischen identifiziert: Es handelt sich um Amygdalin, eine chemische Verbindung, die sich in den Wurzeln und in den Blättern des Pfirsichs befindet. Beim Absterben der alten Wurzeln wird sehr viel Amygdalin freigesetzt und dann durch den Verrottungsvorgang im Boden von den Bodenbakterien gespalten. Dabei entsteht unter anderem eine stark giftige Cyanid-Verbindung. Ähnliches vollzieht sich bei Apfelbäumen, bei Weintrauben, Zitrusbäumen und Kirschen. Nur dass es sich jeweils um andere chemische Verbindungen handelt, die einen Baum der gleichen Art im Wachstum hemmen. Manchmal erfolgt die Wuchshemmung auch auf Umwegen: So schickt das Heidekraut eine Substanz aus, durch die sogenannte Mykorrhiza-Pilze an ihrer Entwicklung gehindert werden. Die Mykorrhiza-Pilze sind jedoch für das Wachstum von Bäumen wichtig, die Wurzeln mancher Bäume leben mit den Pilzen in Symbiose und können nur mit deren Hilfe bestimmte Nährstoffe abbauen und aufnehmen. Fehlen diese Mykorrhiza-Pilze, so leidet der Baum darunter, manche Bäume sind sogar zum Sterben verurteilt.

Was schon die Mönche wussten

Seltsamerweise sind die Hintergründe und die verantwortlichen Wirkstoffe negativer Beeinflussung besser erforscht als die Ursachen des positiven Nebeneinanders von Pflanzen. Dabei wird in zahlreichen alten Schriften von heilsamen Pflanzennachbarschaften berichtet. Der große Kirchenlehrer des Mittelalters, Albertus Magnus, berichtet darüber oder Walahfrid Strabo, Abt des Klosters Reichenau, und Hildegard von Bingen. Albertus Magnus empfiehlt die Kombination von Raute und Akelei oder ein Nebeneinander von Veilchen und Basilikum. Positive Wirkungen versprach sich Albertus Magnus vom gemeinsamen Aussäen von Salat und Gartenkresse. Ohne von der Stickstoff sammelnden Eigenschaft der Erbse zu wissen, empfiehlt Albertus, Erbsen unter Kohlgewächse zu pflanzen. Und zum Pflanzenschutz im Kohlbeet sagt er: „Damit die Kohlgewächse selbst keine schädlichen Tiere hervorbringen, muss man Minze besonders zwischen die Kohlköpfe pflanzen.“ Ebenso gilt heute noch ein anderes Mischkultur-Rezept des Albertus,

Äthylen

Ein interessantes Beispiel der Beeinflussung von Pflanzen untereinander ist der Mechanismus, der durch das von reifenden Äpfeln abgegebene Äthylen-Gas in Gang gesetzt wird. Dieser Stoff ist ebenfalls eine allelopathisch wirksame Substanz wie Gibberelline, Cytokinine und andere Pflanzenhormone. Dieses Äthylen lässt anderes Obst und Gemüse schneller reifen, ein Effekt, der erwünscht, aber auch ärgerlich sein kann. Aus diesem Grund sollten Äpfel tunlichst separat gelagert werden. Andere pflanzenaktive Wirkstoffe sind Alkohole, Aldehyde, Fettsäuren, Alkaloide, Gerbstoffe und einfach Phenole, lauter Substanzen, die in Heil- und Küchenkräutern vorkommen.

nämlich dass sich Melde, Spinat, Fenchel, Petersilie, Lattich, Mangold und Kohl ganz gut miteinander vertragen und sich gegenseitig in ihrem Wachsen und Gedeihen fördern. Walahfrid Strabo hat in seinem Reichenauer Klostergarten Salbei und Kürbisse nebeneinander gepflanzt; er vereinte Liebstöckel und Lilien sowie Rettiche und Rosen. Und von Hildegard von Bingen stammen Mischkulturpaare, die noch heute in einschlägigen aktuellen Listen zu finden sind: Bohnenkraut und Ringelblumen sind ein Beispiel, zwei andere Sellerie und Schwertlilien oder Knoblauch und Fenchel. Ohne dass die Ursachen dafür wissenschaftlich untersucht sind, gilt heutzutage die Ringelblume als Idealpartner für sämtliche Nutzpflanzenmischkulturen im Garten. Ähnlich ist es mit Tagetes, der Studentenblume, oder mit der im Altertum als guter Nachbar gepriesenen Goldrute. Albertus und die pflanzenkundigen Mönche des 13. Jahrhunderts überlieferten lediglich Erfahrungen, die vermutlich weit älter sind. Heute wissen wir beispielsweise, dass es bei der Minze vor allem die ätherischen Öle sind, die eine abschreckende Wirkung auf den Kohlweißling haben.

Die Mönche der Reichenau bauen noch heute Kräuter an.

Nachbarschaften

Zu den Positivfaktoren im Kampf gegen Schädlinge und Krankheiten in Gemüse- und Salatbeeten zählen bekanntlich Lavendel, Ziertabak, Knoblauch, der Rote Fingerhut, Sonnenblumen, Goldlack, Thymian, Majoran, Kaiserkrone und Springwolfsmilch. Ein gutes Mittel gegen lästige Fliegen im Garten ist der Rainfarn. Getrocknete Sträuße aus der Pflanze vertreiben auch die Fliegen im Haus bzw. sollen sie fernhalten. In der Fachliteratur kursieren lange Listen von guten und schlechten Nachbarschaften unter den Nutzpflanzen. Zu Bohnen passen zum Beispiel hervorragend Rote Bete, alle Pflanzen aus der Kohlfamilie, Karotten, Erbsen und Rettich. Ausgesprochen positiv wirken auf Bohnen Tagetes, Kapuzinerkresse, Rosmarin und Einjähriges Bohnenkraut.

Jauchen & Co.

Dass in Mischkulturen so manch positiver biochemischer Vorgang zwischen den Pflanzen stattfindet, konnte man in vielen Versuchen beobachten. Doch wird der positive Effekt einer Mischkultur oftmals von Konkurrenzvorgängen zwischen den Pflanzen überlagert. Um diesen Konkurrenznachteil zu umgehen, versucht man seit vielen Jahren, den bekannten Positivpflanzen die aktiven Wirkstoffträger zu entziehen und diese auf andere Pflanzen zu applizieren. Biogarten-Bücher empfehlen in bestimmten Fällen von Wachstumsproblemen einen Extrakt aus Braunalgen, Brennnesselpulver, Schachtelhalm- oder Baldrianextrakt. Die Idee, aus Pflanzen diejenigen Substanzen zu gewinnen, die für eine positive Wirkung auf andere Pflanzen verantwortlich sind, ist nicht neu: Jauche, Sud oder Extrakte aus Pflanzen sind zum Teil eine wertvolle organische Ergänzung zum Dünger. Wenn jedoch der Boden gut und die Nährstoffversorgung ausgewogen ist, braucht nichts ergänzt zu werden. Denn den Dünger ersetzen kann man mit solchen Bioprodukten nicht. Gewinnt man die Jauche oder den Sud im eigenen Garten, so mag dies im einen oder anderen Fall helfen; es gibt jedoch keinen schlüssigen Nachweis für die Wirkung.

Nelkenkräuter-Extrakt

Von einer Pflanzengruppe ist bekannt, dass sie im gut nachbarschaftlichen Geschehen unter Pflanzen fast immer eine wichtige Rolle einnimmt: nämlich von der Familie der Nelkengewächse. Untersuchungen haben gezeigt, dass sämtliche Teile der Nelkenpflanze, Blüten wie Samen und Blätter sowie Triebe, relativ hohe Konzentrationen an biologisch wirksamen Substanzen enthalten. Wissenschaftler haben sich nun an die Erforschung gemacht und zwölf verschiedene wilde Nelkengewächse getrocknet, zusammengemixt und

Nelkenextrakt hat es in sich, im Bild die Heidenelke.

verschiedene Pflanzenwirkstoffe daraus extrahiert. So entstand ein Nelkenkräuter-Extrakt, der als Bioregulator eingesetzt werden kann. Dieses ist das erste, auf wissenschaftlicher Basis hergestellte und in langen Untersuchungen getestete Mittel, welches sich die allelopatische Wirkung von Pflanzensubstanzen zunutze macht.

Untersuchungen an der Universität Bonn haben jedoch ergeben, dass die Wirkung des Bioregulators aus Nelkenextrakt auf verschiedene Pflanzen sehr unterschiedlich war: Tomaten wiesen eine Ertragssteigerung von fast 40 % auf, Sellerieknollen schnitten nur um 4 % besser ab, Karotten brachten einen Mehrertrag von 21 % und Gurken erreichten 16 %. Usambara-Veilchen kamen durch eine Gabe aus der Nelkenkräuter-Apotheke vier Wochen früher zum Blühen und blühten im Vergleich zu nicht behandelten Pflanzen wesentlich kräftiger. Alpenveilchen brachten in den Bonner Tests sogar fast 50 % mehr Blüten hervor.

Die Idee vom Pflanzenstärkungsmittel aus der Naturapotheke ist jedoch nicht neu. Erstaunlich ist nur, dass es so lange gedauert hat, bis man die wissenschaftlich untersuchten Pflanzenwirkstoffe isoliert hatte und in eine praktisch anwendbare Formulierung bringen konnte. Es könnte sein, dass auf diesem Gebiet der Hausgarten für den Erwerbsgartenbau und für die Landwirtschaft eine Vorreiterrolle übernehmen wird. Bestehen die ersten, seit etwa einem Jahr auf dem Markt befindlichen Bio-Produkte der neuen Generation ihre Feuerprobe, könnte dies langfristig zum Umdenken im Pflanzenschutz führen.

John Ferguson

Querbeet-Ökotipp

Heilsame Nachbarschaft

Auch unter den Pflanzen gibt es Sympathie und Antipathie. Pflanzen gedeihen gut neben bestimmten Nachbarpflanzen, neben anderen vegetieren sie dahin, weil ihnen die Nachbarschaft nicht behagt. In Großbritannien kennt man schon seit Jahrzehnten den Begriff des „Companion Planting", des Zusammensetzens von Pflanzengemeinschaften in gezielter Nachbarschaft. Auch in Bauerngärten hat das Zusammenpflanzen von Gemüse, Salat und Blumen seit jeher Tradition, nicht nur wegen der Einflüsse, die die Pflanzen aufeinander und auf die umgebende Tierwelt ausüben, sondern auch aus Kultur- und Gestaltungsgründen. Denn ein dichter Blumenflor in und um die Gemüsebeete hat den Vorteil, dass um die Nutzpflanzen ein günstiges Kleinklima entsteht, weil die Blumen wie eine kleine Hecke wirken, die Zug und Kälte von den Nutzpflanzen abhält.

In manchen Bauerngärten praktiziert man das Zusammenpflanzen von Gemüse, Salat und Blumen seit jeher und macht es nicht nur wegen der chemischen Einflüsse, die die Pflanzen aufeinander und auf die umgebende Tierwelt ausüben, sondern auch aus Gestaltungsgründen. Denn ein dichter Blumenflor in und um die Gemüsebeete hat den Vorteil, dass um die Nutzpflanzen herum ein günstiges Kleinklima entsteht, weil die Blumen wie eine kleine Hecke wirken, die Zugluft und Kälte abhält.

Sympathie und Antipathie – das ist ein Entdeckungsfeld, auf dem es sich lohnt, im eigenen Garten zu beobachten, zu experimentieren und Erfahrungen zu sammeln.

Lohnt sich Gemüseanbau im Garten?

Gemüse aus dem eigenen Garten kann die Haushaltskasse deutlich entlasten.

Die Stundenlöhne für Arbeiten im Haus und im Garten liegen im Allgemeinen sehr niedrig. Der Grund: Der Andrang auf solche Jobs ist groß und jeder, der einigermaßen geschickt ist, kommt schnell mit den geforderten Tätigkeiten zurecht. Dass zumindest die Gartenarbeit, bei der Salat, Obst und Gemüse produziert wird, weit rentabler ist, als man im Allgemeinen annimmt, haben Gartenbau-Ökonomen an der Landwirtschaftskammer Hannover errechnet. Sie fanden heraus, dass ein Sechs-Personen-Haushalt mit 65%iger Selbstversorgung aus dem eigenen Garten etwa 800,- € im Jahr durch den Gemüseanbau im eigenen Garten sparen kann. Dafür müssen lediglich rund 60 Arbeitsstunden aufgewendet werden, für die man, verglichen mit den Marktpreisen, einen durchschnittlichen Stundenlohn von 13,- € erzielt. Hinzu kommt noch ein anderer Aspekt: Salat und Gemüse frisch aus dem eigenen Garten hat höhere Mineralstoff- und Vitaminwerte als die Ware aus dem Supermarkt. Zum einen deshalb, weil manches, was im Geschäft zu kaufen ist, vorzeitig, das heißt in unreifem Zustand geerntet wurde und auf dem Weg zum Kunden in Steigen, Kisten, Schachteln und Körben seine letzte Reife erfährt, dies jedoch ohne den positiven Einfluss von Licht, Luft, Wärme und Sonne.

Beispiel Brokkoli

Brokkoli ist sehr reich an Mineralstoffen und Vitaminen. Kein Gemüse beinhaltet mehr Vitamin B_2. Er enthält mehr als doppelt so viel Vitamin C wie Orangen und der Kalziumgehalt entspricht annähernd dem der Vollmilch. Auch bezüglich der Mineralien Kalium, Phosphor und Magnesium und bei den Vitaminen A und Niacin ist Brokkoli eine der wertvollsten Gemüsearten.
Ein derart gesundes und schmackhaftes Gemüse will man natürlich möglichst lange und immer frisch aus dem Garten ernten können. Beginnt man im Februar oder März mit den ersten Aussaaten in Schalen oder Kästchen, kann man alle 14 Tage bis

Brokkoli ist ein sehr gesundes und schmackhaftes Gemüse.

Ende Juni weiter aussäen. Früh gesäte Brokkolipflänzchen lassen sich, wenn man sie etwas abgehärtet hat, Anfang April ins Freie auspflanzen. Leichte Nachtfröste können den jungen Pflänzchen nur wenig anhaben. Später gesäte Pflanzen sind nach 4–5 Wochen kräftig genug, um ins Beet gesetzt zu werden.
Entscheidend für den Erfolg bei Brokkoli sind gesunde, kräftige Sämlinge. Obwohl späte Aussaaten auch im Freien gemacht werden können, ist es fast immer besser, Brokkoli in Töpfen oder Kistchen vorzuziehen; das gilt sowohl für die frühen als auch für die späten Kulturen. Nur so kann man die schädlichen Erdflöhe von den kleinen Sämlingen fernhalten, und zwar so lange, bis diese aus dem empfindlichen Jugendstadium herausgewachsen sind. Denn die Erdflöhe fressen ansonsten unzählige Löcher in die zarten Blätter der Sämlinge, die dadurch erheblich geschwächt, wenn nicht sogar getötet werden.
Brokkoli braucht weniger Platz im Gemüsebeet, als man ihm normalerweise einräumt. So haben Untersuchungen ergeben, dass gerade bei Brokkoli der Pflanzabstand eine entscheidende Rolle für die Qualität und auch für die Erntemenge spielt. Optimale Köpfe bekommt man, wenn die Reihen einen Abstand von 1 m haben, und die Pflanzen in der Reihe etwa 45 cm voneinander entfernt stehen. Das Maximum einer Brokkoliernte – nach Gewicht – erzielt man, wenn man die Pflanzen in der Reihe etwas enger setzt: Das heißt, der Reihenabstand selbst bleibt bei 1 m, aber der Abstand zwischen den Pflanzen in der Reihe reduziert sich auf nur 15 cm. In diesem Fall werden die Köpfe wesentlich kleiner, was aber von Vorteil sein kann, wenn man sie einfrieren will.

Praxistipp

Steigen die Temperaturen über 25 °C, dann ist für die Brokkolipflanzen eine Mulchschicht zwischen den Reihen sehr hilfreich. Diese hält die Wurzeln kühl und feucht und die Köpfe werden größer und fester.

Der Erntezeitpunkt

Die Erntezeit für Brokkoli ist gekommen, wenn sich ein Blütenkopf bildet. Legt man Wert darauf, das Gemüse zu einem Zeitpunkt zu ernten, an dem es den höchsten Vitamingehalt besitzt, sollte man warten, bis der Kopf zu wachsen aufgehört hat. Er muss allerdings noch fest sein und man muss ihn schneiden, bevor die Blütenknospen gelb werden und anfangen auseinanderzuwachsen. Verpasst man den optimalen Erntezeitpunkt, wird der Geschmack des Brokkoli zu streng. Hat man die Hauptblume abgeschnitten, dann entwickeln die Brokkolipflanzen aus den Achseln neue Blumenknospen, die zwar nicht so groß sind wie die Hauptblume, zusammengenommen jedoch eine volle zweite Ernte liefern. Das heißt, man bekommt am Ende ohne viel zusätzliche Arbeit eine zweite und sogar dritte Ernte.

Beispiel Möhren

Im Mittelfeld der Gemüse-Rentabilitätstabelle rangieren die Möhren, ein Wurzelgemüse, das von allen üblichen Gartenfrüchten den höchsten Gehalt an Pro-Vitamin A aufweist. Der Gehalt an Karotin oder Pro-Vitamin A in der Möhre liegt so hoch, dass bereits 80 g des frischen Gemüses den Tagesbedarf eines erwachsenen Menschen an Vitamin A voll decken.
Möhren, die für den sofortigen Verzehr vorgesehen sind, sollten nicht stärker als 2,5–3 cm im Durchmesser sein, da sie sonst holzig werden und insgesamt ihre wertvollen Inhaltsstoffe verlieren. Beim Berechnen des Stundenlohns für eine Gartenfrucht spielt der zur Ernte auf dem Markt erzielte Preis eine ganz entscheidende

Möhren enthalten viel Vitamin A, wichtig für gute Sehkraft.

Rolle. Bei den Möhren könnte man annehmen, dass im Frühsommer, wenn die ersten Gelben Rüben aus den Erwerbsgärtnereien zu saftigen Preisen angeboten werden, der Eigenanbau besonders rentabel ist. Doch das täuscht: Denn einem Mehrpreis von vielleicht 20 % oder maximal 50 % für frühe Möhren im Vergleich zu den späten steht ein höherer Ertrag gegenüber. Bei frühen Möhren erntet man 3 kg pro Quadratmeter und späte Möhren bringen das doppelte, 6 kg. Rechnet man nun für frühe Möhren einen Marktpreis von 1,- € pro kg und für späte 1,20 €, dann ergibt dies, abzüglich der Kosten für die Düngemittel, bei etwa 30 Minuten Zeitaufwand für den Quadratmeter Möhrenbeet, einen Stundenlohn von 13,- € für die frühen und 15,- € für die späten Möhren.

Mit guter Planung steht die ganze Saison frisches Gemüse zur Verfügung.

Querbeet-Ökotipp

Zu viel Nitrat im Gemüse?
Gesunder Salat und vitaminreiches Gemüse können nur entstehen, wenn die Nährstoffversorgung im Boden stimmt. Eine wesentliche Rolle spielt dabei der Stickstoff. Nitrat ist die wichtigste Form, über die die Pflanzen ihren Stickstoffbedarf decken. Ganz gleich, ob man nun mit Mist düngt oder mit Volldünger – mithilfe der Bakterien wandelt sich der Düngerstickstoff mehr oder weniger rasch in Nitrat um. Wie viel von dem Nitrat in das pflanzliche Gewebe eingelagert wird, hängt zum einen von der aufgenommenen Stickstoffmenge ab und zum anderen von der Weiterverarbeitungsrate der Pflanzen selbst. Das heißt, das Stickstoffangebot im Boden ist wichtig, aber auch die Lichtverhältnisse, unter denen die Pflanze das aufgenommene Nitrat umwandelt.
Man hat z. B. herausgefunden, dass bei Salat eine Erhöhung der Stickstoffdüngung den Nitratgehalt im fertigen Ernteprodukt wesentlich steigert. Wenn der Kopfsalat im Sommer genügend Licht bekommt, werden pro Kilogramm 1 000–2 000 mg Nitrat gemessen. Im Winterhalbjahr dagegen, wenn der Salat unter Glas weniger Licht bekommt, steigt der Nitratgehalt pro Kilogramm Salat auf 3 000 mg und mehr. Der Hobbygärtner hat nun verschiedene Möglichkeiten, den Nitratgehalt in seinem Salat und Gemüse zu beeinflussen: Zum einen so behutsam wie möglich mit der Stickstoffdüngung umzugehen, und die Stickstoffmengen immer auf die jeweiligen Bedürfnisse abzustimmen! Ein anderer Weg ist, den optimalen Erntezeitpunkt zu berücksichtigen. In der Nacht nehmen die Pflanzen über die Wurzeln Nitrat auf und setzen es erst durch den Lichteinfluss während des Tages in Eiweiß um. Das heißt, es ist günstiger, Salat am Abend zu ernten. Eine dritte Möglichkeit ist das Selektieren der Pflanzenteile: Da in den Blattstielen weit mehr Nitrat enthalten ist als in den Blattspreiten, sollte man den Stielanteil für den Verzehr möglichst reduzieren.

QUER BEET

Vom Steppengras zum Stadionrasen

Rasen für Ungeduldige: einfach ausrollen, angießen, fertig.

Stadionrasen erfüllt hohe Ansprüche in puncto Robustheit.

Grün, grüner, Fußballrasen! Dunkelgrün leuchtet der Rasen bis zu den Rängen der Zuschauer hinauf und viele haben sich wohl schon gefragt, wie so ein perfekter Rasen entstehen kann. Besteht doch der eigene Gartenrasen häufig zu größeren Teilen aus Moos und Unkraut als aus Gräsern. Spielen dann die Kinder darauf auch nur einmal Fußball, bleibt vom schönen Grün fast nichts mehr übrig.

Viele Schritte bis zum perfekten Rasen

Wie wird aus einem Wiesengras ein hochwertiges und belastbares Sportgras? Ein wichtiger Schritt ist die Selektion geeigneter Gräserarten – und genau das machen die Rasenprofis bei ihren Tests. Einer der erfolgreichsten in der Branche ist Horst Schwab; sein Rasen ist es, der in der Münchner Fußball-Arena liegt. Bei der Selektion der Gräser wird auf viele Punkte geachtet: Ist das Gras in der Lage Ausläufer zu bilden und Lücken zu überwachsen, braucht es viel Licht oder kommt es auch mit Schatten zurecht? Ein Rasengras muss viele Kriterien erfüllen, um in eine Premium-Mischung zu gelangen. Denn Rasensamen besteht nicht nur aus einem Gras, sondern aus mehreren Arten, die sich gegenseitig ergänzen. Ist die Labor und Versuchsphase abgeschlossen, beginnt die Produktionsphase. Auf 1,5 Millionen Quadratmetern baut die Firma Schwab Rollrasen an. Denn es dauert länger als eineinhalb Jahre, bis der Rasen soweit gewachsen ist, dass er in einem Stadion oder in einem Privatgarten verlegt werden kann. Viele der Produktionsschritte, die hier im Großen erfolgen, kann man Zuhause ebenfalls umsetzen, um den eigenen Rasen besser zu pflegen.

Pflegemaßnahmen

Ein wichtiges Gerät im Sportrasenanbau ist der Vertikutierer, eine Maschine, die die Grasnarbe aufreißt und so Luft an die Wurzeln bringt. Der Rasen wird in alle Richtungen eingeritzt und aufgelockert, jedoch ohne die Wurzeln zu stark zu beschädigen. Macht man das im eigenen Garten ebenfalls alle paar Monate, hilft es den Rasengräsern besser auszutreiben und Unkräuter zu unterdrücken. Zudem reißt es Moos aus dem Rasen. Des Weiteren sollte man den Rasen immer wieder leicht düngen. Wichtig ist hier, nicht zu viel auf einmal zu geben, sondern die Menge lieber auf mehrere kleine Gaben zu verteilen. Ab September sollte nicht mehr gedüngt werden, um die Rasengräser auf den Winter vorzubereiten.

Vom Feld ins Stadion

Ist der Rasen fertig kultiviert, kann er ins Stadion verlegt werden. Doch wie funktioniert das? Die Grasnarbe wird dazu zunächst abgeschält und auf Rollen aufgewickelt. 2,20 m breit und 30 m lang ist so eine dieser Jumborollen. Diese werden dann mithilfe spezieller Maschinen in das Stadion gebracht und verlegt. Wie ein Teppich schauen die Rollen aus und kaum sind sie verlegt, lädt das Grün zum Spielen ein. Für den eigenen Garten geht das Ganze natürlich auch in kleineren Portionen und handlicher verpackt. Diese „Röllchen" sind nur 2 m lang und 40 cm breit, dadurch lassen sie sich problemlos in Handarbeit verlegen. Anschließend muss nur noch angegossen werden, und schon hat man einen WM-Rasen zu Hause im eigenen Garten.

Stollen und andere Stolperfallen für den Rasen

An die Stollenschuhe und die hohe Belastung hat sich der Premiumrasen der Münchner Fußball-Arena übrigens schon gewöhnt. Eine eigens für diesen Zweck konstruierte Maschine erledigte im Vorfeld den Belastungstest für den Rasen. Draußen, auf den Feldern von Schrobenhausen, wurde der Rasen mithilfe einer Stollenwalze bereits auf sein zukünftiges Einsatzgebiet geeicht! Gute Vorbereitung ist eben alles, nachher braucht der Rasen jedoch auch eine gute Pflege, um weiter gedeihen zu können!

Kleine Rosenschule

Vermutlich waren es die Perser, die vor 4000 Jahren damit begannen, Rosen zu veredeln. Rosen gibt es in reicher Auswahl und mit unterschiedlichstem Charakter.

Bei Strauchrosen unterscheidet man die modernen Züchtungen wie die üppig weiß blühende 'Schneewittchen' und die sogenannten Alten oder Historischen Rosen. Teehybriden oder Floribunda-Rosen eignen sich für kleinere Gärten. Eine große Gruppe umfassen die kletternden Rosen, wobei man zwischen Kletterrosen und Rankrosen unterscheidet.

Profitipp
Klaus Körber

ADR-Rosen sind resistent gegen Krankheiten.

Rosenpflege

Die ersten Rosen blühen. Meist beginnt es mit *Rosa hugonis*, der Pater-Hugo-Rose aus China, die oft schon Mitte Mai ihre ersten Blüten öffnet. Wer bei seinen Rosen mit Pilzproblemen zu kämpfen hat, sollte zu diesem Zeitpunkt etwas dagegen unternehmen. Gegen Pilzkrankheiten wie Rosenrost und Mehltau gibt es neue, umweltverträgliche Mittel, die sich auch für andere Zierpflanzen und Gemüse eignen. Die Dosierung der Präparate ist einfach und auf kleine Mengen abgestimmt. Wichtig beim Spritzen: Das Laub sollte am Ende tropfnass sein und die Blätter müssen auch auf der Unterseite benetzt werden. Um auf Nummer sicher zu gehen, sollte man die Behandlung nach 12 Tagen wiederholen.

Vorbeugung gegen Rosenkrankheiten

- Die richtige Sortenwahl: Krankheitsresistente Sorten sind vom ADR = Arbeitsgemeinschaft Deutscher Rosenzüchter ausgezeichnet und haben das ADR-Gütesiegel.
- Die Rosen an einen luftigen, windumwehten Standort pflanzen.
- Rosen mögen gerne Licht, müssen aber nicht in der vollen Sonne stehen.
- Der beste Boden ist tiefgründig und humos, er lässt Regenwasser schnell ablaufen.
- Rosen brauchen ausreichend Nährstoffe für ein gesundes Wachstum. Deshalb zweimal im Jahr düngen. Das erste Mal während des Austriebs und anschließend im Juni zur Förderung der zweiten Blüte.
- Infiziertes Material beseitigen, kranke Blätter zum Beispiel nicht im Beet liegen lassen.

Am meisten nachgefragt sind aber die Beetrosen. Man kann sie in kleinen Gruppen oder flächig pflanzen, mitunter wirken sie auch als Einzelblüte.

Rosen selbst vermehren

Gärtner veredeln Edelrosen meist auf einer Wildrosen-Unterlage. Ohne Wildrosen geht es jedoch auch: Im Herbst oder Frühwinter mithilfe von Stecklingen. Das sind etwa 25 cm lange, unverzweigte neue Triebe, die von Busch- und Kletterrosen geschnitten werden. Die Blätter entfernen, über dem obersten Auge (Knospe) einen kleinen Schrägschnitt setzen und unter dem niedrigsten Auge einen Querschnitt anbringen. An einer geschützten Stelle im Garten eine dünne Furche in den Boden ziehen und eine 23 cm dicke Sandschicht darin verteilen. Nun die Stecklinge im Abstand von etwa 15 cm in die Furche setzen und mit Erde auffüllen. Bis zum folgenden Frühjahr sind sie bewurzelt.

Verlängerung der Rosenblüte

Eine Verlängerung der Rosenblüte wird meist bei Edelrosen angestrebt. Edelrosen erkennt man daran, dass sich an einem sehr langen Stil nur eine, manchmal auch zwei Blüten befinden. Wichtig ist, dass Abgeblühtes gleich entfernt wird. Der Trieb erhält so Licht und Luft und wird dadurch zum Neuaustrieb angeregt.

Dickmaulrüssler – ein wenig bekannter Schädling

Die Larven des Dickmaulrüsslers fressen an Pflanzenwurzeln.

Dickmaulrüssler sind nachtaktiv, tagsüber halten sie sich versteckt.

Ist der durch den Gefurchten Dickmaulrüssler verursachte Schaden erst einmal sichtbar, ist es für die Pflanze meist schon zu spät. Nur 1 cm groß und schwarz ist der gefürchtete Schädling. Die Blätter der befallenen Pflanzen zeigen einen Buchtenfraß, das heißt, die Blattränder sind U-förmig angefressen. Kein anderer Schädling verursacht einen ähnlichen Schaden. Sieht man den Fraß an den Blättern, haben die Larven des Dickmaulrüsslers ihr Zerstörungswerk an den Wurzeln der Pflanzen schon lange begonnen und fressen diese nach und nach ab. Häufig findet man in einem Topfballen mit 30 cm Durchmesser mehr als 50 Larven des Dickmaulrüsslers. Die frisch geschlüpften Käfer machen sich dann später auch über die Blätter her.

Rasante Vermehrung

Ist der Käfer erst einmal in den Garten eingeschleppt, entwickeln sich in kurzer Zeit große Populationen. Ein erwachsener Dickmaulrüssler kann in einer Saison bis zu 1 000 Eier ablegen. Schlüpfen die Larven in der Nähe eines Strauchs, machen sie sich schnell über dessen Wurzeln her. Besonders gerne werden Efeu, Oleander, Rhododendron, Rosen und Eiben angefressen.

Bekämpfung

Das Absammeln der Käfer ist ein guter Weg, um sie zu dezimieren – wirksame Spritzmittel gibt es keine. Da die Käfer nachtaktiv sind und sich bei der kleinsten Störung schnell fallen lassen, muss man gezielt vorgehen, um Erfolg zu haben. Bretter werden gerne als Tagesverstecke angenommen und können abgesammelt werden; das gleiche gilt für aufgehängte Tontöpfe, die mit Rebzweigen gefüllt sind. Eine weitere Möglichkeit ist das Unterlegen eines hellen Betttuches (unter den Strauch) und das anschließende Schütteln. Die schwarzen, etwas plumpen Käfer fallen herunter, werden leicht entdeckt und können gründlich abgesammelt werden.

Nützling gegen Schädling

Besonders wichtig ist es, frühzeitig die Larven des Dickmaulrüsslers zu bekämpfen, um den Käfer an der Ausbreitung zu hindern. Gegen die gefräßigen Larven helfen Nematoden. Das sind kleine Fadenwürmer, die die Larven des Dickmaulrüsslers von innen her auffressen. Wichtig ist der richtige Einsatzzeitpunkt, denn die Erde muss dazu schon über 12 °C warm sein. Im Frühjahr von März bis Anfang Mai ist die beste Zeit; im Sommer von August bis Anfang Oktober. Die Nematoden sind für den Menschen und andere Tiere völlig ungefährlich. Bestellen kann man die Nützlinge direkt über den Fachhandel.

Zitrusgewächse und Zitronenkräuter

Zitrusfrüchte in reicher Auswahl. Allen gemeinsam ist der hohe Gehalt an Vitamin C.

Zitrusgewächse gehören zum ältesten und bedeutendsten Obst der Welt und wurden bereits vor 4000 Jahren kultiviert. Wahrscheinlich stammen sie vom Malaiischen Archipel bis nach Indien und China. Um 1000 n. Chr. verbreiteten die Araber die Früchte zuerst in Afrika, im 12. und 13. Jahrhundert dann auch in Spanien. 1493 nahm Christoph Kolumbus sie mit in die Neue Welt. Zwischen 1541 und 1560 gelangten die ersten Zitronenbäume nach Deutschland, auch die ersten Orangen kamen im 16. Jahrhundert von Südchina über Arabien nach Europa. Die kostbaren Früchte wurden in Schlossgärten, später auch in Privatgärten reicher Bürger kultiviert. Zur Überwinterung errichtete man spezielle Gebäude, die zunächst als Pomeranzenhäuser, dann als Orangerien bezeichnet wurden.

Prachtvolle Orangerien dienten als Winterquartier für die empfindlichen Gäste aus dem Süden.

Heutzutage sind Zitrusgewächse auch im Wintergarten, auf Balkon und Terrasse oder in der Wohnung keine Seltenheit mehr. Gut geeignet für die hiesigen klimatischen Verhältnisse sind Zitronen, Kumquats, Chinotto und Calamondin.
Am besten gefällt es den Pflanzen an windgeschützten, sonnigen Plätzen. Da die meisten Zitrusarten keinen Frost vertragen, müssen sie frostfrei überwintert werden. Das ideale Winterquartier ist ein kühler, belichteter und belüfteter Raum, in dem keine hohe Luftfeuchtigkeit herrschen sollte. Das Pflanzsubstrat muss eher trocken gehalten werden, darf aber auch nicht austrocknen – ein Alarmzeichen sind aufgerollte und welke Blätter. Wenn die Blätter gelb werden, ist das ein Zeichen für Eisenmangel und es sollte eventuell ein Eisenpräparat gegeben werden.

Profitipp
Maria Köchel

Die *Calamondin*-Orange muss wie alle Zitruspflanzen vor Zugluft geschützt werden.

Zitrusgewächse

Das Substrat nicht vollständig austrocknen lassen und Staunässe vermeiden! Beim Gießen ist nach neusten Erkenntnissen darauf zu achten, den Kalziumbedarf der Pflanzen zu decken, sprich, einfach mit Leitungswasser gießen. Hieß es früher noch, „Zitrus hat gerne kalkarmes Wasser", ist heute das Gegenteil bewiesen. Die Pflanze braucht viel Kalzium (also Kalk), um optimal zu gedeihen! Die meisten Kunden düngen mit handelsüblichen Zitrusflüssigdüngern.
In diesen ist allerdings aus technischen/chemischen Gründen kein Kalzium enthalten. Das heißt für Sie: der Kalzium-Bedarf muss anderweitig abgedeckt werden. Das alleinige Gießen mit kalkhaltigem Leitungswasser kann ausreichend sein. Wohnen Sie allerdings in Gebieten mit sehr weichem Leitungswasser, können Sie dem Dünger Kalk beimischen, beispielsweise Azet Vital-Kalk der Firma Neudorff, ein kohlensaurer Kalk, wie er auch im Leitungswasser enthalten ist. Andere Kalkdünger wären Kalksteinmehl, Kalkmergel, Algenkalk, Dolomit, oder – ein altes Hausmittel – Eierschalen. Fruchtabwurf ist bei den Pflanzen in der Regel kein Grund zur Sorge. Bis zu 95 % der angesetzten Blüten werden normalerweise abgeworfen, da die Kraft nicht zur Entwicklung aller Früchte reicht. Sind allerdings kaum Früchte angelegt, steht die Pflanze vielleicht zu trocken.

Spezialitäten

Eine sehr dekorative und beliebte Zierorange ist die *Calamondin.*
Sie stammt aus China und ist eine Kreuzung aus Sauermandarine und Kumquat. Die Früchte sind intensiv orangefarben, klein und kugelig.
Sie können sehr lange an der Pflanze bleiben, ohne unansehnlich zu werden. Wenn man sie zurückschneidet, treibt sie reichlich nach. Die Pflanze verkraftet in der Regel warme und trockene Standorte und ist deshalb auch für Wohnräume geeignet. Ebenfalls sehr beliebt ist die Chinotto-Orange, botanisch *Citrus myrtifolia.* Ihre Früchte sind nicht ganz so groß wie die ihrer nahen Verwandten der Pomeranze, dafür aber äußerst schmackhaft. Sie eignen sich hervorragend zum Kandieren. Die Pflanze ist sehr robust und widerstandsfähig gegen Krankheiten.

Frische Würze: Zitronenkräuter

Wer Zitronenkräuter im Garten hat, möchte sie nicht mehr missen. Allein schon, um beim täglichen Streifzug durch die Beete ein Blättchen zwischen den Fingern zu zerreiben und den erfrischenden Duft einzuatmen. Verschiedene ätherische Öle wie Citral, Citronellal, Citronellol und Geraniol ergeben das typische Zitronenaroma. Bei jeder Zitronenpflanze liegt die Betonung auf einer dieser Komponenten, wodurch zwar alle zitronig schmecken, aber sich im Aroma deutlich voneinander unterscheiden.
Kräuter mit Zitronenaroma finden Sie in den verschiedensten Pflanzenfamilien aus allen Klimagebieten der Welt, am häufigsten aber bei den Lippenblütlern.

Zitronenminze verleiht Getränken und Desserts eine erfrischende Note.

Zitronenthymian passt wunderbar zu Geflügel und Fisch.

Vielfalt der Zitronenkräuter

- Zitronenmelisse *(Melissa officinalis)*
- Zitronen-Katzenminze *(Nepeta cataria* var. *citriodora)*
- Zitronenysop *(Agastache mexicana)*
- Zitronenverbene *(Aloysia triphylla)*
- Zitronenkraut *(Satureja biflora)*
- Zitronengräser *(Cymbopogon citratus, C. exaltatus, C. nardus)*
- Quendel *(Thymus serpyllum)*
- Zitronenthymian *(Thymus x citriodorus)*
- Zitronenminze *(Mentha gentilis* var. *citrata)*
- Zitronenbasilikum *(Ocimum americanum)*
- Zitronen-Bergbohnenkraut *(Satureja montana* var. *citrata)*

Rezepte mit Zitronenkräutern

Sauce zu Gemüse
Mehlschwitze mit Milch und Gemüse-Kochwasser zubereiten, vom Herd nehmen und fein gewiegte Petersilie, Zitronenkraut und ein wenig Schnittlauch oder Bärlauch zufügen. Zu zarten Gemüsen wie Fenchel, Kohlrabi und Brokkoli servieren.

Zitronenbuttermilch
Eine Triebspitze Zitronenmelisse oder Zitronen-Katzenminze sehr fein wiegen und in einem Glas Buttermilch einige Stunden im Kühlschrank ziehen lassen. Honig nach Geschmack zugeben.

Profitipp
Christa Habrich

In der Aromatherapie regen die Zitronenöle Körper und Geist an, schärfen den Verstand und unterstützen das Gedächtnis. Sie desinfizieren, wirken zusammenziehend und appetitanregend. Zudem bilden sie die Grundlage für zahlreiche Erfrischungsgetränke.

Heidelbeeren im Garten

Auch im Garten kann man sich an schmackhaften Heidelbeeren erfreuen.

Heidelbeeren im Garten sind bisher noch recht unbekannt, erfreuen sich aber zunehmender Beliebtheit. Sie gehören zu den Heidekrautgewächsen und mögen, wie die meisten Pflanzen aus dieser Familie, einen eher sauren Boden.

Standort

Humose, saure und gut durchlässige Böden wissen die Kulturheidelbeeren zu schätzen. Der pH-Wert sollte zwischen 4,0 und 5,0 liegen. Sie reagieren empfindlich auf Staunässe und ein Austrocknen des Wurzelballens. Die Wurzeln der Heidelbeeren leben in einer Symbiose mit Mykorrhizapilzen und Bakterien. Ohne diese wären sie nicht in der Lage, verschiedene Nährstoffe und Spurenelemente aufzunehmen. Deshalb beim Pflanzen den Ballen intakt lassen und nur leicht auflockern. Nimmt man zu viel Substrat weg, fehlen zum Anwachsen die Symbiosepartner.

Pflanzen der Heidelbeeren

In Gegenden mit einem eher alkalischen pH-Wert im Boden, muss vor dem Pflanzen der Boden aufgebessert werden. Dazu wird eine Pflanzgrube ausgehoben, etwa 80 cm im Durchmesser und 60 cm tief. Unten in das Loch wird eine Drainage aus Kies oder Splitt gelegt, um den Wasserabzug sicherzustellen. Das Pflanzloch wird mit einer Mischung aus Torf, Sand und Rindenmulch aufgefüllt und die Pflanze eingesetzt. Beim Kauf kann man eine ältere Pflanze mit mehreren Seitentrieben wählen, da diese robuster sind und früher in den Vollertrag kommen. Der Abstand zwischen den Pflanzen sollte mindestens 1,5 m betragen, damit von allen Seiten Licht und Luft an die Heidelbeeren kommt.

Schneiden der Sträucher

Kulturheidelbeeren werden, wie andere Beerensträucher auch, nur gelegentlich verjüngt. Damit ist gemeint, dass alte Äste, die nur noch wenige Blüten tragen, herausgeschnitten und durch jüngere ersetzt werden. Ein Strauch sollte 6–8 Triebe

Gute Kulturheidelbeer-Sorten

- 'Duke': früh reifend – ab Ende Juni, große und feste, süß-aromatische Früchte.
- 'Patriot': früh bis mittlere Reifezeit – ab Juli, mittelgroße Früchte, sehr gutes Aroma.
- 'Goldtraube': mittel bis späte Reife – ab Mitte Juli, bewährte alte Sorte mit großen Früchten.
- 'Bluecrop': späte Reifezeit – Anfang August, große, sehr aromatische Früchte.
- 'Top Hat': mittel bis späte Reife – großfruchtig, niedrig wachsende Sorte.

haben, die nicht älter als drei Jahre sind. Neue, junge Triebe werden nicht beschnitten.

Ernten der leckeren Früchtchen

Die Erntezeit der Früchte beginnt je nach Sorte Ende Juni bis Anfang Juli und dauert mehrere Wochen an. Die Beeren reifen nach und nach über einen Zeitraum von etwa 4 Wochen. Sind die Pflanzen etwa 6–8 Jahre im Vollertrag, kann die Ernte pro Strauch 10 kg und mehr betragen. Gesunde und gut gepflegte Pflanzen können bis zu 30 Jahre alt werden. Die frisch geernteten Beeren sollte man möglichst frisch verarbeiten, da sie nicht lange lagerfähig sind. Ob Marmelade, Likör oder ein Eis mit frischen Beeren – sie lassen sich vielseitig einsetzen und schmecken immer lecker!

Heidelbeeren werden frisch geerntet und möglichst rasch verarbeitet.

Heidelbeeren
Vaccinium in Sorten

Steckbrief

Familie:	Heidekrautgewächse (Ericaceae)
Herkunft:	Europa, Mongolei
Wuchs:	aufrecht, verzweigt, bis 3 m hoch
Blüte:	April bis Mai, unscheinbare weiß-grüne Blütentrauben
Standort:	sonnig, luftig in saurem, humosem Boden, auch als Kübelpflanze haltbar
Pflege:	regelmäßig düngen und Boden mulchen, mit Rhododendronerde oder Rindenhumus
Vermehrung:	durch das Abstechen von Ausläufern, durch Steckhölzer

Querbeet-Koch
Gregor Wittmann

Zimtpfannkuchen mit Heidelbeerragout

Zutaten:

Für das Heidelbeerragout:
- *800 g frische Heidelbeeren*
- *0,5 l Rotwein*
- *8 Esslöffel Zucker*
- *etwas Speisestärke*

Für die Pfannkuchen:
- *4 Eier*
- *½ Teelöffel Salz*
- *1 Esslöffel Zucker*
- *350 ml Milch*
- *300 g Weizenmehl*
- *1 Esslöffel flüssige Butter*

Zubereitung:

Heidelbeerragout:
Rotwein und Zucker zusammen aufkochen, die Stärke in etwas kaltem Wasser auflösen und dann nach und nach dazugeben. Hitze reduzieren und Heidelbeeren dazugeben, ohne Wärmezufuhr ziehen lassen.

Pfannkuchen:
Mehl in eine Schüssel geben und die Eier zufügen, mit dem Schneebesen gut verrühren. Zucker, Milch und flüssige Butter dazugeben und gut durchrühren. Als besondere Note: Einen Hauch Zimt und einen Schuss Rum dazugeben, gut untermischen. In einer Pfanne Butter erhitzen, den flüssigen Teig portionsweise mit einer Schöpfkelle zugeben und gleichmäßig verteilen, bei mäßiger Hitze anbraten, mit dem Pfannenheber wenden.

Als Zutat bzw. Dekoration:
Vanilleeis, Mandelblättchen, gehackte Pistazien oder ein Blatt Pfefferminze.

Wandelbare Begonien

Früher waren Begonien meist als Zimmerpflanze bekannt und nicht gerade als vielseitige Beetpflanzen fürs Freie. Heute gibt es eine riesige Auswahl an Begonien – hängende, stehende, mit roten bis gelben, gefüllten und einfachen Blüten. Als Beet und Balkonpflanze 2004 ist die 'Schampus Lilli' bekannt geworden – eine Knollenbegonie in der Trendfarbe Champagner. Aus dem Bereich der Knollenbegonien gibt es jedoch noch viele andere Varianten, die Farbe auf jeden Schattenbalkon zaubern können. Eine weitere Gruppe der Begonien nennt sich „Dragon Wing" – Drachenflügelbegonien. Der Name ist auf die seltsam geformten Blätter zurückzuführen, die entfernt an Drachenflügel erinnern. Die Blüten dieser Begonien sind rot und rosa. In einen großen Topf gepflanzt, bringen Dragon-Wing-Begonien den ganzen Sommer über Hunderte von Blüten.

Eine weitere Besonderheit gibt es bei den neuen Eisbegoniensorten *(Begonia semperflorens).* Die nur 1 cm großen Einzelblüten sind stark gefüllt; von Nahem betrachtet erinnern sie an zarte Rosenblüten. Jede Blüte ist ein Kunstwerk für sich.

Knollenbegonien verwandeln große Flächen in ein Farbenmeer.

Steckbrief

Begonien

Knollen-Begonia-Hybriden

Familie:	Begoniengewächse (Begoniaceae)
Herkunft:	Bolivien, Ecuador
Wuchs:	aufrecht bis hängend je nach Sorte
Blütezeit:	von Mai bis Oktober
Standort:	halbsschattig bis schattig
Pflege:	eher trocken halten, keine Staunässe, lassen sich überwintern

Unentdeckte Schönheit – Inkalilie

Eine ganz besondere Kübel- und Ampelpflanze ist die Inkalilie, botanisch *Alstroemeria*-Hybriden. Es gibt sie schon lange als Schnittblumen und sie werden auch als Gartenstauden angeboten. Jetzt haben emsige Züchter das Potenzial dieser Pflanze als Sommerflor für Balkon und Terrasse entdeckt und sich daran gemacht, die bis zu 2 m hoch werdende Staude zu zähmen. Die neuen Sorten werden lediglich 30–50 cm hoch und blühen in allen Farbvarianten außer in Blautönen. Die Blütenblätter sind sehr schön gezeichnet und lohnen immer auch einen zweiten Blick. In der Pflege ist die Pflanze sehr genügsam. Am liebsten wächst die Inkalilie an einem halbschattigen bis schattigen Platz, wenn möglich geschützt vor Regen. Ein großer Vorteil dieser neuen Pflanze ist ihre Überwinterung. Die *Alstroemeria* zieht, wie eine Dahlie, im Herbst ein und kann dadurch an einem dunklen, kühlen Platz überwintert werden. Im nächsten Frühjahr umgetopft und angegossen, fängt sie wieder zu blühen an.

Steckbrief

Inkalilie

Alstroemeria-Hybriden

Familie:	Alstroemeriaceae
Herkunft:	Peru
Wuchs:	aufrecht, bis 2 m hoch
Blütezeit:	von Juli bis Oktober
Standort:	sonnig bis schattig
Pflege:	Blindtriebe (Triebe ohne Knospen) herrausziehen, im Herbst einziehen lassen zum Überwintern

Fuchsien

Elegant wirken die schlanken Blüten der Scharlach-Fuchsie.

Fuchsienblüten sind filigrane Kunstwerke.

Fuchsien gehören zu den bekanntesten Beet- und Balkonpflanzen für den Schatten. Aber auch hier werden immer wieder neue Sorten auf den Markt gebracht.
Nicht nur die Blüten einiger dieser Sorten bestechen, sondern auch das Laub. Viele haben zwei- bis mehrfarbig panaschiertes Laub, das gerade im Schatten besonders angenehm auffällt.
Fuchsien lieben einen schattigen, wind- und regengeschützten Platz auf dem Balkon oder der Terrasse. Werden sie regelmäßig gedüngt und gegossen, blühen sie unermüdlich bis in den Herbst.
Zum Überwintern kann man sie entblättern, das heißt, sie werden zurückgeschnitten und alle Blätter werden entfernt. Nach dieser Behandlung können die Pflanzen dunkel über den Winter gebracht werden – erst im Frühjahr brauchen sie wieder Licht und Pflege.

Fuchsien
Fuchsia-Hybriden

Steckbrief

Familie:	Nachtkerzengewächse (Onagraceae)
Herkunft:	Südamerika
Wuchs:	aufrecht bis hängend je nach Sorte, stark verzweigt
Blütezeit:	Mai bis Oktober
Standort:	halbschattig bis schattig
Pflege:	Kontrolle auf weiße Fliege, feucht halten, keine Staunässe

Ein wirklich fleißiges Lieschen

Impatiens heißen sie botanisch, die hübschen und vor allem fleißigen Lieschen. In der Sonne würden sie verbrennen, im Schatten jedoch entfalten sie ihre ganze Pracht. Es gibt auch in dieser Pflanzengruppe sehr viele Sorten. Die neusten Errungenschaften sind stark gefüllt blühende *Impatiens.* Mit Miniblüten oder normal großen Blüten sehen sie einfach reizend aus. Die Farbpalette reicht von Weiß, Zartrosa bis zu kräftigem Pink. Seit diesem Jahr gibt es verschiedene Gelb- und Orangetöne. Fleißige Lieschen kann man sehr gut mit Blattschmuckpflanzen vergesellschaften. Diese Grünpflanzen unterstreichen die reinen, klaren Farben der Sommerblüher.
Impatiens sind in der Pflege sehr anspruchslos. Düngt und gießt man sie regelmäßig, erfreuen sie den ganzen Sommer über mit ihrer Blütenpracht.

Bringt Farbe an Schattenplätze: das Fleißige Lieschen.

Fleißige Lieschen
Impatiens walleriana

Steckbrief

Familie:	Springkrautgewächse (Balsaminaceae)
Herkunft:	Ostafrika
Wuchs:	Polster bildend, stark verzweigt, bis 50 cm hoch
Blütezeit:	von Mai an bis zu den ersten Frösten
Standort:	schattig bis halbschattig, keine Sonnenplätze
Pflege:	leicht feucht halten, nie austrocknen lassen, immer ganz leicht düngen

Hochsommer

Allgemeine Gartenarbeiten

- Gründünger auf abgeerntete Beete säen: *Phacelia,* Raps, Klee, Tagetes
- Garten auf den Urlaub vorbereiten, Wasserversorgung sichern: Beete mulchen, Kübelpflanzen einsenken, Rasensprenger installieren
- Wühlmäuse bekämpfen

Nutzgarten

- Gewürzkräuter am späten Vormittag ernten und schonend konservieren
- Gemüseaussaat (Folgekulturen): Knollenfenchel, Pak Choi, Chinakohl, Radicchio, Winter-Rettich, Endivie, Zuckerhut, Salat, Winterlauch
- neue Erdbeerbeete anlegen, Pflanzen ausreichend mit Nährstoffen versorgen
- Boden lockern (Jäten, Hacken) und mit Mulch bedecken

Ziergarten

- Stauden nach der Blüte teilen: Margeriten, Strandnelke, Gemswurz, Blaukissen in frisches Substrat einpflanzen
- Zimmerpflanzen vermehren: Stecklinge von Birkenfeige, Efeutute schneiden
- Rasen etwas länger schneiden, keine stickstoffbetonte Düngung
- Stauden aussäen: u. a. Alant, Lerchensporn, Tränendes Herz, Glockenblumen, Lupinen
- bei Stauden, Einjährigen, Rosen, Flieder welke Blüten und Blätter laufend ausputzen

Der Garten im Hochsommer

Ein hochsommerlicher Garten strahlt einen ganz eigenen Zauber aus. Dieser rührt von den Kindheitserinnerungen an die sorglosen Sonnentage her, die von einem geheimnisvollen Zwielicht abgelöst werden, in dem unscheinbare Pflanzen, die man tagsüber kaum beachtet, plötzlich rätselhaft leuchten. Der Garten im Hochsommer – da fallen einem unwillkürlich altmodische Bauerngärten ein, duftend und klar, üppig blühend und romantisch. Die berühmten Maler des 19. Jahrhunderts haben es eingefangen, das flirrende Licht und die Hitze der hochstehenden Sonne, die dem Garten dieser Jahreszeit ein doppeltes Antlitz verleiht. Einmal ist das Licht grell und intensiv, dann wiederum lässt die Hitze die Farben verschwimmen und taucht die Landschaft in dunstiges Licht. Grüne Bäume in der Ferne erscheinen milchig-blau, der Himmel verliert sein tiefes Blau und nimmt einen Farbton an, der von einem bläulichen Weiß oder Grau zu einem dunstigen Gelb changiert. Auch die Farben der Blumen im Garten wirken nun wie verwandelt.

Familiengeschichten – Kreuzblütler

Sehr dekorativ sind die Schötchen des Einjährigen Silberblatts aus der Familie der Kreuzblütler.

Die Kreuzblütler sind eine große, vielgestaltige Pflanzenfamilie. Zahlreiche Nutzpflanzen gehören dazu, wie Salate, Gemüse, Gewürze und Ölsaaten, aber auch einige bekannte Zierpflanzen wie *Cheiranthus,* der Goldlack, *Lunaria,* der Judaspfennig, *Matthiola,* die Levkoje oder *Alyssum,* das Steinkraut. Fast überall auf der Welt wachsen Vertreter der *Cruciferae,* wie die Kreuzblütler botanisch heißen. In erster Linie besiedeln sie aber die nördlich-gemäßigten Zonen der Erde.

Angesichts des Übergewichts der Kohlgewächse in dieser Familie, die ihre Heimat überwiegend in Mittel- und Südeuropa haben, und sowohl nach der Artzahl als auch hinsichtlich der Anbaufläche dürften die Cruciferen wohl die europäischste von allen Pflanzenfamilien sein.

Und es kommt Vieles zusammen in der großen Familie der Kreuzblütler: Würzkräuter wie Lauchkraut und Meerrettich, Agrarkulturen wie Senf, Raps und Rübsen, Gartengemüse wie Blumenkohl und Brokkoli, Kraut, Brunnenkresse, Rettich, Radieschen und eine Fülle von Wild- und Ziergewächsen, die Schleifenblume etwa, Schöterich, Nachtviole, das Wiesenschaumkraut, Hirtentäschel, Gänsekresse und Duftsteinrich.

Vom Bauplan zum System

Doch zunächst ein Blick in die Pflanzensystematik: Über der Familie steht die Ordnung. Obwohl die Kreuzblütler im Mittelpunkt ihrer übergeordneten Kategorie stehen, hat diese ihren Namen von einer anderen Familie, den Kaperngewächsen, Capparaceae. Die Ordnung heißt *Capparales,* zu Deutsch Kapernartige und umfasst fünf Familien. Die Botaniker richten sich bei der Systematisierung des Pflanzenreichs nach mehreren Kriterien. Zum einen nach dem Aufbau der Blüten, zum anderen nach den Inhaltsstoffen. Die Blüten aller *Capparales* besitzen einen übereinstimmenden Bauplan, der bestimmt ist von 2–4 Fruchtblättern, die zu einem Fruchtknoten verwachsen sind, aus dem mehrsamige Früchte in Form von Schoten oder Schötchen hervorgehen. Bei einigen Arten sind es Beeren, Kapseln oder Steinfrüchte und bei den Kohlgewächsen einsamige Schließfrüchte. Typisch für alle Familien der Kapernartigen sind die als Inhaltsstoffe enthaltenen schwefelhaltigen Senfölglukoside, Ausgangsstoffe der scharf schmeckenden und meist stechend riechenden Senföle. Sie stecken in den Kapern ebenso wie im Senf und im Meerrettich. Ferner sind die Samen der *Capparales* reich an fettem Öl, vorwiegend an Glyceriden der ungesättigten Fettsäuren wie Erucasäure, Ölsäure und Linolsäure.

Deutlich zu erkennen sind die typische Blüte und die Schoten des Schwarzen Senfs.

Typisch Kreuzblütler

Die Familie der Kreuzblütler verdankt ihren Namen dem Blütenstand, der in der Regel traubenartig ist. Er ist erstaunlich einheitlich geformt, bestehend aus vier Kelchblättern, vier kreuzförmig angeordneten Kronblättern, sechs Staubblättern und einem Fruchtknoten. Die vier über Kreuz angeordneten Kronblätter stehen frei, oft mit einem „Nagel" versehen, die Staubblätter bilden zwei Kreise, einen äußeren mit zwei kurzen und einen inneren mit vier langen Staubblättern.
Unzweideutig erkennt man Angehörige der Cruciferen-Familie ebenso an ihren Früchten. Eine falsche Scheidewand macht sie zweifächerig und sie springen meist vom Grunde her mit zwei Klappen auf. Schote nennt man die Frucht, wenn sie mindestens dreimal so lang wie breit ist, Schötchen heißt die gedrungene Form, die nur wenig länger als breit ist. Zerbricht die Frucht in einsamige Teile, dann spricht man von einer Gliederschote. Daneben bringen manche Kreuzblütler Schließfrüchte hervor, die der Länge nach in zwei Teile zerfallen und auch Nussschötchen, die einsamig sind und geschlossen bleiben. Fruchtformen gibt es viele in der Cruciferenfamilie: von lineal-länglich bis eiförmig oder kugelig, geflügelte und ungeflügelte, gestielte Früchte und solche ohne Stiel.

Steinzeitliche Grünkost

Wenn Menschen ihrer familiären Abstammung auf den Grund gehen, dann spricht man von Genealogie, der Geschlechter- und Stammbaumforschung. Die Geschichte der Pflanzenfamilien hat letztlich auch vieles gemeinsam mit der Genealogie bei uns Menschen. Bedenkt man, dass die 250 000 Arten von Blütenpflanzen in rund 300 Familien unterteilt sind, und vergleicht diese Fülle mit den Pflanzen, die dem Menschen als Nahrungspflanzen dienen, dann erfasst dieses System eigentlich nur einen winzigen Bruchteil der pflanzlichen Vielfalt. Früher, zu Zeiten der Sammler und Jäger, als es noch keinen systematischen Ackerbau gab, waren es weit mehr Pflanzenarten, die der Mensch als Nahrung zu sich nahm. In Süd- und Mitteleuropa standen die Kreuzblütler, vornehmlich die Kohlgewächse, von Anfang an weit oben auf der Liste der Nahrungsmittel. *Brassica campestris,* die frühere Feldrübe, die heute botanisch *Brassica rapa* heißt, wurde beispielsweise bei vielen jungsteinzeitlichen Ausgrabungen gefunden. Da ihre Samen in den entsprechenden Ausgrabungsschichten des Jungneolithikums zusammen mit Getreide, Schlafmohn, Erbsen und Lein bisweilen als feines Netzwerk an der Oberfläche lagen, deuteten die Pflanzenforscher die Wildform der Rübsen als Unkraut. In Samenfunden aus neuerer Zeit, zum Beispiel in Clairvaux im französischen Jura, und ebenso bei neolithischen Funden am Bodensee tauchten wiederum ganze Schichten von Wildkohl-Samen auf. Als man nun eine Brandschicht aus der Zeit von 3000 vor Christus in Hornstaad Hörne am Bodensee analysierte, stellte man neben einer größeren Menge Getreide an mehreren Stellen Klumpen von Samen des wilden Rübsens und der Besenrauke, *Descurania sophia,* fest. Die Altertumsforscher waren etwas erstaunt darüber, denn bei den meisten anderen Funden standen Lein und Mohn bei den Ölpflanzen an erster Stelle, und nicht Raps oder Rübsen. Ausgrabungen in Dänemark, in Südengland, im Küstengebiet der Nordsee, im Weser-Elbe-Gebiet und in Polen zeigen, dass überall dort, wo weniger oder kein Lein und Mohn angebaut wurde, verstärkt Reste von Raps, Ölrübsen und Wasserrüben auftauchen. Ob Brassicasamen in der Frühzeit bereits ausgepresst wurden, darüber

Kopfkohl stammt vom Gemüsekohl ab und war schon im antiken Griechenland bekannt.

Grünkohl gilt manchen als Delikatesse, andere können ihm nur wenig abgewinnen.

Im Gegensatz zum Grünkohl schmecken die Blätter des Sibirischen Kohls besser, wenn sie vor dem Frost geerntet werden.

Helgoländer Wildkohl ist resistenter gegen den Kohlweißling und die Weiße Fliege als andere Kohlsorten.

Kohlrabi ist eines der bekanntesten Kohlgewächse und besonders bei uns ein beliebtes Gemüse.

schweigen die Quellen. Über gepresstes Rüböl aus den Samen des Rübsens wird erstmals um 1291 in den Akten der Stadt Frankfurt berichtet. Anweisungen, wann man die Ölsamen am besten erntet, finden sich etwas später in verschiedenen mittelalterlichen Schriften. Etwa im Arbeitskalender des Johannes Colerus aus dem 16. Jahrhundert, wo es heißt: „Wer Olea auß Vegetabilibus und andern natürlichen Dingen bringen will, der übe diß Werk im Junio und Julio zum meisten, denn in diesen zwey Monaten findestu zehnmal mehr Olea in den Vegetabilibus, als in den anderen Monaten des Jahres." Zentren des Raps- bzw. Ölrübsen-Anbaus waren in der Folge das östliche Deutschland, in Erfurt, Brandenburg, Thüringen, Leipzig und auch Schlesien.

Gemüse mit Geschichte

Eine wohl noch bedeutendere Rolle als Raps bzw. Ölrübsen spielt in der Familiengeschichte der Kreuzblütler das Kohlgemüse. Bei ihm tut sich die Wissenschaft allerdings in der Erforschung der Ursprünge schwer, weil im Gegensatz zu den Ölsamen die Kohlblätter schnell zerfallen und bei Ausgrabungen deshalb nicht zu finden sind. In der Kultur- und Familiengeschichte des Kohls gibt es jedoch andere historische Zeugen, z. B. nämlich die Sprache. Die keltischen Sprachen haben drei Wortstämme für Kohl: kol oder kal, bresic und kap. In den heutigen Worten Kohl, Brassica und Kappes tauchen diese Wortstämme wieder auf.

Genannt und beschrieben werden die verschiedenen Kohlgewächse erstmals von dem griechischen Philosophen und Naturforscher Theophrastos, etwa 300 vor Christus, rund 60 Jahre später bei Cato, der Kohl als das allerbeste Gemüse bezeichnet. Am ausführlichsten beschreibt der Römer Plinius im ersten Jahrhundert nach Christus den Kohl in seiner Naturgeschichte. Auch wenn die der Familie der Cruciferae angehörenden Nutzpflanzen in ihrer Bedeutung als Nahrungs- und Futterpflanzen nicht mit Schmetterlingsblütlern und Gräsern, den Leguminosae und Gramineae zu vergleichen sind, so ist die Geschichte des Kohls doch eng verbunden mit der Kulturgeschichte der Pflanzen und der Entwicklung des Menschen vom Jäger und Sammler zum Ackerbauern – und letztlich bis hin zum Gärtner und zum modernen Landwirt.

Wildgemüse

Etwas von der Ursprünglichkeit dieser Kreuzblütler-Arten findet sich noch in etlichen Wildgemüsen derselben Pflanzenfamilie, die es immer schon gab, und die in den letzten Jahrzehnten von den Gemüsezüchtern und -anbauern neu entdeckt wurden und auf den Viktualienmärkten und in Kleingärten als Spezialität fröhliche Urständ feiern. Beispiele sind der Meerkohl, Stielmus, Rauke und Löffelkraut, aber auch die verschiedenen Kressen wie Sumpf-, Brunnen und Gartenkresse.

Gesund ist was schmeckt

Die Renaissance der Salate und der Gemüse aus der Familie der Kreuzblütler hat gewiss etwas mit der aktuellen Gesundheitswelle zu tun, mit dem stärkeren Bewusstsein für gesunde Ernährung. Schließlich war für den Menschen Gemüse aus der Familie der Kreuzblütler immer schon Medizin und Nahrung zugleich. Abgesehen von den vielen Heilwirkungen der Glykoside und anderer Stoffe im Kohlgemüse, gibt ein Blick auf neuere Nährwerttabellen schnell Auskunft, warum Kohlgewächse so gesund sein müssen: Nur drei von allen bei uns angebauten Gemüse- und Salatarten erreichen zum Beispiel bezüglich des Gehalts an Vitamin C einen Wert von über 100 mg pro 100 g Frischmasse, und alle drei sind Kreuzblütler, nämlich Brokkoli, Grünkohl und Rosenkohl. Die drei liegen auch bezüglich des Vitamin-B-Komplexes in der Spitzengruppe.

Nährendes und Zierendes

Natürlich haben Familiengeschichten immer etwas mit Genetik, mit Karriere, mit Expansion, mit Zuneigung und Abneigung zu tun. Da spielt oft das Subjektive, das Emotionale eine Rolle. Bei den Cruciferen und bei vielen anderen Pflanzenfamilien verkörpern dieses Element diejenigen Familienmitglieder, die vorwiegend der Zierde dienen. Nicht dass so manches Nutzgewächs, wenn es blüht, nicht auch schön aussieht. Der Raps etwa, wenn er die Landschaft mit seinem goldenen Gelb überzieht oder der Brokkoli mit seinen herrlich gelben, langen Fruchtständen. In der Kreuzblütlerfamilie überschneiden sich bisweilen Nutzen und Zierde. Ein Beispiel ist die Crambe, als Meerkohl wilder Vorfahre so mancher Kohlgemüsearten; 20-25 Arten gibt es davon. Bei uns heimisch ist nur der Weiße Meerkohl, *Crambe maritima*. Er ist einjährig, im Gegensatz zu den strauchigen Vertretern von *Dendrocrambe*, die auf Madeira und den Kanarischen Inseln heimisch sind. *Crambe gigantea*, eine auf La Palma wachsende Wildpflanze wird bis zu 4 m hoch. Als Gartenpflanze ist bei uns hauptsächlich der aus dem Kaukasus eingewanderte Herzblättrige Meerkohl, *Crambe cordifolia*, bekannt, dessen eindrucksvoller Blütenstand unzählige Insekten anlockt.
Ihre Kohlverwandschaft merkt man auch einigen anderen Gartenzierpflanzen an, der Gänsekresse zum Beispiel wegen ihres intensiven Brassicaceaen-Geruchs. In den Gärten wachsen vor allem Abkommen der kaukasischen Gänsekresse, *Arabis caucasica albida*, die weiß blüht, gedrungen wächst und ihren Standort betreffend nicht allzu wählerisch ist. Die ins Rote gehenden Arten tragen den Beinamen *'arendsii'*. Besonders dicht und ausdauernd blüht die weiße Polsterstaude *Arabis procurrens*.

Zwei weitere Zier-Cruciferen, die zum festen Pflanzenstamm von insbesondere naturnah gepflanzten Gärten gehören, sind die Nachtviole und das Mondveilchen, *Hesperis matronalis* und *Lunaria annua,* auch Judaspfennig genannt. Beide blühen in der Regel violett, selten weiß. Mai und Juni ist ihre Hauptblütezeit. *Hesperis* hat ihren Namen Veilchen oder Viole durch den starken Abendduft erhalten, weshalb man früher mit ihr gerne Lauben und sonstige lauschige Plätzchen bepflanzte. *Lunaria annua,* der Judassilberling, ist einjährig und lässt sich direkt ins Freie aussäen, wogegen *Lunaria redivivus,* das Silberblatt, ausdauernd ist, also eine Staude. Eine Wildpflanze, die in Auwäldern wächst und deren Samen leicht im Garten aufgeht und dort viele Jahre hindurch wächst und blüht.

John Ferguson

Querbeet-Ökotipp

Bodenpflege im Sommer

Die Bodenpflege im Sommer hat drei Ziele: Einmal soll möglichst viel Feuchtigkeit gespart werden, zweitens sollte der Boden möglichst feucht, krümelig und damit fruchtbar bleiben, und drittens müssen unbedingt die sich in der warmen Zeit verstärkt lösenden Stickstoffteilchen vor dem Auswaschen in den Untergrund geschützt werden, d. h., sie sollten so schnell wie möglich in lebendiger Pflanzenmasse eingelagert werden. Daraus ergeben sich auch die drei wesentlichen Strategien der Bodenpflege im Sommer:

- Das Austrocknen des Bodens, d. h., das Entweichen der Feuchtigkeit durch die haardünnen Kapillarröhrchen nach oben, verhindert man durch die Abdeckung des Bodens mit organischem Material. Es muss nicht gleich eine dicke Mulch- oder Flächenkompostschicht sein – es reicht auch schon, wenn man abgemähten Rasenschnitt locker in einer Stärke von etwa einem halben Zentimeter auf den Boden gibt.
- Der perfekte Feuchtigkeitsschutz besteht darin, dass man die Bodenspitzen nach dem Wässern oder einem starken Regen nicht abtrocknen lässt, vielleicht ein oder zwei Tage, und dann den Boden leicht hackt und damit die Kapillarröhrchen zerstört und schließt.
- Gibt man dann eine lockere Mulchschicht darauf, kann der Boden 8–14 Tage Trockenheit ohne Weiteres vertragen.

Die Nachtviole wird wegen ihres betörenden Dufts gerne gepflanzt.

Schillernde Verwandtschaft

Die Familiengeschichte der Kreuzblütler wäre arg unvollständig, würde man einige ihrer populärsten Mitglieder unterschlagen, die da sind: *Matthiola,* die Levkoje, die ihren Weg von der Gartenpflanze zur Modeblume gemacht hat, *Alyssum* und *Aubretia,* das Steinkraut und das Blaukissen, zwei Polsterstauden, *Iberis,* die Schleifenblume, *Lobularia,* der Duftsteinrich und eine der beliebtesten zweijährigen Gartenblumen, *Cheiranthus,* der Goldlack, in all seinen Varianten.

Querbeet-Ökotipp

Bienenpflanzenbeet

Man kann im Garten für die nützlichen Honigbienen, aber auch für Wildbienen und Hummeln einiges tun. Denn für viele nützliche, Blüten bestäubende Insekten fehlt in der heutigen Landschaft die Vielfalt an Nektarpflanzen, die sie benötigen, um sich zu ernähren, sich zu vermehren und zu überleben. Und da kann der Garten aus mehreren Gründen ein idealer Lebensraum für Hummeln, Bienen und Wildbienen sein: Auf dem kleinen Stück Gartenland lassen sich Pflanzen kultivieren und halten, die den nützlichen Insekten ganzjährig Nahrung bieten. Darüber hinaus ist es wichtig, dass der Speisezettel für diese Tiere das ganze Jahr über, zumindest die Vegetationsperiode hindurch, keine Lücken aufweist. Wichtige Futterpflanzen für Hummeln, Honigbienen und Wildbienen sind die verschiedenen Ahornarten, Rosskastanie, Felsenbirne, Geißkleearten, Heidearten, Goldregen, sämtliche Obstbäume, die einfach blühenden Rosenarten, Weidearten sowie die Vogelbeere.

Unter den einjährigen und zweijährigen Blumen haben sich als nützliche Insektenfutterpflanzen bewährt: Borretsch, Kornblume, Weberkarde, Buchweizen, Sonnenblume, Duftsteinrich, Klatschmohn, Inkarnatklee und Königskerze.

Unzählig ist die Zahl der Stauden, welche den Bienen Nahrung anbieten: Eisenhut, Schnittlauch, Strandnelke, Aster, Glockenblume, Kronwicke, Sonnenbraut, Alant, Taubnessel, Lavendel, Herzgespann, Minzearten, Indianernessel, Türkenmohn, Schlüsselblume, Salbeiarten, Fetthenne, Beinwell, Löwenzahn, Thymian und die verschiedenen Kleearten.

Viele dieser Pflanzen werden von Hummeln, Wildbienen und Honigbienen gleichermaßen gern angeflogen. Während im Vor- und Erstfrühling manche Nektar- und Pollenspender wie Salweide, Haselnuss oder Kornelkirsche manchmal lange auf sich warten lassen, entsteht gerade für die Honigbienen, die nach einem blütenreichen Frühling mit Hochdruck am Produzieren und am Aufbauen ihres Volkes sind, bisweilen eine zweite empfindliche Futterlücke. Und zwar tritt diese nahrungsarme Zeit meist nach der Obstblüte ein. Die Imker sprechen von der Juni-Lücke in der Nahrungsversorgung ihrer Völker. Gerade in dieser Zeit können im Garten eine ganze Reihe von Möglichkeiten angeboten werden, um diese zu füllen. Mit der Saatwucherblume zum Beispiel *(Chrysanthemum segetum)*. Diese sowie viele andere einjährige Zierpflanzen und Stauden bieten Bienen und Schmetterlingen zwischen Mai und Oktober eine willkommene Abwechslung für den Speisezettel.

Hilfe für Schmetterlinge

Schmetterlinge sind auf bestimmte Pflanzen angewiesen, die in keinem Garten fehlen sollten.

Schmetterlinge sind in den letzten Jahren immer seltener geworden. Der Hauptgrund ist nicht, wie man zunächst annehmen wird, im Ausbringen von Insektiziden zu suchen. Viel härter trifft sie der Mangel an geeigneten Nahrungspflanzen durch fehlende Feldraine, dürftige Waldränder, geputzte Gärten und die Anwendung von Unkrautvernichtungsmitteln. Der Gärtner kann einiges tun, um den Schmetterlingen in seinem Garten ein Biotop zu bieten, einen neuen Lebensraum. Eine klassische Schmetterlingslockpflanze ist Buddleia, der Sommerflieder, auch Schmetterlingsstrauch genannt. Er bietet einer Reihe von Faltern Nektarnahrung. Angezogen werden die Insekten durch die Farben des Strauches. Der Kleine Fuchs z. B. zählt zu dem halben Dutzend Falter, die gern den Sommerflieder anfliegen. Allerdings ist der Kleine Fuchs nicht so sehr auf eine oder wenige Pflanzenarten spezialisiert wie einige andere Falterarten. Schmetterlinge bevorzugen übrigens die blauen und lilafarbenen Buddleias.

Schon weniger häufig stellt sich der Distelfalter ein, der ab Mai erscheint und bis Oktober in 2–3 Generationen bleibt. Distelfalter sind empfindlich gegen die Winterkälte in unserer Klimazone. Dagegen können die Ochsenaugen in unseren Breitengraden ohne Weiteres als Raupe überwintern. Die Raupen dieses Falters verpuppen sich im Frühjahr im Boden und schlüpfen von Juni bis August aus. Die meisten Schmetterlinge nehmen, sofern sie überhaupt Nahrung benötigen, flüssigen Nektar zu sich. Sie sind harmlose Nektardiebe, die mit sehr wenig zufrieden sind. Im Unterschied zu Bienen und Wespen können Schmetterlinge mit ihren Saugwerkzeugen den Nektar auch aus Blüten mit sehr langem Schlund heraussaugen.

Das Tagpfauenauge dürfte wohl der häufigste Falter in unseren Breitengraden sein. Er überwintert als erwachsener Schmetterling und seine ersten Nachkommen, die im Juli ausschlüpfen, fliegen gleich den Sommerflieder an. Im Spätsommer, wenn der Phlox blüht, erscheinen die meisten Schmetterlinge. Etliche Zierpflanzen im Garten wie Phlox, aber auch Goldrute oder Rudbeckien, wurden im Laufe der Zeit für viele Schmetterlinge zur Alternative zu den immer stärker zurückgedrängten wild wachsenden Nektarspendern. Wer ein bisschen darauf achtet, kann seine Staudenbeete im Garten zu einer Schmetterlingsweide gestalten. Die Goldrute z. B. lockt neben einigen anderen Faltern auch das Ochsenauge an.

Ein typischer sonnen- und wärmehungriger Spätsommerfalter ist der Admiral. Er tankt die Sonnenwärme richtiggehend auf, bei Kälte hat er Schwierigkeiten mit dem Fliegen. Der Admiral tummelt sich recht gerne auf dem Schneefelberich, *Lysimachia clethroides,* einer Staude, die sich besonders für Naturgärten, aber auch für Rabatten eignet. Stellvertretend für die Vielzahl der Sonnenhutarten steht *Rudbeckia purpurea,* ein Spätsommer- bis Herbstblüher, an den sich auch schon eine ganze Reihe von Schmetterlingen gewöhnt hat.

Einer der langlebigsten Schmetterlinge ist der Zitronenfalter, der als Schmetterling überwintert und an warmen Tagen schon im Februar fliegt, dann bis Mai seinen Frühlingsschlaf macht und später dann wieder fliegt, auf Rotklee z. B. Einer der häufigsten Bläulinge ist der Hauhechelbläuling, der gerne auf Sumpfhornklee weidet, einer recht hübschen Kleeart, die im Feuchten wächst. Der nahe verwandte Hornschotenklee, der an trockenen Standorten wächst, zieht ebenfalls eine Menge Schmetterlinge an. Eine andere Gruppe von Pflanzen, die gern von Schmetterlingen aufgesucht wird, sind die Lippenblütler. Ein Vertreter ist der Heilziest, eine Wildpflanze, die bei uns in Wiesen verbreitet wächst. Der immer seltener werdende Heufalter findet sich gern auf dem Ziest ein.

Ein anderer Gartenbereich, in dem sich über viele Wochen die bunte Falterwelt ein Stelldichein gibt, ist das Küchenkräuterbeet. Hier begegnen wir wieder den für die Saugwerkzeuge der Schmetterlinge besonders geeigneten Lippenblütlern wie Lavendel, Majoran, Ysop, Thymian und Salbei. Ein weiteres Kardengewächs ist die Weber- oder Kardendistel. Auch sie lockt während ihrer langen Blütezeit im Juli und August etliche Falter an. Richtig spezialisiert auf das Anlocken von Insekten sind die Korbblütler wie die Sonnenblumen, Margeriten, Zinnien oder Astern. Ihre auffälligen Blütenblätter locken Schmetterlinge und andere Insekten an und leiten sie zum gedeckten Tisch, den weniger auffälligen, nektarhaltigen Blüten.

Profitipp
Barbara Krasemann

Schmetterlingspflanzen

Möchten Sie Schmetterlinge in Ihren Garten locken, dann brauchen Sie geeignete Futterpflanzen für die ausgewachsenen Falter, aber auch für die Raupen. Die meisten Schmetterlinge legen ihre Eier an solchen Pflanzen ab, die an einem vollsonnigen Standort wachsen. So bevorzugen etwa Admiral, C-Falter, Kleiner Fuchs und Tagpfauenauge üppige Brennnesselbüsche, die tagsüber in der Sonne stehen. Schmetterlinge werden vor allem von gelben, roten, orange- und purpurfarbenen Blüten angelockt. Der Nektar in einfachen Blüten ist dabei leichter zugänglich als der von gefüllten Blüten, die manchmal gar keinen Nektar enthalten.

Diese Pflanzen werden von Schmetterlingen besonders gern zur Eiablage benutzt:

Ampfer	Gefleckter oder Kleiner Feuerfalter
Brennnessel	Admiral, C-Falter, Distelfalter, Kleiner Fuchs, Tagpfauenauge
Distel	Distelfalter
Faulbaum	Zitronenfalter
Honigklee	Dunkler Dickkopffalter, Hauhechelbläuling
Hufeisenklee	Dunkler Dickkopffalter
Gräser	Ockergelber Braundickkopffalter, Kleiner Heufalter, Großes Ochsenauge, Rotbraunes Ochsenauge, Waldbrettspiel, Brauner Waldvogel
Knoblauchrauke	Aurorafalter
Stechpalme	Faulbaumbläuling
Wiesenknäuelgras	Rostfarbiger Dickkopffalter
Wiesenschaumkraut	Aurorafalter, Rübenweißling
Wilde Möhre	Schwalbenschwanz

Mit geeigneten Pflanzen kann man Schmetterlinge das ganze Jahr über in den Garten locken:

Frühjahr	Blaukissen, Duftveilchen, Felsensteinkraut, Levkoje, Primel, Schlehe, Schöterich
Frühsommer	Gänsekresse, Nelke, Schleifenblume, Silberling, Skabiose, Vergissmeinnicht
Spätsommer	Heckenkirsche, Katzenminze, Lavendel, Schmetterlingsstrauch, Verbene, Ysop
Herbst	Goldrute, Neuengland-Aster, Prachtsedum

Lange Fortsätze auf dem Rücken lassen die Raupe größer erscheinen als sie ist und schrecken Fressfeinde ab.

Raupenfutterpflanzen im Garten

Schmetterlinge kann man auf zweierlei Arten in den Garten locken: Einmal, indem man ihnen Blütennektar anbietet, besonders eignen sich hierzu Korbblütler wie Tagetes, Zinnien, Rudbeckien, Disteln und einfache Dahlien. Der andere Weg besteht darin, dass man dem Falter Möglichkeiten bietet, Eier abzulegen, und den Raupen am Ablageplatz dann genügend Futter zur Verfügung steht.
Was die Eiablage anbelangt, sind die Schmetterlingsweibchen heikler als bei der Auswahl der Nektarspender. Das befruchtete Weibchen legt nur dort Eier ab, wo die Raupe später die richtige Nahrung findet.
Der Zitronenfalter ist auf den Faulbaum, *Rahmnus frangula*, spezialisiert. Die Kätzchen der Salweide werden im Frühjahr von vielen Nachtfaltern beflogen, aber auch vom Zitronenfalter und dem Trauermantel. Gut ein Dutzend Falterarten bevorzugen das Brennnessellaub zur Eiablage. In ganzen Nestern hängen die braunschwarzen und gelb gestreiften, mit kurzen Dornen besetzten Raupen des Kleinen Fuchses an den Brennnesseln. Einmal im Jahr, im Juni, schlüpfen aus den Eiern die schwarzen Raupen des Tagpfauenauges. Auch Distelfalter, Admiral und Goldeulen legen ihre Eier auf Brennnesseln ab. Distelfalter und Admiral sind übrigens Wanderfalter. Alljährlich kommen sie aus dem Süden zu uns, ihre Raupen leben während des Sommers auf Brennnesseln, Disteln oder Natterkopf. Die ausgewachsenen Falter sind jedoch unseren kalten Wintern nicht immer gewachsen. sie gehen häufig zugrunde. Vereinzelt fliegen sie wieder über die Alpen zurück in den Süden.
Den Heufalter und den Bläuling bringt man in den Garten, wenn man die Kronwicke anbaut, einen Bodendecker, der selbst auf kargem, kiesigem Boden gedeiht, der jedes Jahr neu austreibt und der besonders gern am Zaun hochrankt. Die Kronwicke verhält sich ähnlich wie die normale Gartenwicke und ist auch ohne Weiteres ins Freie auszusäen. Von der einfachen Wicke ernähren sich übrigens der Heufalter und der Senfweißling. Der rote Wiesenklee veranlasst den Waldbläuling sowie acht andere Schmetterlinge ihre Eier auf ihm abzulegen. Überhaupt spielen Wiesenpflanzen und Ackerunkräuter eine entscheidende Rolle für die Vielfalt der Tag- und Nachtfalter in der Natur und im Garten. So ist der Wegerich Nahrungspflanze für die Raupen von zwei Schneckenfaltern, dem Kleinen Maivogel und dem Russischen Bären. Löwenzahn lockt den großen Braunen Bären und das Weißfleckenwidderchen an. Den Schwalbenschwanz holt sich leicht in den Garten, wer Fenchel, Dill oder Möhren stehen und ausblühen lässt. Genauso gern legt das Schwalbenschwanzweibchen seine Brut auf der wilden Möhre ab. Und auch der Ampfer hat seine Bedeutung für eine Reihe von Schmetterlingen, unter anderem für den Dukatenfalter, den Feuerfalter und den Frühlingswürfelfalter.

Roter Scheckenfalter an Wiesenklee.

Kleine Tomatenkunde

Tomaten stehen dem Genießer in großer Sortenvielfalt zur Verfügung.

Obgleich die Tomate sehr früh zusammen mit der Kartoffel nach Europa kam, hat sie sich als Nahrungspflanze erst im Laufe dieses Jahrhunderts durchsetzen können. Das hing nicht zuletzt mit den Tomatensorten zusammen, die anfänglich kultiviert wurden. Sie waren relativ klein und unscheinbar und ihr Anbau war schwierig.

Die Wildformen der Tomate stammen aus dem nördlichen Südamerika und aus der Karibik. Vier Arten sind bekannt, drei davon haben kleine Früchte von 10–15 mm Durchmesser, die nur 1–3 g wiegen. Die am weitesten verbreitete Wildtomate ist *Lycopersicon cerasiforme.* Sie gelangte von Südamerika aus in die Tropen und Subtropen der Alten Welt. Die anderen drei Arten kommen nur in Amerika vor. Eine davon, *Lycopersicon pimpinellifolium,* die Johannisbeertomate hat johannisbeergroße Früchte. Die von Alexander von Humboldt entdeckte Tomate, *Lycopersicon humboldtii,* wächst in Venezuela an Seeufern sowie in den Flußniederungen. Die vierte Tomatenwildart, *Lycopersicon cheesmanii,* die auf den Galapagosinseln heimisch ist, enthält besonders viel Betacarotin und ist absolut unempfindlich gegen Meerwasser.

Die Entdecker Amerikas und die ihnen folgenden Botaniker konnten bereits auf großfruchtige Sorten zurückgreifen, die von den Indios in Süd- und Mittelamerika gezüchtet worden waren. Die frühesten Abbildungen von Tomaten in Europa zeigen Pflanzen mit großen bis sehr großen Früchten, Sorten, die heute noch auf den Indianermärkten Mexikos angeboten werden. Es waren also bereits relativ hochgezüchtete Tomaten, die vor 400 Jahren in Europa eingeführt wurden. Die Züchter sind heutzutage froh, auf die amerikanischen Wildtomaten zurückgreifen zu können. Diese besitzen Abwehrkräfte gegenüber Krankheiten, die beim Anbau der modernen Hochleistungssorten auftreten können. Wildtomaten sind heute für die Verbesserung der Eigenschaften neuer Tomaten eine wichtige Genreserve.

Züchterische Vielfalt

Der Fortschritt in der Tomatenzüchtung hat im Laufe der letzten Jahrzehnte praktisch alle Merkmale erfasst, von der Fruchtgröße, über die Färbung, die Auffächerung im Fruchtinneren, bis hin zur Schale und den Inhaltsstoffen. Tomatenfrüchte sind botanisch gesehen Beeren, die entsprechend der Zahl ihrer Fruchtblätter gefächert sind. An ihren Innenwänden sitzen die dicken Plazenten, deren gallertige Gewebeschichten den Samen halten. Normalerweise besteht der Fruchtknoten von Nachtschattengewächsen aus zwei Fruchtblättern; bei vielen Tomatensorten sind oft zehn, ja bei einer bestimmten amerikanischen Fleischtomate bis zu 200 Fruchtblätter vorhanden. Die kleinsten Tomaten aus der Gruppe der Kirschtomaten messen 3 cm im Durchmesser und wiegen etwa 5 g. Die größten Tomaten können einen Durchmesser von mehr als 20 cm und ein Gewicht von über 500 g erreichen. Die Farbenvielfalt ist groß, es gibt rot-, rosa-, gelb-, orangefruchtige oder gestreifte Sorten, solche mit kugeliger, birnen-, pflaumen- oder eiförmiger Gestalt sowie glatte und gerippte Früchte.

Tomatensetzlinge können auf der Fensterbank vorgezogen werden.

Tomaten schmecken nicht nur gut, sie blühen auch schön.

Geerntet werden die roten Früchte, die grünen sind nur bedingt genießbar.

Fest für Feinschmecker

In gut sortierten Gemüsegeschäften wird heute in der Hauptsaison ein halbes Dutzend Tomatensorten angeboten. Die Vielfalt ist jedoch weitaus größer, und darin besteht die eigentliche Chance für die Tomatenkultur im eigenen Garten. Im Vordergrund stehen immer noch die großfruchtigen Tomaten für den Anbau im Freiland und im Gewächshaus. Eine der frühesten Züchtungen ist die Sorte 'Hellfrucht', an deren Pflanzen die Früchte in dichten Trauben hängen. Eine Tomate, mit der viele Kleingärtner in den neuen Bundesländern früher schon gute Erfahrungen gemacht haben, ist die Sorte 'Harzfeuer', eine F 1-Hybride, die wegen ihres guten, süß-aromatischen Geschmacks sehr geschätzt wird. Die Ernte von 'Harzfeuer' zieht sich bis weit in den Herbst hinein, sie ist also eine richtige Ganzjahrestomate, und die Züchtung ist von Natur aus widerstandsfähig gegen die meisten Krankheiten, robust und wüchsig. Enorm gefragt sind seit zwei, drei Jahren die recht elegant wirkenden Eiertomaten. 'San Marzano' ist eine der bekannteren Sorten mit festem Fruchtfleisch und sehr angenehmem und mild-würzigem Geschmack; mehr eine Tomate für Saft, Ketchup und zum Grillen. Ein besonderer Vorteil dieser Sorte: Die Früchte haben fast keine Samenkörner.

Das Auge isst mit

Zu den Neuheiten im Tomatensortiment zählen die gelben Tomaten, auch Obsttomaten genannt. Eine der besten Neuzüchtungen ist 'Yellow Perashaped', ihre birnenförmigen Früchte reifen mittelfrüh, die Reife zieht sich bis zum Frost hin. Schon länger auf dem Markt ist die Sorte 'Goldene Königin', mit runden goldgelben Früchten, die intensiv und aromatisch im Geschmack sind.
Die kleinfruchtigen Sorten, die früher unter dem Begriff Aroma-Tomaten auftraten, sind heute in drei Gruppen aufgeteilt: die etwas größeren Balkontomaten wie 'Patio' oder 'Tumbler', die Minitomaten wie die Sorte 'Phyra' und die Kirschtomaten, die von diesen dreien das intensivste Aroma besitzen. Eine der besten Kirschtomaten, die in Amerika als „Canary Tomate" bezeichnet wird, ist 'Sweet Cherry', eine Hybridsorte mit unzähligen, kirschgroßen Früchten und einem Aroma, das sich am besten entfaltet, wenn man sie am Strauch voll ausreifen lässt.

Und noch mehr Sorten

Aus Italien gelangte die Safttomate 'Roma' zu uns, eine Buschtomate, die ohne Stab wächst. Sie bringt reichen Ertrag an eiförmigen, festfleischigen, leuchtend roten Früchten, die einen aromatischen, süßen Geschmack besitzen. Ebenfalls eine ideale Tomate zum Verarbeiten, für Tomatensaft, Tomatenmark, zum Kochen und zum Grillen. Und schließlich gibt es immer noch die altbewährten Fleischtomaten, deren Vorteil es ist, dass sie besonders fest und lange haltbar sind und dann, wenn man sie kurz vor dem ersten Frost halbreif erntet, ohne Weiteres an einem kühlen, hellen Platz in der

Küche, in der Speisekammer oder im Treppenhaus ausreifen. Zwei der im Samenhandel angebotenen Sorten sind besonders empfehlenswert: 'Marmande' mit früher Reifezeit und die altbekannte F 1-Hybride 'Luxor', eine Züchtung, die durchaus Früchte mit 500 g Einzelgewicht hervorbringt. 'Luxor' eignet sich übrigens recht gut für die Kultur in großen Gefäßen auf Balkon und Terrasse.

Zehn Tipps zum Anbau von Tomaten

Soweit unser kleiner Streifzug durch die Sortenvielfalt der Tomaten. Doch was nützt Saatgut von der besten Zuchtsorte, wenn es an den Kulturbedingungen, am Boden, am Standort, am Licht oder an den Nährstoffen hapert? Deshalb eine kleine Zusammenstellung wichtiger Anbauregeln, eine Art Zehnpunkte-Katalog für den erfolgreichen Tomatenanbau.

Auf das Saatgut achten

Wie in der Landwirtschaft, so lautet auch im Garten die erste Regel: „Wie die Saat, so die Ernte". Tomaten müssen vorkultiviert werden und dabei kommt es darauf an, möglichst buschige, gedrungen wachsende Pflänzchen heranzuziehen. Sechs Wochen vor dem Auspflanzen, egal ob ins Freie oder ins Gewächshaus, ist der richtige Zeitpunkt zum Säen. In der Keimphase brauchen die Samenkörner viel Wärme: etwa 25–30 °C. Sobald sie aufgegangen sind, genügen 18–20 °C. Und der wachsende Keimling verlangt viel Licht, 12 Stunden pro Tag, je heller umso besser. Der richtige Saatzeitpunkt, anfangs viel Wärme, nach dem Keimen etwas kühler und viel Licht – das sind also die ersten vier Punkte für einen gelungenen Start ins Tomatenjahr. Um die jungen Pflänzchen von Anfang an auf kurzes und gedrungenes Wachstum zu trimmen, bedienen sich englische Gärtner eines Tricks: Sie kitzeln die wachsenden Keimlinge regelrecht. Das heißt, sie streichen mit einem biegsamen Stück Pappe zweimal am Tag in alle Richtungen über die Pflänzchen, stören diese dadurch im Strecken nach oben und bremsen so das Längenwachstum. Erst wenn das zweite Blattpaar da ist, wird diese „Fächelprozedur" eingestellt.

Pflanzen, aber wie?

Tipp Nummer fünf betrifft das Auspflanzen: Tomaten pflanzt man grundsätzlich etwas tiefer als andere Jungpflanzen, man kann sie bis zum ersten Blattpaar einsenken. Ist der Boden locker, luftig und einigermaßen warm, wird senkrecht gepflanzt. Wenn der Boden nass und kühl ist, pflanzt man schräg, das begünstigt in solchen Fällen die Wurzelbildung und damit die Wasser- und Nährstoffaufnahme der heranwachsenden Tomatenpflanze. Versuche mit Tomaten im Freiland haben gezeigt, dass maximale, früh einsetzende Erträge am ehesten erreicht werden,

Ein Tomatenhaus aus Kunststofffolie, schnell aufgebaut und praktisch.

wenn man die Pflanzen im Abstand von 50 x 50 cm setzt. Nur bei stark wachsenden Sorten bringt eine Erweiterung des Abstands zwischen den Pflanzen eine Ertragssteigerung. Engere Abstände stimulieren die Pflanzen zu einer schnelleren Ausreife. Stimmt das Timing von der Saat bis zur Ernte, dann lässt es sich ganz gut einrichten, Tomaten aus dem eigenen Garten zu bekommen, wenn die Freilandtomaten auf dem Markt noch relativ teuer sind. Beim Fruchten und Reifen spielt übrigens die Temperatur nochmals eine ganz wichtige Rolle. Um Frucht anzusetzen und diese nicht gleich wieder abzuwerfen, brauchen die ersten Blüten Wärme, die Temperaturen dürfen auch nachts nicht unter 13 °C sinken. Bei niedrigeren Temperaturen wächst der Pollenschlauch so langsam, dass die Blüten abfallen, bevor die weiblichen Keimzellen befruchtet werden können. Allerdings schadet auch zu viel Wärme: Bei Nachttemperaturen über 25 °C wird die Fruchtbildung gehemmt und die befruchteten Blüten fallen ebenfalls ab.

Bei Beachtung unserer Tipps können Sie sich auf reiche Ernte freuen.

Mulchen ist wichtig

Der nächste wichtige Punkt ist die Nährstoffversorgung: Tomaten sind Starkzehrer. Allerdings brauchen sie nicht so viel Stickstoff, sondern vor allem kaliumreichen Dünger, gleich ob organisch oder anorganisch. Ratschlag Nummer sieben gilt der Bodenbedeckung im Tomatenbeet, dem Mulchen. Amerikanische Tests haben gezeigt, dass Tomatenpflanzen unter denen die Erde mit schwarzer Mulchfolie abgedeckt wurde, bis zu 95 % höheren Fruchtertrag bringen als ungemulchte. Schwarze Folie hält nicht nur die Feuchtigkeit im Boden, sondern sammelt Sonnenwärme und gibt sie an das Erdreich ab. Organisches Mulchmaterial wie Rasenschnitt oder auch halbfertiger Kompost haben dagegen den Nachteil, dass sie den Boden bei niedrigeren Temperaturen zusätzlich abkühlen. Verwendet man Biomasse, fängt man besser etwas später mit dem Mulchen an; in langen heißen Sommern ist eine Mulchdecke aus organischem Material vorteilhafter als in kühlen Zeiten und in ungünstigen Klimalagen.

Der richtige Halt

Beim achten Tipp für eine erfolgreiche Tomatensaison geht es darum, ob und in welchen Fällen man die Pflanzen aufbindet, oder ob man sie einfach drauflos wachsen lässt. Eigene Vergleichstests haben ergeben, dass kurz bleibende Sorten die höchsten Erträge bringen, wenn man sie nach dem Pflanzen mit eineinhalb Meter hohen runden Drahtkäfigen umgibt. Diese kann man aus einfachem, billigem Wildschutzdraht selbst basteln. Richtung Westen und Osten sollte man den Draht im Boden befestigen und ihm eine Stütze geben.
Tomatensorten, die man hochzieht und regelmäßig ausbricht, brauchen normalerweise einen Stützstab von 120–180 cm Länge. Einige Sorten verlangen längere Stäbe bis zu 240 cm. Mit dem Aufbinden fängt man an, wenn die Pflanzen 30 cm groß sind.

Ausgeizen

Unser letzter Tipp betrifft das Ausbrechen der Seiten- und Achseltriebe, die übrigens später noch in den unteren Etagen von Zeit zu Zeit nachwachsen können. Ausbrechen bzw. Ausgeizen sollte man nur Tomaten, die man gerne schlank oder eintriebig hochziehen möchte. Die meisten Cocktail-, Kirsch- und Balkontomaten

Profitipp
Sabrina Werner

Tomaten pikieren
Den Keimling von unten her mit dem Pikierstab lockern, ihn oben an einem oder zwei Keimblättern fassen, in einen Topf mit Substrat umsetzen und leicht andrücken. Den Sämling auf keinen Fall am Stiel packen. Es besteht die Gefahr, dass dabei die lebensnotwendigen Leitbahnen gequetscht werden.
Im Topf darf das kleine Pflänzchen ruhig etwas tiefer eingesenkt werden. Der Vorteil dabei ist, dass am Stiel zusätzliche Wurzeln gebildet werden.

wachsen buschig, müssen also nicht ausgebrochen werden. Legt man auf große Früchte wert, dann empfiehlt sich bei Fleischtomaten und bei allen großfruchtigen Sorten das regelmäßige Ausbrechen der in den Blattachseln entstehenden Seitentriebe. Wer es liebt, Wachstum und Ertrag an seinen Pflanzen möglichst gezielt zu steuern, der kann die Tomatenpflanzen dazu bringen, nur so viele Früchte anzusetzen, wie tatsächlich reif werden können. Der erfahrene Tomatenkultivateur sorgt dafür, dass in den einzelnen Wachstumsetagen der Fruchtansatz genügend Luft und Licht bekommt, zu viel wird ausgeschnitten. Die ganze von den Wurzeln aufgenommene Energie konzentriert sich auf einen übersichtlichen Fruchtansatz, wenn man die Spitzen der Stabtomaten vorzeitig kappt, im Freiland nach dem dritten oder vierten Blütenstand. In welchem Stadium genau, das hängt von der jeweiligen Klimasituation ab. In günstigen Lagen, etwa in Weinbaugebieten, entspitzt man die Pflanzen vielleicht erst nach dem fünften Blütenstand, dort wo es im Herbst frühzeitig kalt wird, erfolgt das Entspitzen womöglich schon nach der Ausbildung der Blüten in der zweiten Etage. Im temperierten Gewächshaus spielt das keine Rolle, dort können durchaus 8–10 Blütenstände je Pflanze zur vollen Fruchtreife gelangen.

Profitipp
Birgit Rascher

Tomatenernte

August ist die große Zeit der Tomatenernte. Vollreif sind sie, wenn sie sich leicht vom Stiel lösen lassen. Selbst angebaute Tomaten haben den Vorteil, dass die Früchte voll ausreifen können und man mit verschiedenen Sorten experimentieren kann. So kann man auch gelbe Tomaten anbauen, die im Geschmack milder sind als die roten Sorten. Zum Beispiel 'Goldene Königin', eine großfruchtige Sorte, 'Sweet Cherry', eine kleinfruchtige Sorte, 'Mirabell', eine Cocktailtomate. Bei den roten ist 'Concorde' eine gute, robuste Sorte, die sich sowohl für das Freiland wie für das Gewächshaus und zum Anbau in Töpfen und Kübeln eignet.

Querbeet-Koch
Gregor Wittmann

Gefüllte Tomaten mit Putenfleisch, Frischkäse und Kräutern

Zutaten für 4 Personen:

- *4 große, reife Fleischtomaten*
- *250–300 g Frischkäse (Mager-, Sahnequark oder Schichtkäse; keinen körnigen Frischkäse)*
- *200 g klein gewürfeltes Putenfleisch aus der Brust*
- *Schnittlauch*
- *Basilikum*
- *Kerbel*
- *Dill*
- *Salz, Pfeffer, Cayennepfeffer, etwas Zitronensaft*

Zubereitung:

Von den Tomaten die Kuppen abschneiden und mit einem kleinen Löffel vorsichtig aushöhlen. Das Putenfleisch in wenig Rapsöl anbraten, mit Salz und Pfeffer würzen. Den Frischkäse in eine Schüssel geben, angebratene Putenwürfel, Salz, Pfeffer, Cayennepfeffer, einen Spritzer frischen Zitronensaft dazugeben, alles gut vermengen. Zum Schluss die gehackten Kräuter dazugeben und vorsichtig unter die Masse ziehen. Die Füllung in die Tomaten geben. Auf einem Backblech bei 170 °C etwa 10 Minuten in den Ofen schieben.

Schwarz, Rot, Gold – Neues über Johannisbeeren

Es lohnt sich, für den Garten die passende Johannisbeersorte auszuwählen.

Die Rote Johannisbeere wurde erstmals im 15. Jahrhundert kultiviert. Ursprünglich stammt sie von einer Wildart ab, die in Europa und Nordasien heimisch ist. Ihren Namen erhielt sie, weil die Früchte um den Johannitag (24. Juni) reif werden. Die Weiße Johannisbeere ist eine Zuchtform der Roten Johannisbeere. Streift man durch Gärten, wird man sie viel seltener antreffen als die roten. Aus roten Johannisbeeren lassen sich halt attraktivere Gelees, Säfte und Marmeladen herstellen. Roh genossen dagegen, schmecken die weißen viel süßer als die roten, aber auch die schwarzen Johannisbeeren, da ihr Säuregehalt geringer ist.

Um 1960 herum entstanden verschiedene neue weiße Sorten, unter anderem 'Blanka', die zurzeit im Erwerbsanbau favorisierte Sorte. Die etwas jüngere 'Albatros' neigt zu Blattfall und ist deswegen nicht empfehlenswert. 'Blanka' hat große Beeren an langen Trauben, schmeckt gut und ist robust, Blattfall und Verrieselung halten sich in Grenzen.

Der Sorte 'Weiße Versailler' von 1850 hat 'Blanka' allerdings etwas Wesentliches voraus: Die milde und aromatische Sorte schmeckt nach unserer Meinung am besten von allen weißen Sorten, und das noch nach 150 Jahren! Mit anderen Worten: Die Züchter haben sich um Ertrag und Gesundheit gekümmert, aber das Aroma vernachlässigt. Das erinnert an die Rosenzüchtung, bei der man so lange den Duft außer Acht gelassen hat.

Nun hängt es davon ab, was man will. Eine weiße Johannisbeere zum Rohessen, zum Naschen im Garten, oder hohe Erträge an weißen Beeren, die etwas weniger gut schmecken? Das muss jeder selbst entscheiden. Jedenfalls steht 'Blanka' zur Pflanzung und Ablösung von 'Weißer Versailler' bereit. Nebenbei bemerkt: Die Beeren von 'Weißer Versailler' eignen sich vorzüglich zur Herstellung von Johannisbeerwein.

Verrieseln

Ein Problem bei Johannisbeeren ist das Abfallen der jungen Fruchtansätze vor der Reife, das Verrieseln. Entweder fehlen dann den Trauben nur einige Beeren oder die Trauben sind mehr oder weniger kahl und haben keine Beeren mehr. Verursacher sind weder pflanzliche noch tierische Schaderreger. Die Ursache für das Verrieseln ist offensichtlich das Wetter während der Blütezeit. Wenn es während der Blüte sehr feucht, sehr kalt oder sehr trocken ist, werden die Blüten ungenügend befruchtet, sodass sie später abfallen. Auch wenn die Sträucher zu eng stehen oder in sich zu dicht sind, wirkt sich das negativ aus. Ist es während der Fruchtbildung zu trocken, werfen die Sträucher manchmal ihre Früchte ab. Die größte Rolle spielen allerdings sorteneigentümliche Veranlagungen, das heißt, eine Sorte neigt von sich aus sehr zum Verrieseln, eine andere kaum.

Empfehlenswerte Sorten

Eine neuere rote Johannisbeersorte ist 'Jonkheer van Tets'. Sie ist die früheste Sorte im Sortiment – die Reifezeit beginnt schon Mitte bis Ende Juni – mit gutem Geschmack und ist deswegen im Erwerbsanbau geschätzt. Trotzdem ist sie für den Garten weniger tauglich, weil sie stark unter Blattfall leidet, bei feuchter Witterung die Beeren ziemlich leicht faulen und die Sorte zum Verrieseln neigt.
Als Ersatz bietet sich die Sorte 'Trent' an. Sie reift 3–5 Tage nach 'Jonkheer', hat gut schmeckende, süßliche Beeren, lässt sich bequem pflücken und neigt offenbar kaum zum Verrieseln.
Da es im Garten auf einen bestimmten Reifezeitpunkt nicht so sehr ankommen, kann man auch mit 'Rotet' zufrieden sein. Diese Sorte reift Mitte bis Ende Juli und hat viele positive Eigeschaften: 'Rotet' ist insgesamt robust, neigt wenig zum Verrieseln, ist unempfindlich gegen Regen, Blattfall und Mehltau, trägt gut und lässt sich wegen der langen Trauben auch angenehm pflücken. All dies macht sie besonders gartentauglich.
Die unangefochtene Spitzenstellung als späte Sorte mit einer Reifezeit von Mitte Juli bis Anfang August hält aber 'Rovada'. Neuzugänge im Sortiment müssen sich an ihr messen lassen und ziehen dabei häufig den Kürzeren. Zu erwähnen ist allerdings, dass keine Johannisbeersorte hundertprozentig befriedigt. Irgendeinen Schwachpunkt hat jede von ihnen. 'Rovadas' Schwachpunkt ist die mittlere Anfälligkeit für Blattfall, dagegen ist sie robust gegen Regen und Mehltau. Die Beeren schmecken gut, sind groß und sitzen an langen Trauben, die sich leicht pflücken lassen. Die Sorte ist sehr ertragreich. Hinzu kommt, dass sich die Beeren dieser Sorte lagern lassen, sodass sie damit unter Umständen die alte Sorte 'Heinemanns Spätlese' mit einer Reife Anfang bis Mitte August überflüssig macht.
Erwähnenswert als noch spätere Sorte ist 'Augustus', weil sie sehr fruchtbar ist, sich leicht pflücken lässt und lange am Strauch hängen kann – was für den Garten positiv zu bewerten ist. Ein Nachteil ist die extrem lange Blühdauer, mit der diese Sorte mitunter in eine weniger günstige Witterung gerät und dann eine gewisse Neigung zum Verrieseln aufweist. Andere Sorten mit kurzer Blühdauer entgehen oft schlechter Witterung, können aber selbstverständlich auch mal gehörig Pech haben, sodass der Fruchtansatz schlecht ist und die Neigung zum Verrieseln groß.

Schwarze Johannisbeeren

Wenn Züchter sich ans Werk machen, eine neue Johannisbeersorte zu kreieren, dann stehen folgende Ziele im Vordergrund: große Beeren, lange Trauben, ein hoher Ertrag und gute Pflückbarkeit, guter Geschmack, Gesundheit sowie einige weitere Eigenschaften, die aber mehr den Obstanbauer als den Gartenbesitzer interessieren, wie zum Beispiel die Transportfestigkeit.

Schwarze Johannisbeeren sind die Grundlage des berühmten Cassis-Likörs.

Nach diesem Schema werden auch Schwarze Johannisbeeren bewertet. Gewissermaßen ein neues Zeitalter für schwarze Johannisbeeren brach mit der Sorte 'Titania' an, die seit den 1980er Jahren Maßstäbe setzt. Bei den Gartenbesitzern hat sie sich immer noch nicht durchsetzen können, obwohl alte Sorten wie 'Rodknoop' oder 'Silvergieters Schwarze' längst überholt sind. 'Titania' hat enorm große, kugelige Früchte, die mittelfrüh an langen Trauben reifen. Sie eignen sich sehr gut für den Rohgenuss. Bekanntlich stärken gerade rohe Schwarze Johannisbeeren das allgemeine Wohlbefinden.

Weiße Johannisbeeren sind milder und süßer als Schwarze und Rote Johannisbeeren.

Standort und Pflege

Ob und wie Johannisbeersträucher gedeihen, ob sie gut tragen und gesund bleiben – das alles hängt nicht nur von der Sorte ab. Großen Einfluss üben der Standort und die Pflege aus. Die Sträucher brauchen kräftigen, humosen, nährstoffreichen, genügend feuchten und dabei durchlässigen Boden ohne stauende Nässe. Genug Wasser ist vor allem zwischen Blüte und Ernte wichtig. Regnet es in dieser Zeit nicht ausreichend, muss gewässert werden. Damit der Boden nicht unnötig Wasser verdunstet, empfiehlt es sich, zwischen den Sträuchern zu mulchen. Der pH-Wert soll zwischen 5,5 und 6,0 betragen, also mehr im sauren als im alkalischen Bereich liegen, was bei der Düngung zu berücksichtigen ist. Im Ertrag stehende Sträucher brauchen je Pflanze pro Jahr etwa 120 g mineralischen oder vergleichbaren organischen Volldünger, von denen man zwei Drittel im Winter oder zeitigen Frühjahr streut und ein Drittel im Juni/Juli zur Kräftigung der Blütenanlagen für das kommende Jahr.

Profitipp
Roman Döppler

Johannisbeeren schneiden

Kurz zum Schnitt: Rote und Weiße Johannisbeeren tragen überwiegend am zwei- und dreijährigen Holz. Triebe, die älter als 4–5 Jahre sind, sollten daher nach der Ernte oder im Herbst herausgeschnitten werden. Die älteren Triebe erkennt man am dunklen Holz. Als Ersatz lassen Sie 3–4 kräftige Jungtriebe nachwachsen. Der überflüssige Nachwuchs kann entfernt werden, sodass je nach Nutzungsart etwa 8–12 Triebe je Pflanze verbleiben. Die entfernten kräftigen Neutriebe können als Steckhölzer verwendet werden. Rote und weiße Sorten fruchten am besten an zwei- bis dreijährigen Trieben, schwarze hingegen am vorjährigen, also einjährigem Holz. Wird genügend ausgelichtet und entfernt man rechtzeitig die jeweils über drei Jahre alten Triebe, erübrigt sich ein weiterer Schnitt. Bei roten und weißen Sorten kann man die Gerüstäste etwas älter werden lassen, muss aber in jedem Fall rechtzeitig junge Bodentriebe als Ersatz ziehen. Richtig gepflegte Johannisbeersträucher bleiben bis zu 30 Jahre vital und bringen Jahr für Jahr zuverlässig schmackhafte Früchte hervor.

Neue Erbsensorten

Erbsenschoten frisch aus dem Garten sind eine Köstlichkeit.

Gartenerbsen brauchen eine Rankhilfe, im einfachsten Fall gespannte Schnüre.

Erbsen wie die Gemüseerbse *(Pisum sativum)* sind Schmetterlingsblütler, die ursprünglich aus dem Nahen Osten kommen und schon in vorgeschichtlicher Zeit in Mitteleuropa angebaut wurden. Man unterscheidet drei Erbsenarten, die im Garten angebaut werden können. Pal- oder Schalerbsen besitzen große, glatte, runde Körner. Die Schoten müssen geerntet werden, wenn die ersten Körnchen fühlbar sind; zu reife Früchte werden mehlig.

Steckbrief

Erbsen
Pisum sativum

Familie:	Schmetterlingsblütler (Faboideae)
Herkunft:	Kleinasien
Wuchs:	rankend, 0,5–2 m
Blütezeit:	ab Mai
Standort:	durchlässiger Boden, sonniger Platz
Pflege:	bei 10–15 cm Pflanzhöhe anhäufeln, mit Maschendraht oder Reisig für Halt sorgen
Vermehrung:	Aussaat ab März/April

Bei den im Saatguthandel erhältlichen Zuckererbsen handelt es sich durchweg um hoch wachsende Sorten, die man an einem Klettergerüst zieht. Die Schoten reifen nacheinander, von unten nach oben. Regelmäßiges Pflücken regt zu neuem Blühen und Fruchtansatz an. Eine mittelfrüh reifende Züchtung mit langen, zarten Hülsen ist die Sorte 'Oregon Sugar Pod'. Die Sorte 'Delikata' ist resistent gegen Mehltau und bringt besonders viele schmackhafte Früchte. 'Germana' ist eine mittelfrühe Erbse mit starker Verzweigung und Standfestigkeit. Die Sorte 'Kleine Rheinländerin' ist, wie der Name schon sagt, eher klein im Wuchs, aber gut im Geschmack.

Anbau und Pflege

Ausgesät werden kann ab April, bei einer Bodentemperatur von mindestens 5 °C. Will man die Pflanzen vorziehen, sollte man sie in Töpfe aussäen und ab Mitte April ins Freie setzen. Erbsen sind Schwachzehrer und brauchen fast keine Nährstoffe, deshalb das Beet vorher nicht düngen. Die Pflanzen reagieren besonders im frühen Stadium empfindlich auf zu viele Nährstoffe. Kompost kann nach dem Auflaufen dünn auf die Beete aufgebracht werden; 3 l pro Quadratmeter sind genug. Wichtig ist, dass die Erbsen bis zum Blütenansatz immer genügend Wasser haben. Stehen sie zu trocken, leidet der Ertrag.
Alle Sorten, auch niedrig wachsende, sollten gestützt werden, sobald sie eine Handbreit hoch sind. Durch die Stütze sind sie bei Regen und Unwetter geschützt und bringen mehr Ertrag. Als Material kann Schnittgut von Obstbäumen oder Sträuchern verwendet werden: Einfach in die Erde stecken, die jungen Erbsen ranken daran hoch. Bei hohen Sorten können Drähte gespannt werden oder auch Schnüre.

Spätsommer

Der Garten im Spätsommer

Der Spätsommer ist eine der kürzesten Jahreszeiten, eine Jahreszeit des Übergangs und Wechsels, bestimmt von warmen, manchmal sogar heißen Tagen und klaren, kühlen Nächten. Die Signalpflanze des Spätsommers ist die Eberesche mit ihren reifen Früchten. Im Naturkalender ist sie uns schon einmal begegnet, als Signalpflanze für das Ende des Frühlings. Ihre leuchtend roten Früchte hängen in dichten Dolden herunter, sie sehen aus wie zierliche Äpfel. Für viele europäische Zugvögel, wie etwa die Wacholderdrossel und den Seidenschwanz, sind sie eine wichtige Nahrung auf dem Weg nach Süden. Der Spätsommergarten ist gekennzeichnet von bunten einjährigen Blumen und von den üppigen Stauden, sowie durch die Fülle essbarer und dekorativer Früchte, Gemüse, Kräuter und Salate. Dieses mehr oder weniger zufällige Zusammenspiel von Pflanzen, die sowohl der Zierde als auch der Nahrung dienen, war einst typisch für Gärten auf dem Lande und hat seinen Ursprung in der klösterlichen Gartenkultur.

Was jetzt zu tun ist

Allgemeine Gartenarbeiten

- Flächenkompost auf abgeernteten Beeten anlegen
- Komposthaufen umsetzen, fertigen Kompost absieben, lagern
- Schnecken und Wühlmäuse bekämpfen
- Unterschlupfmöglichkeiten für Nützlinge schaffen (Steinhaufen, Holzhaufen, Stauden und Gräser im Winter stehen lassen usw.)

Nutzgarten

- Gemüseaussaat: Teltower Rübchen, Feldsalat, Spinat, Winterportulak, Radieschen, Zuckermais
- den Boden lockern und anhäufeln
- Herbstgemüse-Kulturen düngen und mit halbfertigem Kompost mulchen
- Schneiden von Himbeeren, abgetragene Ruten entfernen, Jungruten aufbinden, schwache Triebe entfernen
- Tomaten und andere Gemüse mit schnell wirkendem Flüssigdünger, z. B. Brennnesseljauche, düngen

Ziergarten

- Stauden teilen und pflanzen, Boden anschließend mulchen
- Kaiserkrone, Steppenkerze und Madonnenlilie pflanzen
- Rasen oder Blumenwiese neu aussäen
- Teichpflanzen teilen oder auslichten, gelbe Blätter bei Seerosen entfernen
- Hecken-Sommerschnitt an bedecktem Tag – Sonnenbrandgefahr!
- Vermehren von Lilien aus Jungzwiebeln der Blattstielachseln (Achselbulben)

Gesundheit aus dem Garten

Warum nicht einmal eine Grillparty mit Gemüse aus dem eigenen Garten?

Falsche Ernährung gilt heute als Ursache für eine deutliche Zunahme von Krankheiten des Stoffwechsels, des Herz-Kreislauf-Systems sowie des Magen-Darm-Bereichs. Neuere Forschungsergebnisse zeigen, dass es möglich ist, durch eine ausgewogene, überwiegend vegetarische Ernährung vielen dieser Erkrankungen vorzubeugen und sogar bei bestehenden Krankheiten den Verlauf günstig zu beeinflussen.

Doch was bedeutet eigentlich sich richtig ernähren? Eine Ernährung ist dann ausgewogen, wenn sie den Energiebedarf des Menschen deckt und wenn sie alle wichtigen Nährstoffe, wie Vitamine, Mineralien, Spurenelemente und bioaktive Stoffe, die sogenannten phytochemischen Stoffe, in optimalen Mengen und ausgewogenem Verhältnis enthält. Und hierin sind sich alle Ernährungswissenschaftler einig, sie empfehlen eine Ernährung mit einem hohen Anteil an Gemüse und Obst, so häufig wie möglich als Frischkost, sowie Getreideprodukte, überwiegend in Form von Vollkornerzeugnissen.

Vitamine müssen sein

Da der menschliche Körper keine Vitamine selbst herstellen kann, muss er sie mit der täglichen Nahrung aufnehmen. Und mit Gemüse und Obst aus dem eigenen Garten lässt sich der täglichen Bedarf an mindestens zehn dieser Vitamine leicht decken. Vitamin A ist zum Beispiel notwendig für das Wachstum, die richtige Funktion von Haut und Schleimhäuten und außerdem Bestandteil des Sehpigments. Vitamin A selbst kommt nur in Lebensmitteln tierischer Herkunft vor. Viele Gemüse allerdings enthalten Betacarotin und andere Carotine, die eine Vorstufe des Vitamins A sind. Die Carotine können im menschlichen Körper in die wirksame Form umgewandelt werden. Dass die Möhre eine besonders gute Carotinquelle ist, weiß jeder, aber Grünkohl, Honigmelone, Knollen-Fenchel, Spinat, Feldsalat, Mangold und Chicorée sind auch reich an Betacarotin. Eine Portion von 100 g Möhren oder von etwa 150 g Grünkohl, Honigmelone, Fenchel oder Spinat reicht bereits aus, um den Tagesbedarf an diesem Vitamin zu decken.

Welches Vitamin woher?

Vitamin B_1, das Thiamin, ist an vielen wichtigen metabolischen Reaktionen im Körper beteiligt. Sein Bedarf lässt sich aus dem eigenen Garten decken, mit Dicken Bohnen zum Beispiel, aber auch mit Haselnüssen oder mit Kohlgewächsen, wie Rosenkohl, Brokkoli und Grünkohl. 200 g Dicke Bohnen oder 300 g Nüsse erfüllen den Tagesbedarf an Vitamin B_1. Vitamin B_2, das Riboflavin, ist Be-

standteil von vielen Enzymen des Energie-Stoffwechsels im Körper. Besonders gute Quellen für Vitamin B_2 sind wieder die Dicken Bohnen, Grünkohl und Haselnüsse, aber auch Erbsen, Mangold, Spinat, Pastinake und Rosenkohl liefern erhebliche Mengen dieses wichtigen Vitamins. Um den Tagesbedarf voll zu befriedigen, müsste man 700 g Dicke Bohnen, Grünkohl, Haselnüsse oder Erbsen essen. Im Fall des Riboflavins lässt sich der Bedarf am besten über einen reichhaltigen, vielfältigen Speiseplan aus dem Garten decken.
Vitamin B_6, das Pyridoxin, ist ein Coenzym und ist an mehreren zentralen Stoffwechselreaktionen im Körper beteiligt. Bedeutende Mengen davon enthalten Walnüsse, Haselnüsse, Rosenkohl, Dicke Bohnen, Brokkoli und Paprika, aber auch Porree, Feldsalat und Grünkohl. 200 g Walnüsse oder etwa ein Pfund Haselnüsse, Rosenkohl, Dicke Bohnen oder Brokkoli würden den Tagesbedarf abdecken. Hier ist der bunt zusammengestellte Speiseplan, mit einer reichen Mischung aus all diesen Gemüsesorten die beste Gewähr, seinen Vitaminbedarf zu befriedigen.
Die beste Quelle für das Vitamin Niacin sind die beiden Hülsenfrüchte Erbsen und Dicke Bohnen, aber auch Grünkohl und Haselnüsse enthalten erhebliche Mengen dieses wichtigen Vitamins. Wenn man den Bedarf allein mit einem Gemüse dieser Gruppe decken wollte, müsste man etwa 700 g Erbsen, Dicke Bohnen oder Grünkohl essen. Dies ist allerdings nicht praktikabel, aber es ist sehr leicht vorstellbar, ein Menü mit diesen und anderen Obst und Gemüsesorten aus dem Garten aufzustellen, das dann voll den Tagesbedarf deckt.
Notwendig für die Zellatmung und Bestandteil des Coenzyms-A ist das Vitamin Pantothensäure. Sie kommt reichlich vor in Grünkohl, Haselnüssen, Dicken Bohnen und Erbsen, aber auch in Rotkohl, Tomaten und Spinat. Wenn man am Tag insgesamt etwa ein Pfund von diesen Gemüsesorten zusammengerechnet zu sich nimmt, hat man für sich die notwendige Portion an Pantothensäure gesichert.
Vitamin C schützt vor Infektionskrankheiten und ist wesentlich an der Zellatmung beteiligt. Die Spitzenlieferanten von Vitamin C aus dem Garten sind die Schwarze Johannisbeere, Paprika, Rosenkohl, Brokkoli und Fenchel. Der Gehalt an Vitamin C in diesen Gemüsearten ist so hoch, dass es ohne Weiteres möglich ist, den gesamten Tagesbedarf mit einer Portion von 100 g Rosenkohl, Grünkohl, Brokkoli oder Blumenkohl oder mit einem Salat aus rohem Paprika oder einer Schale Schwarzer Johannisbeeren zu decken.
Vitamin E, das Tocopherol, schützt wichtige Zellkomponenten vor den schädlichen Wirkungen der Oxidation durch Umweltchemikalien und UV-Strahlung. Vitamin E ist in großen Mengen in Haselnüssen, aber auch in Paprika, Wirsing, Heidelbeeren und Schwarzen Johannisbeeren enthalten. Allein 50 g Haselnüsse erfüllen den Tagesbedarf an Vitamin E. 200 g Walnüsse, oder etwa 500 g Paprika, Wirsing, Schwarze Johannisbeeren oder Heidelbeeren tun dies ebenfalls.
Folsäure ist an der Blutbildung beteiligt und ist während einer Schwangerschaft außerordentlich wichtig für das optimale Wachstum des Embryos. Alle Kohl-Gewächse, aber insbesondere Grünkohl, Rosenkohl, Blumenkohl und Brokkoli sind gute Quellen für dieses Vitamin. Viele andere grüne Gemüse- und Salatarten, wie Erbsen, Feldsalat und Spinat, zeichnen sich ebenfalls durch hohe Konzentrationen an Folsäure aus.
Das letzte der wichtigen Vitamine, die in bedeutenden Mengen in unseren Gemüsen und im Obst vorkommen, ist Biotin, manchmal noch als Vitamin H bekannt. Biotin ist aktiv als Coenzym am Fettstoffwechsel beteiligt. Die besten Quellen für Biotin sind Grüne Bohnen, Spinat, Erbsen, Möhren, Äpfel und Erdbeeren.

Spinat ist ein vielseitiges Blattgemüse. Einmal zubereitet, sollte er rasch verzehrt werden.

Lebenswichtige Mineralien

Genau wie die Vitamine sind die Mineralien für den Aufbau und die Funktionen des Körpers unerlässlich. Nach ihrem Anteil an der Körpermasse unterscheidet man die Hauptelemente, die mit mehr als 50 mg pro kg Körpergewicht vorhanden sind. Das sind zum Beispiel Kalium, Kalzium, Magnesium und Phosphor, dazu die Spurenelemente, die nur in kleinsten Mengen benötigt werden, wie z. B. Eisen, Fluor, Zink, Kupfer, Mangan, Jod, Selen, Nickel, Molybdän, Chrom und Kobalt.

Stattliche Erscheinung nicht nur im Gemüsebeet: Mangold.

Kalium

Der Mensch braucht am Tag etwa 3–4 g Kalium, und nur in pflanzlichen Lebensmitteln ist dieses Element in ausreichend hohen Konzentrationen vorhanden, um den täglichen Bedarf zu decken. Kalium, zusammen mit Natrium, reguliert den Wasserhaushalt und die Muskeltätigkeit und ist an unzähligen Stoffwechselvorgängen beteiligt. Beinahe alle Gemüse- und Obstsorten im Garten beinhalten Kalium. Die höchsten Konzentrationen sind in Dicken Bohnen, Spinat, Walnüssen, Grünkohl, Pastinaken, Kartoffeln und Feldsalat zu finden.

Kalzium

Der Tagesbedarf für Kalzium liegt bei etwa 800 mg; es ist Hauptbestandteil der Knochen und Zähne. Kalzium wird zudem für die Blutgerinnung und die Muskelkontraktion benötigt. Obwohl Milch und Milchprodukte wie Käse und Joghurt allgemein als die Hauptquellen von Kalzium gelten, sind einige Gemüse ebenfalls sehr wohl imstande, den täglichen Bedarf zu decken. Die besten Quellen sind wiederum Haselnüsse und Grünkohl, die fast doppelt so viel Kalzium wie die Milch enthalten, aber auch Spinat, Fenchel, Dicke Bohnen, Brokkoli und Mangold weisen eine Kalzium-Konzentration auf, die mit der von Vollmilch vergleichbar ist.

Magnesium

Magnesium ist ebenfalls am Aufbau von Knochen und Zähnen beteiligt. Außerdem wird es für die Muskelarbeit und als Faktor in vielen wichtigen enzymatischen Prozessen im Körper benötigt. Der Magnesium-Bedarf lässt sich leicht aus dem eigenen Garten decken. Nochmals sind es die Samenfrüchte, die besonders hohe Mengen aufweisen. Die größten Mengen findet man in Haselnüssen, Walnüssen und in den Dicken Bohnen. Andere wichtige Magnesium-Lieferanten sind Mangold, Fenchel, Spinat und Grünkohl, Aber fast jede Gemüseart liefert etwas Magnesium, vor allem grüne Blattgemüse und Leguminosen wie Erbsen und Bohnen.

Eisen

Zu den wichtigsten Spurenelementen zählt Eisen, bekannt hauptsächlich als Bestandteil des Hämoglobins, des roten Blutfarbstoffs, das für den Transport von Sauerstoff im Körper verantwortlich ist. Ebenso wie bei Jod und Fluor gibt es bei bestimmten Bevölkerungsgruppen und in manchen Regionen oft eine unzureichende Versorgung mit Eisen. Wissenschaftler haben bewiesen, dass Eisen in Kombination mit Vitamin C vom Körper besser aufgenommen wird. Da Eisen und Vitamin C oft zusammen in Obst und Gemüse vorkommen, ist eine pflanzliche Quelle oft die beste Möglichkeit, den Bedarf an diesem Spurenelement zu decken. Die Dicke Bohne ist bei Weitem der beste Eisenlieferant aus dem Garten.

Haselnüsse enthalten wertvolle Mineralien und Spurenelemente.

Aber Haselnüsse und alle dunkelgrünen, blattreichen Gemüsesorten wie Mangold, Spinat, Feldsalat, Grünkohl und Fenchel weisen ebenfalls hohe Eisen-Konzentrationen auf. Möhren, Erbsen und Walnüsse liefern auch beträchtliche Mengen Eisen.

Phosphor

Der Phosphor wird oft zusammen mit Kalzium erwähnt, und die beiden Mineralien spielen tatsächlich gemeinsame eine Rolle im Körper. Phosphor ist wichtig für den Energiehaushalt der Körperzellen, für den Aufbau von Knochen und Zähnen und für die Funktion von Muskeln und Gehirn. Das Spurenelement ist für heranwachsende Kinder und stillende Mütter besonders wichtig, aber ein Mangel kommt in Deutschland nur äußerst selten vor. Nüsse und Samen sind die konzentriertesten Quellen von Phosphor, aber alle dunkelgrünen Blattgemüse-Sorten enthalten ebenfalls erhebliche Mengen. Den höchsten Gehalt findet man in Dicken Bohnen, Walnüssen und Haselnüssen, gefolgt von Erbsen, Grünkohl, Rosenkohl, Brokkoli und Pastinaken.

Spurenelemente

Alle anderen Spurenelemente, wie Kupfer, Zink, Mangan, Selen, Chrom, Molybdän, Kobalt, Jod und Fluor kommen in winzigen Konzentrationen im Körper und in Lebensmitteln vor. Ihr Bedarf wird in Mikrogramm pro Tag, das heißt in Tausendstel Milligramm gemessen. Es ist sehr oft der Fall, dass allein eine Portion Gemüse ausreichend ist, den Tagesbedarf an bestimmten Spurenelementen vollständig zu decken. Zum Beispiel Kupfer: 100 g Haselnüsse oder Brokkoli bzw. 200 g Kürbis decken den Tagesbedarf eines Erwachsenen. Haselnüsse sind bei Weitem die beste Quelle für Kupfer, gefolgt von Walnüssen, Erbsen, Stachelbeeren, Schwarzen und Roten Johannisbeeren, Aprikosen, Brokkoli, Pastinaken und Feldsalat.
Bei Zink und Mangan sind die Verhältnisse recht ähnlich. Wenn der Speiseplan Walnüsse, Haselnüsse, Pastinaken, Dicke Bohnen, Erbsen, Brokkoli, Rosenkohl und Spinat enthält, ist der Tagesbedarf an diesen und an vielen anderen Spurenelementen voll gedeckt.

Sekundäre Pflanzenstoffe

Nicht nur Vitamine und Mineralien, auch die sogenannten sekundären Pflanzenstoffe, besser bekannt als bioaktive Stoffe, rücken verstärkt ins Blickfeld der Ernährungswissenschaft. Besonders seitdem es immer deutlicher wird, dass diese bislang wenig beachteten Substanzen vielfältige gesundheitsfördernde Wirkungen zeigen. Bekannt sind sie vor allem als Farb- und Aromastoffe, wie die Carotinoide und Flavonoide. Im Unterschied zu den Vitaminen und Mineralstoffen zählen diese Substanzen nicht zu den essenziellen Nährstoffen, da keine Mangelsymptome auftreten, wenn sie in der Nahrung fehlen. Jedoch senken bioaktive Stoffe das Risiko, Krebs oder Herz-Kreislauf-Erkrankungen zu entwickeln.
Botaniker schätzen, dass es mindestens 30 000 unterschiedliche sekundäre Pflanzenwirkstoffe gibt. Etwa 10 000 davon befinden sich in essbaren Pflanzen, also in unseren Lebensmitteln. Verständlich, dass bei dieser großen Zahl an Stoffen bisher nicht alle genau erforscht wurden. Allein in Weißkohl wurden beispielsweise 49 verschiedene sekundäre Pflanzenstoffe gefunden.

Die Mischung machts

Bei den sekundären Pflanzenstoffen handelt es sich um chemisch ganz unterschiedliche Verbindungen. Um einen Überblick zu ermöglichen,

Mit Gemüse aus dem Garten kann der Mineral-, Vitamin- und Spurenelementebedarf mühelos gedeckt werden.

werden sie in neun große Gruppen zusammengefasst, die einen ähnlichen chemischen Aufbau oder ähnliche Wirkungen haben. Es sind dies die Carotinoide, die Glucosinolate, die Phytoöstrogene, die Phytosterine, die Polyphenole, die Protease-Inhibitoren und ferner Saponine, Sulfide und Terpene. Zur Gruppe der vor Krebs schützenden Inhaltsstoffe zählen unter anderen die Glucosinolate wie das Sulforaphan in Brokkoli. Die Carotinoide wie Lykopin in Tomaten oder die Phenolsäuren, wie Quercitin in Äpfeln, Brokkoli, Grünen Bohnen oder Zwiebeln, schützen die Zellen vor Schäden, die von freien Radikalen ausgelöst werden können. Darüber hinaus wirken die sekundären Pflanzenstoffe auch günstig auf das Immunsystem, den Cholesterinspiegel und den Blutdruck. Und von besonderem Interesse für den gesundheitsbewussten Gärtner: Diese sekundären Pflanzenstoffe wirken nicht als isolierte Präparate zum Einnehmen, sondern nur über die Aufnahme als Nährstoffkomplexe, wie sie in Obst, Gemüse und Getreide natürlich vorkommen. Nur das komplexe Gemisch von miteinander verwandten Verbindungen zeigt die heilende und vorbeugende Wirkung.

John Ferguson

Die Top 23

Mit etwas Vorausdenken und Planung lässt sich ein Konzept für den Anbau und die Ernte von Obst und Gemüse aufstellen, das es ermöglicht, zu jeder Zeit des Jahres eine Auswahl aus den verschiedenen Gruppen erntefrisch aus dem Garten in die Küche zu holen. Aus der Kohlfamilie Grünkohl, Brokkoli, Rosenkohl und Wirsing, aus der Familie der Leguminosen Dicke Bohnen, Erbsen, Grüne Bohnen, die Wurzelgemüse Möhren, Pastinaken, Rote Bete, aber auch Lauch und Zwiebeln, die Salate und Blattgemüse-Arten Fenchel, Spinat, Feldsalat, Mangold und Kopfsalat, Obst und Nüsse wie Haselnüsse, Schwarze Johannisbeere und Erdbeere. Und nicht zu vergessen, die Kinder der Neuen Welt: Paprika, Tomaten und Kürbisse. Mit diesen 23 Pflanzen im Garten kann man sicher sein, eine vollwertige Versorgung mit allen notwendigen Vitaminen, Mineralien, Spurenelementen und bioaktiven Substanzen zu bekommen – aber sie bieten darüber hinaus auch schier unbegrenzte Möglichkeiten, appetitliche und abwechslungsreiche Speisen auf den Tisch zu zaubern.

Aloe – Zier- und Heilpflanze

Aloe arborescens braucht einen hellen Platz auf der Fensterbank. Trockenheit wird gut vertragen.

Aus botanischer Sicht ist die Welt zweigeteilt: In den Wüsten Amerikas haben die Kakteen das Sagen, in Afrika die Euphorbien. Beide sehen oft sehr ähnlich aus. In Amerika gibt es die Agaven und in Afrika die sehr ähnlichen Aloen. Beide werden oft verwechselt. Ein wesentlicher Unterschied: Die Agaven können in ihrem Leben nur einmal blühen, nach der Samenbildung sterben sie ab. Aloen blühen dagegen Jahr für Jahr, wenn sie das richtige Alter dafür erlangt haben.
Etwa dreihundert Aloearten gibt es, davon allein in Südafrika etwa 125. Ursprünglich zählte man sie zu den Liliengewächsen, die aber hat man inzwischen in viele Unterfamilien aufgesplittet. Heute bilden die Aloen eine eigene Familie, die Aloaceen. Die meisten Aloearten bilden Rosetten aus fleischigen Blättern, die an stammartigen Trieben sitzen können. Die Wuchsform reicht von kleinen Pflanzen mit grasartigen Blättern bis zu 10 m hohen Bäumen. Typisch sind die ährenartigen oder traubenartigen Blütenstände mit zahlreichen weißen bis roten Einzelblüten, denen später kleine, ovale grüne Früchte folgen.

Tiger-Aloe

Die bekannteste Zimmer-Aloe ist *Aloe variegata,* auch Tiger-Aloe genannt. Sie ist leicht zu erkennen an ihren unregelmäßigen weißen Flecken auf den rosettenartig angeordneten, ebenfalls weiß gerandeten Blättern. Sie hat die für Aloen typischen fleischigen Blätter und mag einen hellen Platz am Fenster. Sie lebt ewig, wenn man sie nicht mit zu viel Wasser umbringt. Im Winter kann sie ruhig im kühlen Treppenhaus stehen, Temperaturen unter 5 °C verträgt sie allerdings nicht. Bei niedrigen Temperaturen noch sparsamer mit dem Wasser umgehen.
Der große Vorteil der Tiger-Aloe: Sie liebt trockene Luft, hat also keine Probleme mit geheizten Räumen. Eine Jungpflanze mit 3–5 Blättern bekommt man im Blumengeschäft schon ab 1,50 € zu kaufen.

Blüten und Blätter

Weit verbreitet ist auch die etwas kleinere Art *Aloe humulis.* Sie vermehrt sich unterirdisch durch kleine Nebenpflänzchen, die sogenannten Kindel. Ihre roten Blüten erscheinen im Frühling an 35 cm hohen, unverzweigten Blütenständen.
Besonders hübsch ist *Aloe distans,* sie wächst anfangs flach und bildet 12 cm große Rosetten, die sich an der Basis verzweigen und bis zu einem Meter in die Höhe streben können. Die Art fällt etwas aus der Reihe, weil sie schwachen Frost verträgt und außerdem auch im Schatten gedeiht. Ein hübsches enges Blattmuster hat *Aloe aristata.* Die gezahnten Ränder und ihre langen und weichen, bestachelten Blattspitzen erinnern an Spitzenmuster.

Wie ein Baum wirkt die Drachenbaum-Aloe.

Drachenbaum-Aloe

Während die meisten Aloen rote Blüten hervorbringen, blüht die Drachenbaum-Aloe, *Aloe dichotoma,* gelb. Mit ihrer Blütenfarbe hellt sie die düstere Winterstimmung auf. Sie ist allerdings extrem empfindlich gegen Kälte und mag auch keine feuchte Erde im Topf.
Die Drachenbaum-Aloe ist, wenn man ihr optimale Bedingungen bietet, eine der größten Arten aus der Aloe-Gattung und bildet am Naturstandort oder in einem ideal klimatisierten Sukkulenten-Gewächshaus einen bis zu 10 m hohen Baum mit dickem Stamm. Stammlos und von vornherein gruppenbildend wächst *Aloe karasbergensis.* Ihre Blätter variieren von blassgrünlich-weiß bis malvenfarben und sind mit helleren Streifen oder Bändern aus Flecken gemustert. Ab einer Größe von 45 cm entwickeln sich bei dieser Aloe im Sommer hohe Blütenstände mit gut verteilten, blassrosafarbenen bis erdbeerroten Blüten.

Kap-Aloe

Die Kap-Aloe ist stark bestachelt, bringt im Frühjahr einen verzweigten Blütenstand mit orangeroten Blüten hervor, ist sehr lichthungrig und verträgt trockene Kälte bis nahe an 1–2 °C über Null. Bricht man eins der länglichen Blätter ab, fließt weißlicher, dicker, schleimiger Saft heraus. In ihm stecken all die wunderbaren Stoffe, die seit der Antike bis zum heutigen Tag große medizinische Bedeutung haben. Welcher der vielen Stoffe nun entscheidend für die Wirkungen ist, wurde noch nicht vollständig erforscht. Wichtig sind auf jeden Fall die sogenannten Anthrachinone wie Aloin und Aloe-Emodin. Hinzu kommen diverse Harze, Gerbstoffe, Polysaccharide und das Aloeresin B. Aloe regt die Gallensekretion an, das heißt die Verdauung wird gefördert und beschleunigt; allerdings wirkt Aloe auch abführend. Für Letzteres sind die Anthrachinone verantwortlich, sie veranlassen den Dickdarm sich zusammenzuziehen, sodass es im Allgemeinen 8–12 Stunden nach der Einnahme zum Stuhlgang kommt. Niedrige Dosen regen die Verdauung an, größere Mengen wirken abführend.

Aloe vera

Die *Aloe vera,* die wahre Aloe, enthält zahlreiche wirksame Stoffe. Die Chinesen waren die ersten, die Aloe verwendeten. Schriftlich erstmals erwähnt wird sie bei den Ägyptern, im Heilmittelbuch „Papyrus Ebers", und zwar etwa 1500 vor Christus. Darin wird bereits die dreifache Wirkung der Aloe beschrieben, die innerliche, die äußerliche und die kosmetische. Die Ägypter, Römer und Griechen und, wie die Bibel beweist, auch die Juden verwendeten Aloe als Wundheilmittel und zum Einbalsamieren der Toten. In Indien schätzte man den Blattsaft von *Aloe vera* als kühlendes Tonikum sowie als Balsam für trockene, gestresste Haut. Die ägyptische Pharaonin Cleopatra benutzte neben Eselsmilch und anderen Naturprodukten auch Aloe zur täglichen Körperpflege.
Im Mittelalter stellte man aus *Aloe vera* in Mitteleuropa das wohl am häufigsten verwendete Abführmittel her. Hildegard von Bingen empfiehlt die Aloe als Heilmittel bei Gelbsucht, Magenerkrankungen und Migräne, gegen Zahnfäule und bei eitrigen Geschwüren.
Leonhart Fuchs, der in seinem „Neuen Kräuterbuch von 1543" das zu seiner Zeit bekannte pflanzenmedizinische Wissen beschrieb, fasst die bis dahin bekannt gewordenen Wirkmechanismen der Aloe zusammen: Mit Honig eingenommen, so seine Empfehlung, reinigt Aloe den Magen. Vermischt man Aloe-Saft mit Rosenöl und Essig und reibt es auf Stirn und Schläfen, dann lassen sich damit Kopfschmerzen lindern.

Aloe vera, die Königin der Aloen und eine geschätzte Heilpflanze.

Für Fuchs ist Aloe sogar ein probates Mittel gegen Haarausfall. Mit Wein vermischt und regelmäßig in den Haarboden eingerieben, soll es zur Stärkung und Rettung des Haupthaares beitragen. Daneben erwähnt Fuchs sämtliche von alters her bekannten Wirkungen von Aloe bei Entzündungen, insbesondere den Einsatz von Aloe gegen geschwollene Mandeln und „bey allerlei Mundgeschwüren".

Geballte Heilkraft

Heute weiß man, dass rund 160 Wirkstoffe in dieser Pflanze stecken. Der gelbe bittere Saft, der beim Abschneiden des Blattes hervorquillt, enthält das Aloin. Trocknet man es, dann ergibt das eine wirksame Droge, die abführend wirkt und unter das Arzneimittelgesetz fällt.
Bei dem vor allem für die äußerliche Wirkung entscheidenden Inhaltsstoff der Aloe handelt es sich um Acemannan, eine langkettige Zuckerform aus der Gruppe der Polysaccharide, dieser Stoff ist übrigens auch in Ginseng-Wurzeln enthalten.

Profitipp
Christa Habrich

Aloe für die Schönheit

An dieser Stelle ein altes Hausrezept: Von einer kräftig gewachsenen Aloe ein Blatt ganz unten an der Pflanze herauslösen, im Zweifelsfall mit dem Messer abschneiden. Davon nur ein Stück von 3–5 cm Länge abschneiden, den Rest ans Licht oder an die Sonne legen, für etwa zwei, drei Stunden. Die Schnittstellen schließen sich immer wieder von selbst. Danach kühl halten, nicht mit Papier, Folie oder Plastik abdecken. Im Gemüsefach im Kühlschrank bei etwa 10 °C aufbewahren und bei Bedarf anwenden. Die Stücke bleiben bei richtiger Lagerung 2–3 Monate frisch.
Von dem abgeschnittenen Streifen die zackigen Ränder auf beiden Seiten entfernen und das Blattstück der Länge nach in der Mitte auseinanderschneiden. Die dickeren Teile, das heißt das Blattmark, verwenden Aloe-Erfahrene zur Herstellung verschiedener Produkte. Sie mixen es und mischen es mit Fruchtsaft oder schneiden das Blattinnere in kleine Würfel und geben es in den Salat, in Suppen oder andere heiße Speisen. Achtung: Die Aloe-Substanzen selbst dürfen nicht stark erhitzt werden, da die Wirkstoffe dabei zu stark verändert würden. Die übrig bleibenden Blatthälften mit dem schleimigen Gel sind ideal für die Hautpflege. Vor der Anwendung die Hautstellen unbedingt reinigen, denn die Aloe-Wirkstoffe dringen tief ein und würden sonst Schmutz und sonstige Unreinheiten in die Haut einschleusen.

Acemannan wirkt immunisierend gegen Parasiten, Viren und Bakterien. Der Ausfluss abgerissener Blätter enthält jedoch nur einen Teil der Aloe-Wirkstoffe. Will man alles bekommen, was die Aloe zu bieten hat, muss man das Blattmark verwenden. Nur das von Hand herausgeschälte Mark enthält die Gesamtheit der wertvollen Substanzen. Das Gel aus dem Aloe-Blatt besteht zu 96 % aus Wasser. Zahlreiche Versuche haben ergeben, dass das frische Blatt grundsätzlich eine stärkere Wirkung hat als sämtliche im Handel angebotenen Extrakte aus *Aloe vera,* auch wenn sie noch so schonend gewonnen und gut konserviert werden.

Wildobst aus dem Garten

Sanddornfrüchte eignen sich hervorragend, um gesund durch die Erkältungszeit zu kommen.

Sanddorn

Sanddorn ist ein sparrig wachsender, graugrün aussehender, 4–5 m hoher Busch mit dornenbewehrten Ästen und länglichen, graugrünen Blättern. Die Blüten, die an den Ästen wachsen, sehen aus wie kleine braune Kügelchen. Daraus entwickeln sich bis zum September orangefarbene, im Durchmesser etwa 5 mm große, kugelige Früchte mit einem großen Kern im Zentrum. Wild wächst der Sanddorn gerne auf kiesigen, sandigen Schotterbänken in Flussauen, wo er dichte Gebüsche bildet und in Massen vorkommt. Er verträgt Wind, Sturm, Spätfröste und Trockenheit. Die Sanddornfrucht hat eine nur sehr dünne Schale und sitzt fest am Ast, sodass ihre relativ flüssige Füllung bei unvorsichtigem Pflücken herausspritzt. Die Ernte größerer Mengen gelingt daher am besten, wenn man – mit einer kleinen Schere und Gummihandschuhen ausgerüstet – die Beeren abschneidet und in einem Becher auffängt. Keinesfalls ganze Zweige abschneiden, da der Sanddorn am Altholz trägt und dadurch die Pflanze geschädigt wird. In Reformhäusern und Bioläden gibt es Sanddornprodukte zu kaufen, also Säfte, Sirup und Marmeladen. Die Früchte des Sanddorns enthalten viel Vitamin C, Carotine sowie reichlich essenzielle Fettsäuren im Fruchtfleisch. Sanddorn stärkt das Immunsystem und schützt vor Erkältungen und anderen Infektionen.

Haselnuss

Die Haselnuss ist ein typisches Garten- und Feldheckengehölz, robust und biegsam, und sie trägt bereits wenige Jahre nach dem Pflanzen Früchte. Vollen Ertrag bringt sie nach dem neunten Jahr. Die Baumschulen bieten selektierte Haselsorten an, die besonders ertragreich sind und deren Nüsse größer werden als die von der Wildhasel. Zu empfehlen sind frühreife Sorten, die man bereits ab Mitte August ernten kann, so ist man den Eichhörnchen um eine Nasenlänge voraus. Erntereif sind die Nüsse, wenn sie braun zu werden beginnen, noch fest in den Kelchhüllen sitzen und erst bei kräftigem Schütteln herausfallen. Für den Hobbygärtner ist das Pflücken der Nüsse jedoch sinnvoller und es ist auch für die Sträucher schonender.

Haselnüsse lohnen die Ernte, da sie reich an Spurenelementen sind.

Die Früchte der Kornelkirsche schmecken leicht säuerlich.

Nach der Ernte werden die Nüsse an einem regengeschützten Ort flach auf dem Boden ausgebreitet und von Zeit zu Zeit umgeschichtet. Sind sie einigermaßen trocken, hängt man sie an einem kühlen, luftigen Ort in Netzbeuteln auf. Die optimale Genussreife haben die Früchte etwa 3–4 Wochen nach der Ernte. Haselnüsse sind reich an Vitamin E und Eiweiß, wobei jedoch Allergien gegen dieses Eiweiß leider häufig vorkommen. Weiterhin enthalten sie ungesättigte Fettsäuren, Kalzium und wichtige Spurenelemente.

Kornelkirsche

Cornus mas, wie die Pflanze botanisch heißt, blüht ab Mitte März. Sie ist der erste Höhepunkt im Blütenkalender der Gehölze. Aus den kleinen Blütenbüscheln entwickeln sich innerhalb von fünf Monaten Früchte, die Kornelkirschen. Erntezeit ist, wenn das Fruchtfleisch süß und weich ist. Der Geschmack ist säuerlich und erinnert an Weichseln. Kornelkirschen sind reich an organischen Säuren, Zuckern und Pektinen und enthalten viel Vitamin C.

Querbeet-Koch
Gregor Wittmann

Kornelkirschensirup

Zutaten:
- *1,8 kg vollreife Kornelkirschen*
- *0,5 l Wasser*
- *1 kg Zucker*
- *1 Vanillestange*

(ergibt ca. 2,5 l Sirup)

Zubereitung:
Die gewaschenen Kornelkirschen in eine Schüssel füllen und mit einem Holzstößel zerstampfen. Das Wasser aufkochen und über die Früchte gießen, sodass sie bedeckt sind. Mit einem Teller beschweren und über Nacht zugedeckt stehen lassen. Am nächsten Tag die Hälfte der Flüssigkeit aufkochen und wieder auf die Früchte gießen. Diese Prozedur wird am darauffolgenden Tag wiederholt. Der so gewonnene Saft wird dann abgegossen, mit dem Zucker und der Vanillestange aufgekocht und heiß in vorgewärmte, saubere Gläser gefüllt. Kornelkirschensirup ist, mit heißem Wasser aufgegossen und mit Orangenscheiben versetzt, ein gutes Getränk zum „Aufwärmen“.

Buchs und Eibe

Vorsicht: So gut wie alle Pflanzenteile der Eibe sind hochgiftig.

Innerhalb der Ordnung der Nadelbäume bilden die immergrünen Eiben eine Familie für sich. Als Relikt aus der Tertiärzeit gelten sie als die ältesten Nadelbäume. Sieben Arten sind über die nördliche Halbkugel verbreitet. Die bekannteste ist die Europäische Gemeine Eibe oder Wildeibe *(Taccus baccata)*, die auch schlicht Eibe genannt wird. Von ihr stammen die vielen Gartenformen ab, die als Zier- oder Parkbäume und vor allem auf Friedhöfen gepflanzt werden. Eiben können als Bäume etwa 20 m hoch werden oder auch als Sträucher wachsen. Vermehrt werden sie meist durch Stecklinge, manche Eibensorten müssen aber auch veredelt werden. Geschnitten werden Eiben nur einmal im Jahr ab Mitte August.

Alles an der Eibe, mit Ausnahme des fleischigen Samenmantels, enthält das hochgiftige Taxin, das bei Mensch und Haustier Magen-Darm-Katarrhe, Atemlähmung und Herzstillstand hervorrufen kann.
Ein großes Wildeibenvorkommen gibt es im bayerischen Paterzell in der Nähe von Weilheim. Hier kann man auf einem Lehrpfad auf Infotafeln Wissenswertes über diesen Baum erfahren.

Gartenpflanze im Trend

Auch der Buchs ist eine sehr vitale und anpassungsfähige Waldpflanze – er kann zum Beispiel Waldbrände überleben. Weil Buchsbäume leicht zu kultivieren sind und den Schnitt hervorragend vertragen, ist man bereits im klassischen Altertum auf die Idee gekommen, sie in Form zu schneiden und ihnen verschiedene Gestalten zu verleihen: Ins Rampenlicht der Gartenkultur trat er unbe-

Buchs ist das wohl beliebteste Formschnittgehölz.

streitbar ab dem 17. Jahrhundert in den französischen Barockgärten, in denen er seiner guten Formierbarkeit wegen für Beeteinfassungen, als Buchsarabesken, -kugeln und -kegel, für Hecken und Parterres verwendet wurde. Nachgeahmt wurde die Verwendung als Beeteinfassung dann später in den Bauerngärten. Buchsbäume sind aus keinem europäischen Barockgarten wegzudenken. Hatte der Buchs zeitweise auch ein etwas „verstaubtes" Image, so ist er heute als Garten- und Terrassenpflanze wieder voll im Trend. Seine Vorteile: Blühende Pflanzen gewinnen in unmittelbarer Nähe zum Buchs an Attraktivität. Am Eingang eines Gartens gibt er der übrigen Bepflanzung Halt und vermittelt das Gefühl von Stabilität und Beständigkeit. Buchshecken lassen sich leicht schneiden, am besten mit elektrischen Scheren. Die richtige Zeit dafür ist im Mai, nach den Eisheiligen, solange die Triebe noch weich und hellgrün sind. Mitte bis Ende Juni kann er ein zweites Mal gestutzt werden. Doch nicht nur als formierte und formierbare Pflanze ist Buchs geeignet, in naturnahen Gärten kommt auch frei wachsender Buchs gut zur Geltung: Er ist eine Bienen- und Hummelweide, Nistplatz für Vögel und gut geeignet in Kombination mit Christrosen, Stechpalmen, Seidelbast, Leberblümchen, kleinblättrigem Efeu und Eichen.

Auch vom Buchs gibt es mehrere Arten, hier der Japanische Buchsbaum.

Buchs in der Geschichte

Buchs wurde auch früh als wertvoller Holzlieferant erkannt und genutzt. Bei Ausgrabungen in Frankreich fanden Archäologen einen Wurfspieß, der zum Teil aus Buchsbaum bestand; er wurde auf ca. 780 v. Chr. datiert. Das Holz ist cremefarbig bis gelb, elastisch und schwer. Es wurde gerne für die Herstellung von Bechern, Arzneigefäßen, Flöten, Schreibtableaus, Juwelenkästchen und als Intarsienholz verwendet. Und schließlich hat auch in der Volksmedizin Buchs als Heilmittel seinen Platz. Seine Blätter, Rinde, Wurzeln und Knospen wurden gegen Venenleiden und Haarausfall, als Fieber-, Abführ- und Rheumamittel eingesetzt.

Empfehlenswerte Sorten

Schwachwüchsige Sorten, wie zum Beispiel 'Suffruticosa', eignen sich sehr gut, um kleine Beete einzufassen. Pro laufendem Meter sind hierfür 7–8 Pflanzen erforderlich. Geschnitten wird nur alle zwei Jahre. Gelbbunte Sorten wie etwa 'Elegans' bringen einen anderen Farbakzent in das bisher gewohnte Bild vom Buchs. Buchs vermittelt Ordnung im Garten – sei es als Einfassung von Blumen- und Gemüsebeeten, als Hecke oder als formierte Kübelpflanze, die einen Akzent setzt. Auch ein kleines Parterre lässt sich mit einigem Geschick selbst herstellen, wobei der Garten eine gewisse Mindestgröße aufweisen sollte und vor dem Pflanzen ein klarer Plan erstellt werden muss.

Sogar als Zimmerpflanze ist Buchs möglich: Empfehlenswert sind hier *Buxus microphylla* oder *Buxus microphylla* var. *japonica.* Diese Sorte verbreitet nicht den typischen Buchsgeruch. Der europäische *Buxus sempervirens* kann auch an dunklen Plätzen stehen; bei Sorten mit helleren Blättern sollte man berücksichtigen, dass sie im Haus nachdunkeln.

Ansprüche im Garten

Buchs ist weitgehend pflegeleicht und winterhart. Er liebt Halbschatten und Luftfeuchtigkeit, und muss auch im Winter gegossen werden, da er in dieser Jahreszeit den größten Teil seiner Wurzeln bildet. Die beste Pflanzzeit ist im Frühjahr oder Herbst.

Ein Allrounder – die Apfelbeere

Apfelbeeren erinnern im Geschmack an Heidelbeeren, sind aber weniger bekannt.

Steckbrief

Schwarzfruchtige Apfelbeere
Aronia melanocarpa

Familie:	Rosengewächse (Rosaceae)
Herkunft:	östliches Nordamerika
Wuchs:	Strauch, 1–1,5 m hoch
Blütezeit:	Mai, in Doldentrauben
Standort:	normale Böden, verträgt Staunässe, ist salztolerant
Verwendung:	Beeren essbar, Hausgärten, als Bienenweide und Vogelnährholz

Die Apfelbeere, *Aronia melanocarpa,* ist aus dem östlichen Nordamerika zu uns nach Europa gekommen. Sie ist ein Allrounder unter den Sträuchern und bietet alles, was das Gärtnerherz begehrt: Der Strauch verträgt ohne Probleme Trockenheit und Hitze, ist also gut für den Klimawandel gerüstet. Ein dichtes, filziges Wurzelwerk hilft ihm, lange Durststrecken zu überstehen. Im Herbst erfreut die Apfelbeere mit ihrem orangerot leuchtenden Blätterkleid. Und nicht zuletzt kann man sich ihre gesunden Früchte schmecken lassen.

Die erbsengroßen, schwarzen, häufig wachsartig überzogenen Beeren sind säuerlich herb und erinnern im Geschmack an Heidelbeeren. Sie lassen sich vielseitig verarbeiten: Man kann sie z. B. entsaften, zu Marmelade kochen, wie Rosinen trocknen oder mixen und mit Milch und Vanilleeis kombinieren. Noch dazu sind sie gesund: Wegen des hohen Gehalts an Flavonoiden und Anthocyanidinen sind die Aroniabeeren krebsvorbeugend. Außerdem haben sie einen hohen Gehalt an Provitamin A, Vitamin B_2, Vitamin C und Folsäure.

Mangold – schön und schmackhaft

Mangold gehört zu den ältesten Gemüsearten der Welt und wurde schon von den Römern sehr geschätzt. Daher auch sein zweiter Name – „Römischer Kohl“. Bekannt ist er aber auch als Rippen-, Stängel- oder Stielmangold. Essen kann man die großen, grünen Blätter und die schmackhaften weißen Stiele. Neuerdings gibt es Mangold auch in stark leuchtenden Farben wie Pink, Gelb oder Rot. Er ist daher nicht nur als äußerst schmackhaftes Gemüse beliebt, sondern wird auch wegen seines attraktiven Zierwerts im Garten geschätzt.

Pflege im Garten

Botanisch heißt der Mangold *Beta vulgaris* und ist eine vielseitig nutzbare Gemüsepflanze. Er braucht einen humosen und nährstoffreichen Boden in sonniger bis halbschattiger Lage. Gesetzt wird Mangold in einem Abstand von 30 cm in der Reihe und einem Reihenabstand von 40 cm. Wird er zu eng gesetzt, werden die Stiele dünner und färben nicht so schön aus. Damit er kräftig wächst und einen hohen Ertrag bringt, muss Mangold mit ausreichend Nährstoffen versorgt werden. Gut gedeiht er ebenfalls im Topfgarten auf Balkon oder Terrasse. Passende Nachbarn in der Mischkultur sind die Buschbohne und Hülsenfrüchte allgemein, aber auch Kohl, Möhren und Radieschen.

Steckbrief

Mangold
Beta vulgaris

Familie:	Chenopodiaceae
Herkunft:	Mitteleuropa
Wuchs:	aufrecht mit langen Blättern, bis 60 cm hoch, verschiedene Blattaderfarben
Blütezeit:	erst im zweiten Jahr und nach Einwirkung von Frost, im Juni bis Juli
Standort:	sonnig bis lichter Schatten, humoser und nährstoffreicher Boden
Pflege:	nach Pflanzung feucht halten, ausreichend düngen; vereinzeln, wenn zu dicht gepflanzt wurde
Vermehrung:	durch Aussaat im Frühjahr, direkt oder Vorkultur in der Multitopfplatte

Querbeet-Koch
Gregor Wittmann

Mangold-Rouladen mit Gemüse

Zutaten für die Rouladen:

- *Rinderrouladen (aus dem Hüftsteak oder der Oberschale)*
- *gleiche Anzahl Mangoldblätter*
- *blanchierter Rettich, in dünne Scheiben geschnitten*
- *gekochte Rote Rüben, ebenfalls in dünne Scheiben geschnitten*
- *Salz, Pfeffer, Senf, Kümmel*

Zutaten für das Gemüse:

- *geschnittene Mangoldblätter*
- *blanchierte weiße und Rote Rüben*
- *geschnittene und blanchierte Mangoldstiele*
- *Schalotten*
- *Salz, Pfeffer, gemahlener Kümmel*

Zubereitung:
Die Rinderrouladen von beiden Seiten mit Salz und Pfeffer würzen und auf einer Seite mit frisch gemahlenem Kümmel bestreuen, dann mit mittelscharfem Senf bestreichen. Ein Mangoldblatt darauflegen, zwei dünne Scheiben Rettich und eine dünne Scheibe von der Roten Rübe dazu, alles zusammenrollen und mit einem Holzspieß feststecken. Danach kräftig in Rapsöl anbraten und auf ein Backblech geben. 20 Minuten bei 180 °C im Ofen weitergaren lassen. Das geschnittene Gemüse in einen Topf oder eine Pfanne mit Butter geben und kurz andünsten. Mit Salz, frisch gemahlenem schwarzen Pfeffer und Kümmel würzen.

Frühherbst

Der Garten im Frühherbst

Wenn im Frühherbst die Nächte länger werden und bei wolkenlosem Himmel die Temperaturen sinken, dann nähert sich die Zeit der blühenden Gartenpflanzen schnell ihrem Ende. Der Altweibersommer hält Einzug, der noch eine Reihe von beständig schönen Tagen erwarten lässt. Größere Vorhaben im Garten, die auf eine längere Periode schönen Wetters angewiesen sind, sollte man am besten für diese Phase planen. Nun macht es sich auch bezahlt, wenn man bei der Planung des Gartens die verschiedenen Jahreszeiten berücksichtigt hat: Eine Reihe wunderschöner Pflanzen bietet nun das letzte große Farbenspiel im Garten, bevor die ersten Nachtfröste dem ein Ende setzen.
Der herbstliche Garten leuchtet in den vielen Gelb- und warmen, glühenden Rot- und Brauntönen der blühenden Korbblütler: des Mädchen- und Sonnenauges, der Kokardenblume, der Sonnenblume, Sonnenbraut und Rudbeckien. Und die Rosen blühen ein letztes Mal.

Was jetzt zu tun ist

Allgemeine Gartenarbeiten

- letzte Gründünger im Freiland aussäen: u. a. Senf, *Phacelia,* Spinat
- Stecklinge von Gehölzen schneiden: Beerenobst, Johannisbeere, Zierjohannisbeere
- Stein- und Holzhaufen zur Überwinterung von Nützlingen an geschützter Stelle errichten

Nutzgarten

- Baumobst zur Pflückreife ernten, nur gesunde Früchte einlagern, Fruchtmumien von Bäumen entfernen
- Fallobst laufend auflesen und verwerten oder kompostieren
- Gemüseaussaat: Feldsalat, Spinat und Radieschen
- Lauch anhäufeln
- Obstbäume mit Herbstdünger versorgen, z. B. mit Kalidünger

Ziergarten

- Frühjahrsblühende Blumenzwiebeln in Beete und Töpfe pflanzen
- vorgezogene, zweijährige Blumen an endgültigen Standort auspflanzen
- Kälteempfindliche Kübelpflanzen wie Fuchsie oder Engelstrompete einwintern
- Gladiolen und alle nicht winterharten Zwiebelgewächse ausgraben, sobald sie eingezogen haben

Kürbis – rund und gesund

Dick, dünn, groß, klein:
Kürbisse überraschen durch Vielfalt.

Kürbisse zählen zu den ältesten Kulturpflanzen der Welt. Bei den Indianern der Neuen Welt war der Kürbis wahrscheinlich sogar die erste Nahrungspflanze überhaupt, die in Kultur gezogen wurde. Lange bevor sie Mais und Bohnen anbauten, säten die Indianer in Mittel- und Südamerika mehrere Arten und Sorten Kürbisse in ihren Gärten und auf ihren Feldern aus. Archäologische Funde zeigen, dass die Indios der Neuen Welt die ölhaltigen, nahrhaften Kerne bereits kurz nach der letzten Eiszeit als Nahrungsmittel schätzten. Im Laufe der Jahrtausende entwickelten sich dann die vielen Kürbisformen, die schon zur Zeit der Eroberung der Neuen Welt durch die Europäer überall in Nord-, Mittel- und Südamerika verbreitet waren.
Kürbisse stammen aus Amerika, wie archäologische Funde und die Verbreitung der Wildarten beweisen. Alle heute in Europa und Asien gezogenen Kürbisse der Gattung *Cucurbita* sind amerikanischen Ursprungs und erst nach der Entdeckung Amerikas durch Kolumbus nach Europa gekommen, wie auch Kartoffeln, Chili und andere Nutzpflanzen.

Allem Anschein nach gab es zwei Zentren der Kürbiskultur: Mexiko war das Ursprungsgebiet für den Gartenkürbis, *Cucurbita pepo,* für den Moschuskürbis, *Cucurbita moschata,* und für den hierzulande weniger bekannten *Cucurbita mixta.* Südamerika dagegen, vor allem Gebiete in den Andenländern Peru, Chile und Bolivien, war die ursprüngliche Heimat für den Riesenkürbis, *Cucurbita maxima.* Diese beiden Regionen, Süd-Mexiko und Peru, liegen gut 5 000 km voneinander entfernt und wurden von völlig verschiedenen Völkern besiedelt.
Zum Glück für die Archäologen konnten sich im trockenen Klima der jeweiligen Regionen Pflanzenreste gut erhalten und man fand von den verschiedenen Kürbisarten Samen, Stücke der Rinde, Stielansätze der Früchte und sogar intakte Früchte, die sich leicht identifizieren ließen. Die ältesten Kürbisreste stammen aus dem Süden Mexikos, genauer aus dem Oaxaca-Tal. Es handelt sich dabei um eine Wildform des Gartenkürbisses, *Cucurbita pepo.* Die Reste sind gut 11 000 Jahre alt. Die frühesten Hinweise auf domestizierte Kürbisse stammen dagegen aus dem Tamaulipas-Gebiet und zwar aus der Zeit zwischen 7000 und 5000 v. Chr. Im Tehuacan-Gebiet, südlich von Mexiko-Stadt, wurden Reste der Kürbis-Art *Cucurbita mixta* gefunden, die auf circa 5000 vor Christus datiert wurden. Etwa Tausend Jahre jünger dagegen sind die Funde von Moschus-Kürbis.

Von den Anfängen bis heute

Dort wo Bergflüsse die Talböden jährlich überfluteten und fruchtbare Erde anschwemmten, bestellten die Indianer Amerikas die ersten Felder und legten die Fundamente der ersten sesshaften Kulturen der Neuen Welt. Die Kürbisse gehörten von Anfang an zu ihren Grundnahrungsmitteln. Um 5000 bis 4000 vor Christus kamen dann Bohnen und Mais dazu, etwas später Paprika und bis 2000 vor Christus schließlich Sonnenblumen, Maniok, Süßkartoffeln, Kakao, Avocados und Tomaten.
Mit der Zeit eroberte der Kürbisanbau den ganzen nordamerikanischen Kontinent. Im Jahre 1539 fand der Spanier De Soto in Florida, nahe der Tampa Bay, Felder mit Mais, Bohnen und Kürbis. Auch in Coligoa, westlich vom Mississippi, wuchsen Bohnen und Kürbisse in großen Mengen, ja, überall wo die Europäer ankamen, fanden sie eine blühende Landwirtschaft, die als Basis regionale Sorten dieser drei Pflanzen kultivierte: Mais, Bohnen und Kürbis.
Doch einen wahren Boom erlebte die Kürbiszucht in den letzten 500 Jahren: Unzählige Sorten, vor allem von *Cucurbita pepo* und *Cucurbita maxima*, wurden in allen Teilen der Welt gezüchtet – rankende und buschförmige, große und kleine, gelbe, rote, grüne, blaue, schwarze, weiße und sogar clownesk bunte.

Who is who

Woran kann man erkennen, ob eine Kürbissorte zur Spezies *pepo*, *maxima* oder *moschata* gehört? Darauf werden wir gleich kommen. Es gibt weit über 800 verschiedene Kürbissorten und fast jedes Land ordnet diese bunte Vielfalt nach anderen Gesichtspunkten. Die Botaniker hingegen sind ausnahmsweise einer Meinung und sortieren die Kürbisse im Großen und Ganzen in *Cucurbita maxima*, *Cucurbita pepo* und *Cucurbita moschata* ein.
Der Riesenkürbis, *Cucurbita maxima*, hat große, handförmige oder nierenförmige Blätter mit glattem Rand. Die Ranken sind lang und die Blatt- und Blütenstiele sind im Querschnitt rund, weich und ohne stachelige Haare. Das Fleisch der Früchte ist ziemlich hart und wird beim Kochen breiig. Kürbisfrüchte sind übrigens genaugenommen hartschalige Beeren – es gibt keine größeren Früchte in der Pflanzenwelt! Die größten von allen sind bei den Sorten der *maxima*-Spezies zu finden. Jedes Jahr im Herbst werden in England und Nordamerika Wettbewerbe um den größten Kürbis veranstaltet. Dabei sind Kürbisse mit mehr als 200 kg keine Seltenheit. 'Atlantic Giant' ist der größte unter den Riesenkürbissen, eine Sorte, die regelmäßig neue Rekorde aufstellt. Und der Rekord liegt zur Zeit bei 500 kg! Solche Giganten sind allerdings sehr fad im Geschmack und eignen sich höchstens als Schweinefutter. Für kulinarische Zwecke gibt es glücklicherweise viele kleinere Sorten, die köstlich schmecken. Zum Gedeihen benötigt der Riesenkürbis in der Jugend mehr Wärme als der Gartenkürbis, *Cucurbita pepo*. Zu den *maxima*-Sorten gehören alle sehr großfruchtigen Sorten wie 'Großer Gelber Zentner', die Hubbard-Typen, der Turban-Kürbis und die japanischen Hokkaidokürbisse.

Unverkennbar haben Kürbisse auch einen hohen Zierwert.

Der Steirische Ölkürbis liefert köstliches Kürbisöl.

Pepo-Sorten

Die zweite große Sortengruppe umfasst die Spezies *Cucurbita pepo*, eine besonders variable Art. Zu ihr zählen typische Pumpkin-Sorten wie 'Baby Bear'', 'Jack o' Lantern', und 'Small Sugar', aber auch Winter-Squash-Sorten wie 'Acorn' und 'Autumn Queen'. Dazu zählen auch alle Sommer-Squashes wie die Zucchini, die 'Rondini', die Patisson-Squashes und die Ufos, die 'Crookneck-Squashes' und der 'Spaghetti-Kürbis' – allesamt Kürbisse, die im unreifen Zustand geerntet werden. Ebenfalls eine *pepo*-Sorte ist der Ölkürbis, aus dem das bekannte Steirische Kürbiskernöl gewonnen wird. Im Gegensatz zum Riesenkürbis besitzen die buschig wachsenden oder rankenden Pflanzen der *pepo*-Sorten kantige, feste Stängel und tiefgelappte, herzförmige Blätter; beide sind mit rauen, stacheligen Haaren bedeckt. Das reife Fruchtfleisch ist faserig und zerkocht nicht so leicht wie das des Riesenkürbisses. Der Fruchtstiel eines *pepo*-Kürbisses ist immer hart, kantig und zeigt tiefe Rillen. Wegen ihres rascheren Wachstums und der besseren Kältetoleranz können die *pepo*-Sorten sogar in weniger günstigen Lagen der temperierten Klimazonen kultiviert werden.

Moschus-Kürbisse

Deutlich wärmebedürftiger sind die Kürbisse der dritten Gruppe, die Moschus-Kürbisse. Sie erkennt man leicht an dem zur Frucht hin verdickten Fruchtstiel und den weichbehaarten Blättern. Sie zeichnen sich durch ihr aromatisches, dunkles, stark carotinhaltiges Fruchtfleisch aus. Die wohl bekanntesten Sorten sind der Muskatkürbis und die 'Early Butternut', aber alle sogenannten Butternut-Squashes und der delikat schmeckende kleine 'Sweet Dumpling' gehören ebenfalls zu *Cucurbita moschata*, den Moschus-Kürbissen. Das süße Fruchtfleisch ist kaum faserig und wird beim Kochen weich und sämig. Darüber hinaus sind die Triebe des Moschus-Kürbisses filzig-behaart. Er ist relativ anspruchsvoll und wird vorwiegend in wärmeren Ländern angebaut. Die beigefarbenen Butternut-Squashes sind flaschenförmig; einige Sorten, wie 'Early Butternut' und 'Butterbush' wachsen buschig und sind deswegen für den kleineren Garten ideal.

Vom Mangel zum Überfluss

Obwohl es in den USA einige Dutzend Sorten Speisekürbisse und Squashes auf dem Markt gibt, muss man in Europa suchen, um das Saatgut von mehr als zwei oder drei der gängigsten Sorten aufzutreiben. Doch der Kreis der Kürbisliebhaber wächst stetig und allmählich finden mehr und mehr Feinschmecker Spaß daran, im eigenen Garten die geschmacklichen Nuancen der verschiedenen Sorten auszuprobieren. Im Versandhandel gibt es glücklicherweise drei gute Quellen für Saatgut von einigen alten, aber auch neueren Kürbissorten. In Deutschland bietet der „Küchengarten“ in Schwäbisch-Gmünd zwölf leckere Kürbissorten an, im belgischen Ort De Klinge bietet „De niewe Tuin“ Saatgut und Pflanzen von gut 40 Kürbissen an! Im Nachbarland Österreich, unweit von Krems im niederösterreichischen Schiltern, hat der Verein Arche Noah seinen Sitz. Arche Noah ist ein Verein zur Erhaltung und Weiterverbreitung von alten Kulturpflanzen samt Schaugarten und Samenbank. Die Arche Noah führt in ihrem Katalog eine erstaunliche Vielfalt an Samen und Pflanzen von alten und erhaltenswerten Kulturpflanzen aus allen Teilen der Welt, darunter eine sagenhafte Auswahl von 72 Kürbissorten! Angesichts eines solchen Angebots kann der eingefleischte Fan von amerikanischem Pumpkin Pie und Baked Squash nur zuschlagen. Aus einer Mangelsituation ist plötzlich eine Qual der Wahl entstanden und

Ein Fest fürs Auge: Zierkürbisse lassen keine Wünsche offen.

die einzige bleibende Schwierigkeit für den Kürbisliebhaber besteht allein darin, sich auf Sorten zu beschränken, die er tatsächlich im eigenen Garten unterbringen kann.

Hokkaido-Kürbisse

Im letzten Jahr habe ich in meinem niederbayerischen Garten 14 ausgezeichnete Kürbis- und Squash-Sorten angebaut. Darunter einige der schmackhaftesten Kürbisse überhaupt, die den wahren Kenner leicht ins Schwärmen bringen: blaue, weiße, graue, orangegelbe und rote – jeder Kürbis mit einer eigenen Geschmacksrichtung.
Zum Beispiel 'Red Kuri', ein sogenannter Hokkaido-Kürbis, der manchmal auch Uchiki Kuri genannt wird. 'Red Kuri' trägt leuchtend orangerote Früchte, und gleicht so dem amerikanischen Football oder dem englischen Rugbyball. Jeder Kürbis bringt 2–4 kg auf die Waage. Der Rote Kuri wird sehr geschätzt für seinen feinen, kastanienartigen Geschmack. Das feste Fleisch ist orange. Für die Küche ist der 'Red Kuri' besonders wertvoll wegen seines hohen Gehalts an Vitaminen und Spurenelementen. Die nah verwandte Kürbissorte 'Blue Kuri', auch eine japanische Hokkaido-Kürbisart, bringt graublaue Früchte hervor, die zwischen 2 und 4 kg wiegen. Innen ist das Fruchtfleisch fest und sehr fein, orangefarben und hat einen nussartigen, aromatischen Geschmack. Beide Hokkaido-Squash-Sorten zählen zu den *Cucurbita-maxima*-Sorten, wie auch eine andere blaue Kürbissorte, der 'Blue Hubbard Squash'. Das ist eine auffällige, sehr produktive Sorte mit einer hervorragenden Speisequalität und guter Lagerfähigkeit. 'Blue Hubbard' ist ein sehr wüchsiger Kürbis, der recht lange Ranken bildet und mindestens 100 Tage Wachstumszeit verlangt. Ansonsten ist er leicht zu kultivieren. Jede Frucht wiegt 3–5 kg, jung sind sie hellgrün, aber bei Vollreife wandelt sich die Farbe zu Graublau. Eine weitere blaue Hubbard-Züchtung ist 'Blue Ballet', mit etwas kleineren Früchten. 'Blue Ballet' ist recht produktiv aber bei Weitem nicht so wüchsig wie andere Hubbard-Sorten und eignet sich deswegen besonders gut für den kleineren Hausgarten. Die mittelgroßen Früchte haben eine glatte, blaugraue Schale, und obwohl sie relativ schnell zur Reife kommen, sind sie sehr gut lagerfähig. Das feine Fruchtfleisch ist hellorange und von hervorragendem Geschmack.

Profitipp
Julia Hörl

Kürbis-Deko
Eine originelle Dekorationsidee ist der Kürbis als Vase. Hierfür wird der Kürbis innen ausgehöhlt und ausgeputzt, dann mit bunten Herbstblumen und Früchten ausgesteckt. Vor dem Ausstecken kann eine Steckmasse in den Kürbis gelegt werden, die Blumen finden so leichter Halt und lassen sich einfacher arrangieren. Viele Herbstfrüchte eignen sich überaus gut für solche Gestecke, zum Beispiel Hagebutten, Nüsse, Kastanien und Zieräpfelzweige. Besonders lange halten die kleinen Schmuckstücke an der frischen und kühlen Herbstluft. Übrigens kann man die romantischen Gestecke auch als kleine Geschenke oder als Tischdekoration verwenden.

Empfehlenswert

Andere Kürbisse, die sich bei mir gut bewährt haben, sind 'Sweetmeat', eine mittelgroße, graue Sorte mit einem sehr feinen, süßen Fleisch, das eine leckere Suppe ergibt und 'Lumina', eine fantastische Neuheit mit einer ungewöhnlichen weißen Farbe. Ihr außerordentlich wohlschmeckendes Fruchtfleisch ist leicht mehlig und dunkelorange gefärbt. Ein Halloween-Jack o' Lantern aus einem weißen Lumina-Kürbis geschnitzt, ist eine ganz gespenstische Sache! Aus den zahlreichen *pepo*-Sorten sind drei für bayerische Verhältnisse zu empfehlen: 'Small Sugar', bisweilen auch unter dem Namen 'New England Pie' angeboten, 'Baby Bear', eine erfolgreiche Züchtung der letzten Jahre mit hübschen kleinen, ja perfekten Pumpkin-Früchten, und 'Autumn Queen', einer der besten Acorn-Squashes. Alle drei *pepo*-Sorten lassen sich monatelang gut lagern. Eine Frucht ergibt etwa 2–3 Portionen.

Kürbis ist gesund

Setzen Sie auf Orange, denn Kürbissorten mit tief orangefarbenem Fruchtfleisch wie Hokkaido-Kürbisse enthalten deutlich mehr gesundes Betacarotin als die gelbfleischigen Sorten und übertreffen dabei sogar die Möhren. Vitamin C und E sind ebenso reichlich enthalten und tragen ihren Teil zur zellschützenden Wirkung bei. Gerade bei den lange lagerfähigen Sorten wie den Eichel-Kürbissen nimmt der Vitamingehalt während der Nachreife sogar noch zu. Auffallend ist auch der hohe Kaliumgehalt im Kürbisfleisch. Kalium reguliert das Säure-Basen-Gleichgewicht und den körpereigenen Wasserhaushalt. Dass Kürbisgemüse oft als fade empfunden wird, liegt am geringen Natriumanteil. Greifen Sie gerade bei höherem Blutdruck trotzdem nicht gleich zum Salzstreuer, sondern bevorzugen Sie besonders aromatische Sorten wie 'Muscade de Provence' oder die Butternuss-Kürbisse 'Butternut' und 'Zenith'. Mit frischen Kräutern und pikanten Gewürzen fällt der Verzicht auf Salz dann nicht schwer. Besonders gut zum Kürbis passen pfeffriges Piment und Korianderkörner mit Orangenaroma. Exotisch schmeckt Kürbis mit Ingwer, einer Messerspitze Zimt und reichlich Kurkuma.

John Ferguson

Speisekürbisse gehören wohl mit zu den ergiebigsten Früchten.

Der Spaghetti-Kürbis wird im Ganzen gekocht. Das Fruchtfleisch zerfällt in lange nudelähnliche Fasern.

Spaghetti-Kürbis – eine Spezialität für kleine Gärten

Vom Spaghetti-Kürbis gibt es mehrere Sorten, die alle eines gemeinsam haben: Das hellgelbe Fruchtfleisch hat eine faserige Struktur und zerfällt beim Kochen in schmale, spaghettiähnliche Streifen. In Amerika bezeichnet man die Früchte daher auch als „Vegetable Spaghetti" (Gemüse-Spaghetti). Diese Kürbisse ranken schwächer als andere Sorten und eignen sich deshalb gut für kleine Gärten. Früchte mit bis zu 1 kg Gewicht kocht man in Salzwasser, größere werden halbiert, entkernt und im Backofen gegart (40–60 Minuten bei 180 °C). Anschließend das Kürbisfleisch auskratzen und mit Pastasauce servieren.

Querbeet-Koch
Gregor Wittmann

Des Kürbisses Kern

Kürbiskerne ergänzen viele Gerichte. Sie entfalten ihr Aroma am besten, wenn man sie kurz in der trockenen Pfanne anröstet. Anschließend streut man sie über den Salat, garniert damit den Sahneklecks in der Kürbiscremesuppe oder knabbert sie einfach zwischendurch. Kürbiskerne enthalten hochwertige Fettsäuren, leicht verdauliches Eiweiß und wichtige Spurenelemente wie Kupfer, Mangan, Zink und Selen. Zwar eignen sich die Samen aller Kürbissorten zum Verzehr, aber selbst bei den großen Kernen der Riesenkürbisse muss vor dem Genuss erst einmal die dicke holzige Schale entfernt werden. Bei Ölkürbissen kann man sich das mühsame Schälen sparen. Sorten wie 'Lady Godiva' oder 'Gleisdorfer Ölkürbis' sind nacktsamig. Die dunkelgrünen, weichen und dicken Kerne schmecken besonders nussig. Das daraus gepresste Öl eignet sich gut für Salate. Es enthält 80 % ungesättigte Fettsäuren: Noch wichtiger ist jedoch der hohe Vitamin-E-Gehalt. Wer Kürbiskernöl häufig in der Küche verwendet, ist damit rundum gut versorgt.

Kürbiscremesuppe

Zutaten für 4 Personen:

- *1 Moschus- oder Hokkaido-Kürbis (ca. 2,5 kg)*
- *2 gehackte Zwiebeln*
- *2 Knoblauchzehen, 1 Esslöffel Butter*
- *1 Teelöffel Paprikapulver (edelsüß)*
- *Salz, Pfeffer aus der Mühle, Muskat*
- *250 ml Gemüsebrühe*
- *200 g Sahne*
- *4 cl Sherry*
- *2 Esslöffel Sojasauce*
- *3 Esslöffel Worcestersauce*

Einlage:

- *100 g geröstete Kürbiskerne*
- *200 g halbierte Kirschtomaten*
- *2 Scheiben Pumpernickel, gewürfelt und in Butter knusprig geröstet*
- *200 g geröstete Zwiebeln*
- *100 g geriebener Parmesan*
- *4 Esslöffel geschlagene Sahne*

Zubereitung:
Vom Kürbis einen Deckel abschneiden, Kerne und Fäden entfernen, das Fruchtfleisch mit einem Löffel sorgfältig auslösen, die Schale dabei nicht verletzen. Den Kürbis gründlich waschen und im Backofen bei 60 °C trocknen und erwärmen lassen. Die Zwiebeln in heißer Butter glasig anschwitzen, Knoblauch dazupressen und klein geschnittenes Kürbisfleisch dazugeben. Mit Salz, Pfeffer, Paprikapulver und Muskat würzen, Gemüsebrühe angießen. Alles ca. 20 Minuten köcheln lassen. Dann die Suppe fein pürieren. Sahne, Sherry, Sojasauce und Worcestersauce einrühren und abschmecken. Die Suppe in die Kürbisschale füllen, die Einlagen getrennt dazu servieren.

Kürbisravioli mit Salbei

Zutaten für 4–6 Personen:

Ravioliteig:

- *300 g Mehl (doppelgriffig)*
- *2 Volleier*
- *1 Eigelb zum Bestreichen*
- *2 Teelöffel Öl*
- *Salz*

Füllung:

- *300 g Kürbis, gewürfelt*
- *60 g Schalotten, gewürfelt*
- *etwas frischer Rosmarin*
- *Salz, Muskat*
- *4–5 Esslöffel in Streifen geschnittene Salbeiblätter*
- *Butter zum Ausschwenken*

Zubereitung:
Aus Mehl, Ei, Öl und Salz einen Teig zubereiten und durch die Nudelteigmaschine drehen. Einen Tisch mit Mehl bestreuen, die Hälfte des Teigs darauf auslegen, ausrollen und mit in Wasser angerührtem Eigelb bestreichen.
Den gewürfelten Kürbis und die Schalotten mit den Gewürzen in einer Pfanne anschwitzen und mit Gemüsebrühe ablöschen. Die Mischung in kleinen Portionen auf den Teig geben. Dann die zweite Teighälfte darüber legen und mit einer Form Ravioli ausstechen. Diese verschließen, indem der Rand mit einer Gabel rundherum zugedrückt wird, dann in siedendes Wasser geben.
In der Zwischenzeit Butter in einer Pfanne zerlassen, mit dem Salbei über die fertigen Ravioli geben und alles 1–2 Minuten ziehen lassen.

Gärtnern im Klimawandel

Im Zuge des Klimawandels sind ganze Naturräume und ihre Lebenswelt betroffen.

Besonders in Südeuropa werden sich Wüstengebiete immer mehr ausbreiten.

Milde und niederschlagsreiche Winter werden die Regel sein.

Der Klimawandel lässt sich nicht mehr leugnen, was der jüngste Bericht des Weltklimarates IPCC und die Fakten aus Klimaforschungsprojekten auf der ganzen Welt zeigen. Für mögliche weltweite Auswirkungen auf das Wetter und die Umwelt gibt es Prognosen, die, je nach dem weiteren menschlichen Verhalten, variieren können. Auch bei uns wird es Veränderungen geben.
Schon an den Daten des Deutschen Wetterdienstes lässt sich einiges erkennen: So stieg die Jahresdurchschnittstemperatur in den letzten 100 Jahren in Deutschland um 0,9 °C an, was sich in milderen Wintern und heißeren Sommern äußert. Prognosen gehen von einem weiteren Anstieg um 1,4–5,8 °C im nächsten Jahrhundert aus.
Die Winterniederschläge nahmen in den letzten 30 Jahren um ein Viertel zu. Aufgrund höherer Temperaturen wird es mehr regnen und weniger schneien. In einem etwa 100 km breiten Korridor von Brandenburg bis zum Weserbergland sind dagegen überwiegend niederschlagsärmere Winter zu erwarten. Die Prognosen beziehen sich auf die Jahre 2010–2039. Die Sommermonate hingegen werden in den meisten Regionen heißer und trockener. Besonders betroffen sind die Mittelgebirge und Nordostdeutschland, für die Klimaforscher etwa 20 % geringere Niederschlagsmengen vorhersagen. Lediglich in einigen Regionen wie dem Sauerland und dem Bayerischen Wald ist mit einer leichten Zunahme der sommerlichen Niederschläge zu rechnen.
Im Allgemeinen werden die Extreme zunehmen: starke Schwankungen zwischen Hitze, Trockenheit und Kälte. Dadurch kommt es zu vermehrten Starkregenereignissen, Stürmen und Gewittern, wie sie sich schon jetzt beobachten lassen.

Verschiebung der Klimazonen

Die Klimazonen verschieben sich langsam gen Norden, in Deutschland bis zu 100 km. Bei uns im Süden wird es zunehmend mediterraner. Das bedeutet: Heiße Sommer mit Trockenperioden und milde, regenreiche Winter nehmen zu. In Südeuropa breitet sich dagegen das Wüstenklima aus. Dort sind die Niederschlagsmengen in manchen Gebieten bereits jetzt um die Hälfte zurückgegangen.

Folgen für Pflanzen und Garten

Der Klimawandel hat naturgemäß Konsequenzen für Flora und Fauna: Temperatur und Niederschlag gehören zu den bestimmenden Wachstumsfaktoren von Pflanzen. Ändern sich diese Faktoren, werden einige Pflanzen mit den neuen Bedingungen schlechter zurechtkommen oder gar aussterben. Nach Untersuchungen des von der EU geförderten Forschungsprojektes ALARM könnten bis 2080 sogar 30–40 % der europäischen Pflanzenarten durch den Klimawandel ausgestorben sein. Andere Pflanzen werden in neue Gebiete ausweichen. Beispiele dafür gibt es schon jetzt: Die Küchenschelle, die sich einst nur auf trockenen Wiesen im Altmühltal wohlfühlte, wächst nun fast überall in Bayern. Auch andere Arten können ihr Verbreitungsgebiet ausweiten, da die Winter nun weniger hart sind. Gehölze, die früher bei uns als bedingt winterhart galten, haben mittlerweile keine Probleme mehr. Dazu gehört der Zürgelbaum, botanisch *Celtis australis,* der aus südlichen Klimaten stammt, aber inzwischen auch bei uns gedeiht. Diese Artenwanderung wurde vielerorts wissenschaftlich beobachtet. So fand das Institut für Geobotanik in Hannover neue Verbreitungs-gebiete der Stechpalme *(Ilex),* die sich gegenüber ihrer früheren Verbreitung nach Norden ausdehnen. Die Ursache liegt auch hier in den höheren Wintertemperaturen.

Alpenveilchen werden es schwer haben.

Das Edelweiß könnte aussterben.

Gewinner und Verlierer

Zu den klaren Verlierern der Erwärmung zählen Kälte liebende oder anpassungsunfähige Arten – sie sind im Rückzug begriffen. In unseren Breiten beispielsweise leidet die einheimische Fichte *(Picea abies)* unter den höheren Temperaturen, während sich die Orientalische Fichte *(Picea omorika)* zusehends wohler fühlt. Nicht nur unter den Fichten verschieben sich die Verhältnisse. Die Walderdbeere *(Fragaria vesca* var. *vesca)* bekommt Konkurrenz durch die Scheinerdbeere *(Duchesna indica).* Beide haben dieselben Standortansprüche. Laut Untersuchungsergebnissen der Universität Bayreuth könnte die Scheinerdbeere die Walderdbeere im Zuge des Klimawandels verdrängen.
Weitere Untersuchungen und Beobachtungen lassen befürchten, dass einige Arten des Alpenveilchens bald aus der Natur verschwunden sein werden. Die Forscher legten die Daten der Verbreitung der 21 *Cyclamen*-Arten zugrunde, wobei sie die Rahmendaten der Lebensräume verwendeten und die voraussichtliche Entwicklung dieser Regionen durch die Klimaerwärmung in den kommenden 50 Jahren berechneten. Das ideale Wetter über alle Jahreszeiten für die Alpenveilchen wird immer seltener werden, und bis 2050 könnten die optimalen Bedingungen überall verschwunden sein. Einige der Arten werden sich wahrscheinlich anpassen können, aber viele werden schlicht aussterben. Adieu Alpenveilchen. Auch das Edelweiß, als Symbol fest verbunden mit der Alpenregion, hat unter den erhöhten Temperaturen zu leiden und könnte aussterben.

Blütezeitpunkte

Ganz praktisch zu beobachten ist der Klimawandel in der Phänologie. Die Phänologie befasst sich mit den im Jahresverlauf wiederkehrenden Erscheinungen in der Natur. Das kann zum Beispiel der Blütezeitpunkt bestimmter Pflanzen sein oder der Zeitpunkt des Laubaustriebes. Durch den vom Klimawandel bewirkten Temperaturanstieg wird sich der phänologische Kalender nach vorne verschieben. Dieses äußert sich zum Beispiel im früheren Blütezeitpunkt von Gehölzen. Es existieren Datenreihen zu phänologischen Messungen über lange Zeitabschnitte; gemessen wurden zum Beispiel die Zeitpunkte der Hasel- oder Forsythienblüte.
Aus diesen Datenreihen sind bereits interessante Entwicklungen in den letzten Jahren abzulesen.

Bisher konnte man die Gottesanbeterin nur im Mittelmeerraum sehen.

Neue Schädlinge

Doch nicht nur die Pflanzen müssen sich auf veränderte Klimaverhältnisse einstellen. Auch in der Fauna sind bereits jetzt Veränderungen zu beobachten. Mit steigenden Temperaturen geht beispielsweise eine Zunahme von Schädlingen einher. Neue Insektenarten breiten sich seit einigen Jahren in Deutschland aus. Im Wald müssen Förster schon jetzt eingewanderte Arten wie Schwammspinner und Eichenprozessionsspinner bekämpfen, die früher hierzulande kaum auftraten. Milde Winter bieten auch den bekannten Schädlingen bessere Lebensbedingungen – früher und heftiger Blattlausbefall sind beispielsweise die Folge. Zu hoffen bleibt, dass mit den Schädlingen die Nützlinge nachziehen werden und so eine gewisse „natürliche" Regulierung stattfinden kann.

Die schönen Seiten

Die erfreulicheren Szenarien des Klimawandels sollen aber nicht verschwiegen werden: Zum einen wandern auch schöne und harmlose Tiere wie das kolibriähnliche Taubenschwänzchen, eine Schmetterlingsart, ein. Zum anderen bleibt die Hoffnung, dass längere Trockenperioden vielen Schädlingen und Krankheiten wie den Schnecken oder der Braunfäule das Leben etwas schwerer machen.

Wie geht der Gärtner damit um?

Mit den bekannten Fakten über den Klimawandel und dessen Folgen für die Pflanzen steht für den Gärtner die Frage im Raum, wie er den sich wandelnden Verhältnissen begegnen kann.

Auf der Suche nach Pflanzen, die unter den neuen Bedingungen gut bei uns leben können, stößt man auf verschiedene Lebensräume mit extremen Bedingungen. Dort sind Pflanzen zu finden, die zukünftig in unserer Gartengestaltung eine Rolle spielen werden. Sie bieten dabei durchaus große gestalterische Möglichkeiten.

Extreme Standorte gibt es überall. Niemand muss in die Wüste fahren, um Hungerkünstler aus der Pflanzenwelt kennenzulernen. Dort, wo die Eiszeiten feine Sande abgelagert haben, wachsen Gräser, deren Halme mit einer grauen Wachsschicht überzogen sind. Einjährige Kräuter krönen ihr kurzes Leben auf den sommertrockenen Dünen mit einer üppigen Blüte und erscheinen im Folgejahr an anderer Stelle wieder. Dickfleischige Fetthennen speichern Wasser für schlechte Zeiten und überdauern so längere Perioden ohne Niederschläge. Nicht von der afrikanischen Wüste ist dabei die Rede, sondern von Brachflächen rund um Berlin, Frankfurt, Hannover oder Nürnberg. Jeder spezielle Trockenstandort hat ganz eigene Überlebenskünstler hervorgebracht.

Andere Extremstandorte finden sich in Steppengebieten Zentralasiens, Nordamerikas oder im Mittelmeerraum. Wichtig ist bei der Suche nach Pflanzen, solche Arten zu finden, die auch längeren Trockenperioden trotzen. Denn das Trinkwasser wird zu kostbar sein, um es im Garten zu „verplempern".

Gestalterisch sind die neuen Pflanzen höchst interessant: Meist handelt es sich um graulaubige, dickfleischige oder mit Wachs überzogene Arten, die an Trockenheit gut angepasst sind.

Tamarisken zählen zu den robusten Gehölzen.

Widerstandsfähige Gehölze

- Ginkgo *(Ginkgo biloba)*
- Schnurbaum *(Sophora japonica)*
- Apfelbeere *(Aronia melanocarpa)*
- Ölweide *(Eleagnus-Arten)*
- Sanddorn *(Hippophae rhamnoides)*
- Tamariske *(Tamarix-Arten)*
- Blauraute *(Perovskia atriplicifolia)*

Blauschwingel *(Festuca cinerea)*

Prachtscharte *(Liatris spicata)*

Trockenheitsverträgliche Stauden

- Steppenkerze *(Eremurus)*
- Prachtscharte *(Liatris spicata)*
- Hauswurz *(Sempervivum)*
- Fetthenne *(Sedum telephium)*
- Wolfsmilch-Arten *(Euphorbia)*
- Goldmohn *(Eschscholzia californica)*
- Taglilien *(Hemerocallis)*
- Schleierkraut *(Gypsophila)*
- Blauschwingel *(Festuca cinerea)*
- Thymian *(Thymus)*
- Ysop *(Hyssopus)*

In Verbindung mit Stein oder einem ausgewählten Farbspektrum von Blüten lassen sich höchst attraktive Pflanzungen gestalten, die zudem robust und resistent sind. Aus den verschiedenen Pflanzenbereichen sind bereits heute schöne Pflanzenbeispiele bekannt, die dem Klimawandel trotzen werden.

Stauden und Zwiebeln

Katja Lenz, Gartenberaterin aus dem brandenburgischen Zeesen, kann gleich eine ganze Reihe toller Arten aufzählen, die sich für die Bepflanzung sandiger Böden anbieten. Schwertlilien mit graugrünen Blättern sind im Trockenrasen zu Hause und begeistern im Garten mit blauen, gelben, weißen oder vielfarbigen Blüten. Tulpen, Laucharten und andere Kleinblumenzwiebeln überdauern in den Steppengebieten Zentralasiens die heißen Sommer als Zwiebeln im Boden – bei uns sind sie zu unverzichtbaren Frühlingsboten geworden. Goldmohn überzieht die trockenen Hügel des kalifornischen Berglandes, und die schrillgelben oder orangefarbenen Blüten öffnen sich auch bei uns im Garten zuverlässig – wenn der Boden guten Wasserabzug bietet. Mediterrane Kräuter wie Lavendel, Rosmarin, Salbei, Thymian und Ysop sind auch in ihrer Heimat Trockenheit gewohnt.

Obst und Gemüse

Bei verschiedenen Obstarten werden Sorten infrage kommen, die bislang nur im Süden aromatische Früchte hervorbringen und nur dort gut gedeihen. Vielleicht können wir auch bald einen 'Braeburn'-Apfelbaum im Garten pflanzen. Auch beim Gemüse können wir gespannt sein: Vielleicht kann die Artischocke bald den Winter über im Garten bleiben?

Kübelpflanzen

Im Mittelmeerraum ist das Klima bereits so, wie es sich auch bei uns allmählich abzeichnet: Es gibt lange Hitze- und Trockenperioden und milde, regenreiche Winter. Zitruspflanzen, Feigen und Olivenbäume fühlen sich daher bei uns immer wohler. Probleme bereiten ihnen allerdings nach wie vor die Fröste im Winter. Sie müssen deswegen immer noch in Kübel gepflanzt und überwintert werden. Doch wird die Zeit ihrer Überwinterung im Haus immer kürzer, wie der Winter 2006/07 bereits anzeigte. Und vielleicht wird schon bald ein guter Winterschutz ausreichen.

Profitipp
Klaus Körber

Klimawandel im Garten
Es gilt auch im Zusammenhang mit dem Klimawandel, einige der wichtigsten Grundsätze des Gärtnerns zu befolgen: Die Pflanzen und die Natur genau beobachten, Veränderungen wahrnehmen und mit ihnen arbeiten. Zudem sollte sich jeder der Natur bewusst werden und in diesem Bewusstsein verantwortungsvoll handeln.

Carl Spitzwegs Fünfkräutertee

Wer hätte das gedacht? Malen und Teegenuss gehen Hand in Hand. Der berühmte Maler Carl Spitzweg war Liebhaber von Blumen und Kräutern und als Botaniker und Apotheker Erfinder eines heilsamen und wohlschmeckenden Tees.
Carl Spitzweg ist wohl einer der bedeutendsten deutschen Maler. Er wurde 1808 in München geboren und war zunächst Apotheker. Nach einer Krankheit entschloss er sich, Maler zu werden. Er kopierte alte Künstler und fand dann mehr und mehr seinen eigenen, kleinformatigen Stil. Gern gab er in seinen Bildern die Welt der Bürger wieder. Doch auch Blumen und Pflanzen stellte der Pflanzenliebhaber häufig dar.
Eines seiner bekanntesten Bilder ist „Der Eremit als Blumenfreund", gemalt im Jahr 1860. Es stellt eine klassische Szenerie des Biedermeier dar: einen alten Eremiten bei der Pflege und Betrachtung seines kleinen Gärtchens. Faszinierend sind die Fülle botanisch-gärtnerischer Details und die Treffsicherheit, mit der er die Natur in seinem Gemälde einfängt.

Detailgenaue Beobachtungen

Spitzweg hat die Pflanzen ganz genau gekannt und sehr detailgetreu gezeichnet. Bereits gegen Ende der Zwanzigerjahre des 19. Jahrhunderts hatte er damit begonnen, Arzneipflanzen zu sammeln und sie in einem Herbarium zu bestimmen und einzuordnen. Nur wenige Beispiele sind davon erhalten. Daneben hat er Skizzenbücher benutzt, besonders in der Zeit um 1832, als er die erste seiner großen Reisen nach Italien unternahm. Sämtliche Funde hat er darin genau bezeichnet. Eine wichtige Rolle spielten Blätter, Blüten und Stängel. Er legte Wert darauf, sie in seinen Skizzenbüchern fast grafisch, klar und genau erkennbar wiederzugeben.
Auch zahlreiche andere Zeichnungen finden sich in den Skizzenbüchern, etwa von Blättern, die der Maler exakt analysierte und in der Blattstruktur wissenschaftlich einordnete. Vorrangig handelt es sich hier um Arzneipflanzen.

Arzneipflanzen

Die Arzneipflanzen verteilen sich laut Spitzweg gleichmäßig über das ganze Pflanzenreich. Kurze Hinweise finden sich etwa zum Knabenkraut, auch zum Blütenschaft der Aloe, deren Wurzel für ihn von besonderer Bedeutung war. Er interessierte sich ebenso für Arnika und den Kampferbaum sowie für zahlreiche weitere Gemüsepflanzen, Gehölze und Stauden. Zwar wurden viele Skizzen und Aufzeichnungen nur wahllos aufgehoben, doch es ist anzunehmen, dass Spitzweg exakte Notizen über die Arzneipflanzen fertigte und seine Herbarien sehr umfangreich gewesen sind.

Zu seinen tropischen Lieblingspflanzen zählte die Agave. Sie kündet von seinem Fernweh und findet sich auf verschiedenen Bildern wieder. Immer wieder hat er auch die Pestwurz dargestellt. Sie ist eine alte Heilpflanze und erscheint häufig als Bodendecker.
Auch der Löwenzahn hat Spitzweg beschäftigt. Er dient als Heilpflanze bei Verdauungsstörungen. In verschiedenen Bleistiftzeichnungen und auch als Ölgemälde hat Spitzweg diese Pflanze im Detail und als Porträt gezeichnet.

Der Spitzwegtee

Auf seinem Gemälde „Der Eremit als Blumenfreund" sind etliche Kräuter abgebildet, denen Spitzweg besonders zugetan war. Zusammen ergeben diese Kräuter einen wohlschmeckenden Tee. Unsere Querbeet Kräuter-Professorin Christa Habrich hat das Rezept anlässlich des 200. Geburtstags des großen Künstlers wieder ausgegraben.

Rosmarin – wirkungsvoll und schön

Rosmarin – wirkungsvoll und schön „Ros Maris" nannten die Römer die Pflanze, Tau des Meeres, wegen der Feuchtigkeit, die sich während der Nacht auf der Pflanze niederschlägt. Inzwischen gibt es eine Sorte, die frosthart ist und sich gut für den

Garten eignet: 'Veitshöchheim'. Die beste Zeit zum Pflanzen von Rosmarin ist im Frühjahr ab Mai. Der Standort sollte warm und vollsonnig sein, der Boden locker und gut wasserdurchlässig. Stauende Nässe verträgt die Pflanze nicht.

Feldthymian – ein Arzneikraut

Quendel, auch Feldthymian genannt, ist entzündungshemmend und wirkt krampflösend. Traditionell wird er, häufig zusammen mit Rosmarin und Wermut, bei Husten, Magen- und Darmschwäche und Appetitmangel angewendet. In der Küche unterstützt Thymian die Verdauung fetter Speisen.

Lavendel – ein vertrautes Gewächs

Lavendelblüten enthalten ein ätherisches Öl mit heilsamen Bestandteilen, die gegen Unruhe, nervöse Erschöpfung und Migräne helfen, aber auch in der Aromatherapie genutzt werden. Ein Bad mit Lavendelöl entspannt und hilft Stress zu vergessen. Im Garten ist der Lavendel überall dort zu finden, wo die Sonne ungehindert scheint. Er ist robust, widersteht Schädlingen und braucht fast keine Pflege.

Pfefferminze – belebend und gesund

Als letztes Kraut kommt Pfefferminze zu dem Teegemisch hinzu. Im Garten wachsen die Minzesorten stark und sollten im Zaum gehalten werden. Lässt man die Minze ungehindert wachsen, verbreitet sie sich rasch über mehrere Quadratmeter. Minze fühlt sich fast überall wohl. Geerntet werden die Blätter am besten in den späten Vormittagsstunden. Auch frisch kann die Minze verwendet werden, der Geschmack des Tees ist dann allerdings weniger intensiv.

Profitipp
Christa Habrich

Die Spitzweg-Teemischung
Rosmarin, Thymian, Lavendel und Pfefferminze werden zu je gleichen Teilen vermischt. Zur Abrundung des Geschmacks gibt man einige Gewürznelken dazu. Ein Teelöffel des Teegemischs reicht für eine große Tasse. Nach dem Aufgießen mit heißem Wasser muss der Tee zehn Minuten ziehen, um seinen vollen Geschmack entfalten zu können. Im Winter sollte er heiß getrunken werden. Neben dem guten Geschmack beugt der Tee Krankheiten vor und wirkt beruhigend auf die Nerven. Im Sommer kann der Tee kalt serviert werden, er schmeckt erfrischend und belebend.

Dahlien und Co.

Anemonenblütige Dahlien zeichnen sich durch einfache Blüten aus.

Die Sorte 'Wörtherseerose' gehört zu den dekorativen Riesendahlien.

Dahlien, auch Georginen genannt, gehören in jeden Bauerngarten und sind hervorragende Blüher für Blumenrabatten oder sogar für Balkon und Terrasse. Benannt sind sie nach dem Botaniker Dr. Andreas Dahl, der sie vor 200 Jahren von Mexiko nach Europa brachte. Dahlien gehören zu den beliebtesten Gartenblumen, weshalb es eine Fülle von Sorten im Handel gibt. Sie wurden züchterisch so weit bearbeitet, dass in Bezug auf Blütenform, -farbe, -art und -größe keine Wünsche offen bleiben. Zu kaufen sind die Blumen meist als Knolle, ihrer Überwinterungsform; es gibt sie aber auch in Töpfen als blühende Pflanze. Dahlienblüten eignen sich gut als Schnittblumen. Am längsten halten sie in der Vase, wenn sie in den Morgenstunden mit einem scharfen Messer geschnitten werden. Die Vase sollte nur so viel Wasser enthalten, dass das Laub nicht nass wird. Durch die Entnahme von Schnittblumen wird die Dahlienpflanze zur Bildung neuer Blütenknospen angeregt. Interessant ist die Tatsache, dass Dahlienblüten essbar sind. Sie eignen sich zur Dekoration von Salaten, man kann mit ihnen aber auch Dahlienlikör, Dahlienpralinen oder kandierte Dahlienblüten herstellen und damit seine Gäste verblüffen.

Dahlien pflanzen

Die Dahlienknollen werden ab Ende April/Anfang Mai ins Freiland gesetzt. Schon früher kann man sie im Gewächshaus vortreiben, allerdings sind die jungen Triebe frostempfindlich. Gegen Spätfröste sollten die Pflanzen geschützt werden, indem man ihnen vor der Nacht ein Gefäß, z. B. einen Eimer, überstülpt, der am Morgen wieder entfernen wird. Dahlienknollen werden mit ungefähr 5 cm Erde bedeckt und in einem Abstand von 75–100 cm gesetzt.

Dahlienknollen nicht zu früh auspflanzen!

Dahlien bevorzugen einen normalen, nährstoffreichen Gartenboden, der nicht zu schwer oder zu nass sein sollte. Gegebenenfalls ist der Boden mit Sand und Humus aufzubereiten. Ist der Boden eher sandig oder sehr durchlässig, hilft eine Mulchschicht, um vor Austrocknung zu schützen. Der Standort sollte vollsonnig sein, damit die Dahlien zahlreiche Blüten hervorbringen. Zur Pflanzung der Knollen im Frühjahr wird empfohlen, Kompost und Hornspäne ins Pflanzloch zu geben. Später ist eine Thomas-Kali-Gabe förderlich für stabile Blütenstiele und die Gesundheit der Pflanzen. Eine mineralische Düngung im Sommer ist möglich, wobei sie nicht nach Mitte August gegeben werden sollte, damit die Knollen vor dem Winter ausreifen und in Ruhe gehen können.

Einwinterung

Dahlien sind bei uns nicht winterhart und müssen deshalb frostfrei überwintert werden. Dazu werden die Knollen nach dem ersten Frost aus dem Boden genommen. Die abgestorbenen oberirdischen Triebe schneidet man ab und die Knolle wird von Erde befreit. Die Knollen sollten nicht abgewaschen werden, die Erde wird lediglich abgeklopft. Nach dem Trocknen werden die Knollen in einem kühlen Raum bei ungefähr 4–8 °C über Winter gelagert. Ist die Luftfeuchtigkeit im Raum zu hoch, kann man um die Knollen herum Sägespäne verteilen, um ein Faulen zu vermeiden.

Dahlien werden je nach Blütenform in 10 Klassen eingeteilt. Hier ein Beispiel für eine Kaktusdahlie.

Vermehrung

Die Teilung der Knollen ist die einfachste Vermehrungsmethode bei Dahlien. Zudem verjüngt sie die Pflanzen, denn zu große Knollen bringen oft nur noch viel Laub und wenige Blüten hervor. Die Vorgehensweise ist einfach. Im Frühjahr vor der Pflanzung werden die Knollen einfach zerbrochen oder zerschnitten, wobei jedes Teilstück einen Wurzelhals haben muss. Diese Teilstücke werden wieder eingepflanzt und es entstehen zwei gleiche Dahlien.

Kombination

Es muss nicht immer ein reines Dahlienbeet sein, auch in Kombination mit Stauden und Gehölzen geben Dahlien ein erfrischendes Bild ab. Geschickt ist die Kombination mit früh blühenden Stauden und Zwiebelpflanzen, damit die Zeit bis zur Dahlienblüte im Sommer nicht zur Durststrecke in der Rabatte wird. Dunkelgrünes Laub wie vom Buchsbaum oder einem kleinen Kirschlorbeer unterstreicht die kräftigen Farben der Dahlienblüten. Denkbar ist auch eine Rabatte mit einjährigen Pflanzen wie dem Schmuckkörbchen, das eingesät wird. Im Herbst wird dann das komplette Beet abgeräumt.

Dahliengruppen

Um die Vielzahl der Dahliensorten überschaubar zu machen, gibt es verschiedene Untergruppen, welche die Sorten nach Blütenformen einteilen. Die beliebten Kaktusdahlien zeichnen sich durch die eingerollten und an den Enden zugespitzten Zungenblüten aus. Sie werden häufig als Schnittblumen verwendet. Bekannte Kaktusdahlien-Sorten sind 'Jessica' (orange-gelb), 'Mozart' (rosa) oder 'Golden Explosion' (goldgelb). Daneben findet man Pompon-, Seerosen-, anemonenblütige, einfache, halbgefüllte und gefüllte Dahlien. Pompon-Dahlien gehören wegen ihrer Schnittqualität zu den beliebtesten Sorten. Beispiele sind 'Franz Kafka' (pink) oder 'Moor Place' (violett). Fantastische Wirkung erzielen Dahlien mit rötlichem Laub, besonders die intensiv rote Sorte 'Bishop of Llandaff'.

Fleischfresser am Fensterbrett

Die ausgeklügelten Fangklappen der Venusfliegenfalle machen ein Entkommen der Beute unmöglich.

Pflanzen ernähren sich in der Regel von Nährstoffen aus dem Boden. Was jedoch tun, wenn die Böden zu mager sind und nicht genug Nährstoffe liefern? Insektenfang heißt die Lösung. Weltweit gibt es etwa 600 Arten fleischfressender oder karnivorer Pflanzen, die sich auf das Fangen von Insekten spezialisiert haben. Viele dieser Pflanzen sind nicht nur äußerst interessant, sondern gleichzeitig auch sehr dekorativ.

Fangmethoden

Einen Finger abbeißen können die Pflanzen nicht, eine Hummel oder Biene fangen ist allerdings kein Problem; einige Nepentes-Arten fangen auch mal ein kleines Nagetier. Die Art ein Insekt zu fangen ist jedoch unterschiedlich. Man unterscheidet bei den Karnivoren fünf verschiedene Fallentypen. Je nach ihrer Fähigkeit zu einer Bewegung im Zusammenhang mit dem Fangen oder Verdauen der Beute lassen sich die Arten auch zusätzlich noch in aktiv oder passiv einteilen. Klebefallen funktionieren über ein klebriges Sekret, das von Drüsen oder kleinen Tentakeln ausgeschieden wird. Das Insekt wird durch den Duft des Sekrets angelockt und bleibt an den Tentakeln kleben. Je mehr es sich bewegt, desto mehr Klebstoff berührt es, und bleibt immer fester daran kleben. Neben den Klebefallen gibt es Klappfallen, Reusenfallen, Saugfallen und Fallgrubenfallen. Die Verdauung erfolgt über Enzyme, die in den Sekreten enthalten sind.

Langsamer Wuchs

Die Bildung solcher Fallen ist für eine Pflanze sehr aufwendig, da Fangblätter sehr viel schlechter zur Photosynthese geeignet sind als normale Laubblätter. Karnivoren wachsen daher in der Regel recht langsam. Sie sind nur dort konkurrenzfähig, wo andere Pflanzen durch Mangel an Nährstoffen nicht oder kaum wachsen können. Solche nährstoffarmen Standorte sind etwa Moore, tropische Regenwälder, Sand oder Felsen. Außerdem muss eine ausreichende Versorgung mit Licht und Wasser gewährleistet sein, damit die Fangblätter ausreichend Photosynthese zur Ernährung der Pflanze betreiben können. Fleischfressende Pflanzen kommen fast ausnahmslos an vollsonnigen oder zumindest sehr hellen Standorten vor.

Achtung Überfütterung!

Kennt man die Naturstandorte der Pflanzen, erklären sich viele Pflegemaßnahmen von selbst. Die meisten Karnivoren brauchen einen vollsonnigen Standort und relativ hohe Luftfeuchtigkeit. Im Winter müssen die Pflanzen ebenfalls sehr hell stehen, die Temperatur allerdings sollte bei 5–15 °C liegen. Trockene Heizungsluft vertragen die Pflanzen gar nicht und gehen häufig ein.
Eine Möglichkeit Karnivoren zu halten, ist die Bepflanzung eines kleinen Glasgewächshäuschens oder einer Kugelvase. Hier ist die Luftfeuchte höher und die Pflanzen können gut wachsen. Gedüngt werden müssen Karnivoren nicht, sie fangen auch in der Wohnung diverse Insekten. Zudem zersetzt sich die Erde und gibt dadurch Nährstoffe frei. Man kann die kleinen Pflanzen mit Ei-

oder Fleischstücken füttern. Jedoch sollte das nicht zu oft der Fall sein, denn zu viele Nährstoffe schaden den Pflanzen. Fühlen die Pflanzen sich am Fensterbrett wohl, bilden sie im Sommer zahlreiche Blüten aus, und auch die Blattfärbung prägt sich sehr dekorativ aus.

Venusfliegenfalle

Eine der bekanntesten Karnivoren ist die Venusfliegenfalle, botanisch *Dionaea muscipula.* Ihre Blätter sind zu Klappfallen umgewandelt. Hat ein Insekt die Fühlborsten zweimal berührt, gibt es kein Entrinnen mehr. Die Falle klappt im Bruchteil einer Sekunde zu und kann selbst große Insekten gefangen halten. Nach dem Zuklappen prüft die Pflanze, ob das Insekt verdaut werden kann; anschließend zieht sich die Falle noch weiter zusammen. 5–10 Tage dauert die Verdauung der Beute, danach öffnet sich die Falle wieder. Übrig bleiben nur unverdaute Reste wie Chitinpanzer und Beine. Eine Falle kann sich insgesamt nur sieben Mal schließen, danach stirbt das Blatt ab.

Venusfliegenfalle
Dionaea muscipula

Steckbrief

Familie:	Sonnentaugewächse (Droseraceae)
Herkunft:	nur in den Hochmooren von North und South Carolina beheimatet
Wuchs:	krautiger Wuchs, bis zu 30 cm hoch, Blätter, die zu Klappfallen umgewandelt sind
Blütezeit:	von März bis in den Sommer, weiße Blüten auf langen Blütenstielen
Standort:	vollsonnig, humose Erde, hohe Luftfeuchtigkeit
Pflege:	immer feucht halten, staunende Nässe wird teilweise toleriert, nicht düngen
Vermehrung:	durch Aussaat

Pinguicula – das Fettkraut

Die Blätter des Fettkrauts sind glatt, fest und fast sukkulent. Der schimmernden Oberfläche verdankt die Pflanze ihren Namen. Das Fettkraut heißt botanisch *Pinguicula* und gehört zu einer sehr umfangreichen Gattung der Karnivoren. Es gibt Arten, die in Europa heimisch sind, aber ebenso tropische Vertreter. Auch bezüglich des Pflegebedarfs sind die Fettkräuter unterschiedlich, je nach Ursprungsland. Dennoch zählt das Fettkraut zu den beliebtesten Karnivoren, denn es benötigt nicht so viel Licht und Sonne wie die meisten anderen Gattungen. Am Sekret des Fettkrauts bleiben nur sehr kleine Insekten hängen, zum Beispiel Trauermücken oder kleine Stechfliegen. Im Frühjahr bildet das Fettkraut viele dekorative violette Blüten aus.

Fettkraut
Pinguicula

Steckbrief

Familie:	Wasserschlauchgewächse (Lentibulariaceae)
Herkunft:	Europa, Amerika, Afrika
Wuchs:	rosettenförmig, Blüten stehen weit über dem Laub
Blütezeit:	von März bis in den Juli, kleine blaue oder auch weiße Blüten
Standort:	hell, keine direkte Sonne, im Winter eher kühl bei 10 °C
Pflege:	feucht halten, nicht düngen
Vermehrung:	durch Blattstecklinge oder durch Aussaat

Das Fettkraut fängt seine Beute mithilfe eines klebrigen Sekrets.

Vollherbst

Der Garten im Vollherbst

Keine Jahreszeit ist so stimmungsvoll wie der Herbst, wenn das Licht milder ist als im Sommer und die Temperaturen nicht mehr so hoch sind. Es gibt noch viele sonnige Tage, die nach draußen locken. Jetzt ist die Zeit für lange Spaziergänge, für Pflanz- und Pflegearbeiten im Garten und für Erntespaß nach Herzenslust.
Am besten ist es, keine Zeit zu verlieren und die milden Herbsttage noch für die Gartenplanung und die entsprechende Umsetzung zu nutzen. Wer jetzt Stauden und Gehölze pflanzt, kann sich bereits vor dem Winter über einen abwechslungsreicheren Garten freuen. Er tut auch seinen Pflanzen etwas Gutes, denn für viele Sträucher und Bäume ist der Herbst die beste Pflanzzeit. Sie bilden in der noch sommerwarmen Erde schon vor dem Winter neue Wurzeln. So haben sie einen Entwicklungsvorsprung gegenüber den erst im Frühling gepflanzten Gehölzen.

Allgemeine Gartenarbeiten

- Vogelnistkästen aufhängen, alte Nistkästen gegen Ende des Vollherbsts reinigen
- Winterschlafplätze für Nützlinge schaffen, Laubhaufen für Igel und Kröten liegen lassen
- bei anhaltender Trockenheit: immergrüne Gehölze wässern
- Laub abwerfende Gehölze, Rosen, Obst- und Ziergehölze leicht mit Patentkali düngen

Nutzgarten

- späte, frostempfindliche Salate mit Folien oder Vlies schützen
- Hauptpflanzzeit für Obstgehölze beginnt
- Obst rechtzeitig pflücken (auf Pflückreife achten), nur einwandfreies Obst einlagern, Fallobst laufend auflesen
- Flächenkompost auf Beete, die im Frühjahr zuerst bestellt werden

Ziergarten

- Pflanzzeit für Gehölze und Stauden beginnt
- Pflanzzeit für Rosen beginnt (erst um Mitte Vollherbst, d. h. bei Laubverfärbung der Bäume)
- Nicht winterharte, sommerblühende Zwiebelblumen (Dahlien, Gladiolen, Montbretien, Jakobslilien, Freesien) aus dem Boden nehmen und kühl und trocken lagern
- Samenstände von verblühten Stauden, Sommerblumen und Rosen stehen lassen: Winterfutter für Vögel

Was jetzt zu tun ist

Das Querbeet-Kompostbrevier

Eine Kompostmiete darf in keinem Garten fehlen.

Auch beim Kompostieren ist die richtige Mischung entscheidend.

Am Beginn jeglicher Kompostwirtschaft stehen die Abfälle aus Haus, Hof und Garten, die alltäglich anfallen – manchmal mehr, jetzt im Vollherbst etwas weniger. Kompostierung führt diese „Abfallstoffe" wieder zurück in den natürlichen Kreislauf. Abfälle werden zu neuen Rohstoffen, ein klassisches Recyclingverfahren, bei dem noch dazu einige giftige Stoffe um- und abgebaut werden. Zum Beispiel der Wirkstoff Diphenyl, mit dem Orangen- und Zitronenschalen behandelt werden. Beim Verrotten der Schalen wird 80–90 % des Diphenyls abgebaut. Nimmt man den Verdünnungseffekt durch das Verteilen der Schalen im Kompost hinzu, dann kann man unbesorgt die Schalen von Zitrusfrüchten auf den Komposthaufen geben. Nicht ganz so gut sieht es dagegen bei einigen Pilz- und Unkrautbekämpfungsmitteln aus. Gelangen sie über die Wurzelballen von Topfpflanzen, über Gemüse- oder Salatabfälle in den Boden, so wird nur ein Teil der Gifte von den Bodenmikroorganismen abgebaut, ein großer Teil der Stoffe ist jedoch persistent und noch nach langer Zeit im Erdreich zu finden. Der Komposthaufen ist also ein Beitrag zum Umweltschutz, weil durch ihn Abfall verwertet wird, der ansonsten in das System der Müllbeseitigung gelangt und dort die ohnehin schon übervollen Müllberge weiter erhöhen würde.

Wann ist Kompost reif?

Einen zweiten wichtigen Aspekt der Kompostwirtschaft stellen die biologischen Vorgänge dar, die es in so einem Haufen anzuregen und zu steuern gilt. Sauerstoff, Wärme, die richtige Feuchtigkeit, eine gute Durchmischung der Materialien – das sind nur einige Punkte, die zur erfolgreichen Kompostierung gehören.
Eine Frage, die in diesem Zusammenhang immer wieder auftaucht, ist auch, in welchem Reifestadium Kompost verwendet wird. Soll man ihn einigermaßen frisch ausbringen oder noch einige Monate reifen lassen. Missverständnisse tauchen deshalb öfter auf, weil der Erwerbsgärtner seinen Kompost recht lange pflegt, und zwar bis zu drei Jahre. Für Topfpflanzensubstrate braucht man in der Tat Komposterde mit mehrjähriger Lagerung.
Im Garten ist dies weder nötig noch sinnvoll. Ein gut durchmischter Kompost kann innerhalb von zwei Monaten so weit verrottet sein, dass das Material zum Mulchen geeignet ist. Länger als sechs Monate braucht kein Kompost zu liegen, da man mit älterem Material nur etwas für die Bodenstruktur, nicht aber wie beabsichtigt für das Bodenleben tut.

Zusatzmittel

Neben der Frage der Kompostbereitung und Kompostpflege schiebt sich ein Thema immer mehr in den Vordergrund: Die Veredlung des Komposts mit Zusatzmitteln, mit Zuschlägen. Angefangen bei Kalk, Stickstoff über Basaltmehl, spezielle Tonmehle bis hin zu Knochenmehl, Holzesche, Misch- und Pflanzenpräparaten reicht die Palette der Zusätze. Bevor ich näher auf einige Zusätze eingehe, soll ein kurzer Blick in die komplexe Ökolebensgemeinschaft Kompost deutlich machen, warum diese oder jene zusätzlichen Hilfen die biologischen Abläufe unterstützen und aus einem mehr oder weniger gut verrotteten Abfall vollwertiges Humusmaterial machen.
Einen Komposthaufen kann man in drei Zonen unterteilen. Die Oberfläche der Abfallmiete wird durch die Abdeckung geschützt, ist jedoch relativ locker in der Struktur. Darunter liegt die Zwischenzone, die eigene Wärme erzeugt, die von dort aus den ganzen Haufen durchzieht. Der Kern bleibt oft fest und verrottet nur langsam, da die Umsetzungsvorgänge außen beginnen und sich mehr oder weniger schnell nach innen fortsetzen. Die Zonen selbst sind nicht exakt voneinander zu trennen und die Übergänge fließend, je nach Material und Schichtung.

Komplexe Vorgänge

Die Kompostierung läuft in vier Phasen ab. Am Anfang sind es die Bakterien, die durch starke Stoffwechseltätigkeit hohe Temperaturen erzeugen. Dadurch werden die Lebenskeime, insbesondere der höheren Organismen, aufgelöst, die Biomasse wird gewissermaßen sterilisiert, krankmachende Keime größtenteils abgetötet. In der zweiten Phase dominieren die Hutpilze. Mit ihren Pilzfäden breiten sie sich auf der ganzen Oberfläche aus und

Unentbehrliche Helfer: Im Darm der Kompostwürmer wird eine Grundlage für Humus bereitet.

sind überall an ihren Sporen tragenden Hüten zu erkennen. Sie sind es auch, die verhindern, dass der Komposthaufen unangenehm riecht.
Sie sind nämlich in der Lage, den Ammoniak, der durch die erhöhten Temperaturen in der ersten Phase entweicht, aufzunehmen und in den Rotteprozess zurückzuführen.
In der nächsten Phase treten Tiere auf, die das vorbereitete Substrat im wahrsten Sinne des Wortes knacken und fressen. Und zwar sind dies Insekten wie Springschwänze, Asseln und andere Bodentiere, die mit ihren Beißwerkzeugen das Material zerkleinern. Das wuchernde mikrobielle und pilzliche Wachstum wird dadurch deutlich eingedämmt.
Erst die letzte Phase ist durch das Auftreten der Regenwürmer gekennzeichnet. Sie stellen eine innige Verbindung zwischen den Bodenkrümeln und den organischen Stoffen im Kompost her. Wenn sich der Kompost langsam schwarz färbt, dann wird das Werk der Würmer erkennbar, die Anfänge einer stabilen Humusbildung werden deutlich.

Wasser- und Sauerstoffversorgung der Kompostmiete

Für das Durchlüften und das Eindringen von Regenwasser hat sich für eine Kompostmiete die Basisbreite von 1,50 m und die Höhe von 80 cm am besten bewährt. Das Material soll jedoch nicht zu nass, aber auch nicht zu trocken sein. Der richtige Wassergehalt liegt zwischen 50 und 60 %. Das Material fühlt sich dabei feucht an, beim Ausdrücken mit der Hand tropft jedoch kein Wasser mehr heraus. Ist der Kompost zu nass oder zu trocken, dann bringt es wenig, ihn mit dem Schlauch zu wässern oder ihn auszutrocknen, indem man ihn oben abdeckt. Übernasser oder zu trockener Kompost lässt sich nur entwässern oder anfeuchten, wenn man beim Umsetzen trockenes Material oder aber Wasser hinzugibt. Eine Arbeit, die übrigens nur bei warmem Wetter erledigt werden sollte.

Kompost umsetzen

Eine alte Gärtnerregel besagt, dass ein Kompost einmal im Jahr umgesetzt werden sollte, und dass er nach 12 Monaten reif ist. Der Prozess lässt sich wesentlich abkürzen, wenn man den Kompost nach der dritten Phase, nachdem also Bakterien, Pilze und Erdinsekten ihr Werk weitgehend vollbracht haben, umsetzt und dann gut abdeckt. Dies dürfte etwa drei Monate nach dem Aufschichten des Haufens der Fall sein. Bakterien, Pilze und Insekten werden dann noch einmal so richtig aktiv, Mistwürmer werden beim Umsetzen gut verteilt, schlecht verrottete Bereiche können nun ebenfalls verrotten, die Temperatur im Haufen wird nochmals hochgetrieben und Samen von einigen lästigen Unkräutern sowie schädliche Keime größtenteils abgetötet. All diese Informationen sind nur Anhaltspunkte und Hinweise zum besseren Verständnis des Ökosystems Kompost. Normalerweise entsteht eine Kompostmiete Stück für Stück. Das heißt, die eben geschilderten Abläufe und Phasen setzen im Grunde genommen bereits ein, wenn der Abfall einen halben Meter hoch aufgeschichtet ist. Je höher man den Haufen aufschüttet, desto stärker finden die Rotteprozesse statt, wobei sich die eingangs geschilderte Dreierschichtung, äußere, innere Schicht und Kompostkern, laufend überschneiden. Das heißt, beim organisch wachsenden Kompost erlebt jede Schicht einmal die Phase des äußeren, sauerstoffreichen Verrottungsprozesses. Das ist der Punkt, an dem die entscheidende Kompostveredelung ansetzt.
Beim langsamen Wachsen der Kompostmiete kann man auf die einzelnen Abfallsorten eingehen, man kann durch Zugabe von Ausgleichsstoffen den Prozess beschleunigen und dem Entstehen einseitiger Nährstoffverhältnisse entgegensteuern sowie die Feuchtigkeit außen und innen beeinflussen.

Laubkompost

Das wichtigste Kompostmaterial ist in den meisten Gärten der Rasenschnitt und das Laub von Bäumen und Sträuchern. Frischer Rasenschnitt eignet sich aber nur schlecht zur Kompostierung. Er fällt rasch zusammen, fault in der nassen Jahreszeit und schimmelt bei Trockenheit. Wer es sich leisten kann, dem sei empfohlen, im Herbst einige Säcke

Falllaub ist zu schade, um es einfach wegzuwerfen.

Laub beiseite zu stellen und bis zum ersten Rasenschnitt im April und Mai aufzubewahren. Das Laub mischt man dann unter den ersten großen Grünabfall. Dies gleicht die extremen Strukturen der beiden Materialien aus. Laub und Rasen ergänzen sich aber auch im Nährstoff-verhältnis. Beim Laub selbst hat sich die Buche als der beste Strukturverbesserer und Nährstoffspender für den Kompost herausgestellt.
Für die Rotte ist ein Gemisch von vielerlei Blättern am günstigsten. Kastanien-, Platanen- und Pappelbäume liefern für die Lauberdeherstellung ein minderwertiges Ausgangsmaterial. Die Blattmassen lagern zu dicht und der Gerbsäuregehalt ist so hoch, dass die Rotte 7–8 Wochen in Anspruch nimmt, setzt man das Laub isoliert auf.

Die Rotte beschleunigen

Die Geschwindigkeit des biologischen Abbaus durch Bakterien und Pilze richtet sich nach dem Verhältnis von Kohlenstoff zu Stickstoff. Wenn ein Gemisch aus Blättern, Holz, Samen, Früchten und Stängelabfällen von den herbstlichen Gemüsebeeten 50-mal so viel Kohlenstoff wie Stickstoff enthält, findet eine langsame Rotte statt. Das günstigste Kohlenstoff-Stickstoff-Verhältnis liegt bei 30 Teilen Kohlenstoff und einem Teil Stickstoff. Deshalb verteilt man zur Beschleunigung des biologischen Abbaus ein Stickstoffdüngemittel gleichmäßig zwischen dem feuchten Herbstlaub. Dabei rechnet man auf einen Kubikmeter rohfasrigen Herbstabfalls ein Kilogramm schwefelsaures Ammoniak oder ein halbes Kilogramm Harnstoff.
Noch ein anderer Tipp für Laubkompost: Auch wenn er schon reif zu sein scheint, so fehlen noch eine ganze Reihe von Mikronährstoffen. So sinken unter der Einwirkung von Lauberde in den Tonböden die Säurewerte schnell auf pH-Werte von 4–5 ab. In neueren Untersuchungen stellte sich heraus, dass dabei Aluminium-Ionen freigesetzt werden. Die löslichen Aluminium-Salze beginnen mit ihrer aggressiven Wirkung nützliche Bodenbakterien abzutöten, hilfreiche Regenwürmer zu vertreiben und in den Pflanzen als tödliches Zellgift zu wirken. Diese Freisetzung der Aluminium-Ionen ist übrigens eine Erscheinung, die man auch überall dort beobachtet, wo beim Waldsterben eine negative Veränderung der Bodenverhältnisse eine Rolle spielt.
Lauberde weist insgesamt so wenig Haupt- und Mikronährstoffe auf, dass nachgedüngt werden muss. Den Ausgleich an Mikronährstoffen bringt eine Gabe von 100 g Fetrilon auf einen Kubikmeter Laubkompost. Den Magnesiummangel kann man mit Bittersalz decken, 2 kg auf einen Kubikmeter, und den pH-Wert erhöht man mit kohlen-saurem Kalk. Nicht zu vergessen die eingangs erwähnte Stickstoffzufuhr. Wer viel mit Laubkompost arbeitet und feststellt, dass die Pflanzen im Garten oder in den Beeten kümmern oder gelbe Blätter aufweisen, der hat sich diese Probleme vermutlich mit unausgeglichener Lauberde selbst eingehandelt.

Flächenkompost

Mit der Ernte von grünen Salaten und der ersten Gemüsesorten ergeben sich die ersten offenen Stellen in den Beeten. Abgeräumte oder noch nicht bestellte Beete im Garten sollte man aber auf keinen Fall offen liegen lassen. Es schadet der obersten Bodenkrume, wenn sie den Unbilden der Witterung ungeschützt ausgesetzt ist. Außerdem kann man auf solchen Beeten etwas erzeugen, wofür man sonst Geld ausgeben muss, nämlich Nährstoffe und Humus. Eine einfache Methode, die Erde mit organischer Masse abzudecken, ist die Flächenkompostierung.
Aller Abfall aus dem Nutzgarten, vom Rasen oder der Wiese und auch aus der Küche wird gleichmäßig auf das Beet gestreut. Dazwischen wird hin und wieder eine Schaufel vom halbverrotteten Komposthaufen ausgebracht. Damit impft man den Flächenkompost mit den verrottungsaktiven Bakterien.

Flächenkompost kann bis zu einer Höhe von 30 cm aufgeschichtet werden. Es ist erstaunlich, wie schnell Abfälle auf diese Weise abgebaut werden und die Kompostschicht in sich zusammensackt. Wenn man das Beet zwischenzeitlich doch wieder nutzen will, sei es, dass man es sich anders überlegt, oder dass man irgendwo im Anzuchtbeet übrige Gemüse- oder Salatpflanzen hat, kann man das Kompostbeet schnell wieder abräumen. Am besten geht dies mit einem drei- oder vierzinkigen Kultivator. Dabei beseitigt man nur die groben Teile. Die feinen ganz oder halb verrotteten Abfälle können ruhig im Beet bleiben und werden bei der Pflanzbettvorbereitung oberflächlich eingearbeitet. Eine kleine Einschränkung sollte man beachten: Für sehr empfindliche Blumen und Nutzpflanzen ist ein grob vorbereitetes Flächenkompostbeet nicht so ideal, da doch eine Fülle von noch sehr aktiven Kleinlebewesen den neu in den Boden gebrachten Pflänzchen schaden könnten.

Mit Thermokompostern kann man auf kleinem Raum wertvollen Kompost erzeugen.

Kompostmieten, Haufen oder Thermokomposter

Es gibt viele verschiedene Kompostbehälter im Handel, einfache, nur aus imprägnierten, zusammengesteckten Brettern gefertigte, bis hin zu hochwertigen und teuren Thermokompostern. Grundsätzlich funktionieren alle Komposter, einige Punkte sollten jedoch beachtet werden. Bei einfachen Bretterkompostern und Kompostmieten sollte man zwei, besser noch drei, Einheiten unterhalten. Eine mit frischem Material, eine mit halbfertigem Kompost und eine mit fertigem Kompost, der ausgebracht werden kann. So ist die Verteilung und Ausbringung einfacher zu bewerkstelligen

Wohlfühlklima für Regenwürmer und Co!

Ausreichend Luft, Feuchtigkeit und ein gutes C : N-Verhältnis sind die besten Voraussetzungen für eine gute Umsetzung des Kompostes. Mikroorganismen und Regenwürmer fühlen sich bei möglichst gleichbleibenden Temperaturen am wohlsten. Deshalb den Komposthaufen im Schatten anlegen und vor zu viel Regen schützen. Als Starthilfe kann man etwas alten, gut verrotteten Kompost vom Vorjahr mit hinzumischen. Hier sind alle Mikroorganismen und Kleinstlebewesen enthalten und diese stürzen sich hungrig auf die nächste Mahlzeit. Es gibt diverse Kompostbeschleuniger, die man zumischen kann, ein paar Schaufeln alter Kompost haben jedoch die gleiche Wirkung. Kompostwürmer sind ebenfalls käuflich zu erwerben, sie fördern die Rotte und können immer wieder eingesetzt werden.

Nicht alles darf auf den Kompost, kranke Pflanzenteile sind ein absolutes Tabu.

als bei nur einer Miete. Wenn der Garten zu klein für einen Komposthaufen ist, ist ein Kompostbehälter eine gute Lösung. Es gibt verschiedene Gartenkomposter auf dem Markt – in unterschiedlichen Größen, mit unterschiedlichem Fassungsvermögen und unterschiedlich guter Handhabung. Wichtige Qualitätskriterien sind die Erwärmung und Belüftung der Behälter und natürlich der entstehende Kompost. Bei Thermokompostern sollte man auf eine ausreichend große Entnahmestelle und gute Handlichkeit Wert legen. Im Thermokomposter geht die Rotte etwas schneller voran, das fertige Material rutscht nach unten und kann entnommen werden, oben wird frisches Material nachgeschichtet.

Verwendung des wertvollen Stoffes

Kompost kann für fast alles verwendet werden, wichtig ist nur die richtige Menge. In vielen Bereichen reicht es, den Kompost nur in einer ganz dünnen Schicht auszubringen, um genügend Nährstoffe für die Pflanzen nachzuliefern. Bei Beerensträuchern und Obstbäumen kann die Baumscheibe mit Kompost gemulcht werden. 5–10 l pro Baum und Strauch sind ausreichend, da sonst zu viele Nährstoffe abgegeben werden. Bei Gemüsebeeten reicht es im Frühjahr, etwas Kompost auszubringen und leicht einzurechen. Hier sollten auf den Quadratmeter etwa 3 l Kompost ausgebracht werden. Gibt man dann noch etwas Hornmehl dazu, wird weiterer Dünger überflüssig. Auch auf den Rasen kann eine dünne Schicht Kompost ausgebracht werden, 2–3 l auf den Quadratmeter fördern die Humusbildung und das Wachstum. Bei Stauden und Ziergehölzen kann ebenfalls mit Kompost gedüngt werden. 5 l auf den Quadratmeter versorgen die Stauden den ganzen Sommer über mit den nötigen Nährstoffen.

Was gehört alles auf den Kompost?

Alles, was im Garten an Grünmaterial und Schnittgut anfällt, kann auch kompostiert werden; grobe Äste und Zweige sollten vorher jedoch zerkleinert werden. Andere organische Abfälle wie Kaffeesatz, Obstschalen, Gemüsereste und Eierschalen können in geringem Umfang kompostiert werden, allerdings nicht in zu großen Mengen. Die Schalen von Südfrüchten sollten in die Biotonne oder den Hausmüll, da sie Inhaltsstoffe enthalten können, die schädlich für die Mikroorganismen sind. Asche sollte nicht auf den Kompost, da sich bei der Verbrennung Schwermetalle anreichern, die nicht in den Garten eingebracht werden sollten. Kleintiermist, Zeitungspapier und Kartons können ebenfalls in kleinen Mengen auf den Kompost, größere Mengen gehören in den Bio- oder Hausmüll. Gekochte Speisereste sollten nicht auf den Kompost, sie enthalten zu viel Salz und können Ratten anlocken.

Burkhard Mücke

Pflanzen für den Wintergarten

Wintergärten ermöglichen die Kultur zahlreicher empfindlicher Pflanzen.

Wintergärten sind nicht nur in der kalten Jahreszeit ein Ausgleich, sie sind eine gärtnerische und botanische Attraktion. Vor allem sind es die Düfte, die Tag und Nacht den Blüten entströmen, die einen Wintergarten so begehrenswert machen. Die betörenden Düfte stammen von den Zitronen, von Rosen, Jasmin, von Sternjasmin und von Pittosporum, von Pflanzen, die ich keinesfalls in meinem Wintergarten vermissen möchte. Sie bringen jene lieblich-süße Stimmung, wie sie charakteristisch ist für die Gärten in San Francisco. Es ist sicher nicht übertrieben zu sagen, dass es gerade diese typisch kalifornischen Duftpflanzen sind, für die ich meinen Wintergarten, mein Gewächshaus zwischen zwei Wohngebäuden gebaut habe.

Obwohl die einheimische kalifornische Flora eine Fülle von schönen Pflanzen beheimatet, sind es vor allem die exotischen Arten, die vielfach das Erscheinungsbild der Gärten in San Francisco bestimmen. Diese exotischen und duftenden Schönheiten, die vorwiegend aus den Ländern des großen pazifischen Beckens stammen, stehen oft im Mittelpunkt der Gärten in Nordkalifornien. Neuseeländische und australische Gehölze wie *Acacia, Pittosporum* oder *Eucalyptus* sind nicht mehr wegzudenken aus der kalifornischen Gartenlandschaft, sie wachsen hier überall als Hecken und Straßenbäume. Einige von diesen dekorativen und herrlich duftenden Sträuchern habe ich deshalb als Leitpflanzen für meinen Wintergarten ausgewählt. In der heißen Sonne, wie wir sie 2009 im Juli erlebt haben, sind diese Gehölze in ihren Kübeln kräftig und freudig gewachsen. Das üppige Durcheinander der Blattformen, die Vielfalt der Blüten und ihrer Düfte vermitteln mit dem Spiel des Sonnenlichts die Stimmung eines goldenen Nachmittags in San Francisco – und darüber freue ich mich jeden Tag aufs Neue.

Was ist das für ein Wintergarten, von dem ich so begeistert bin, wie sieht er aus? Er verbindet zwei alte, denkmalgeschützte Gebäude, die in einem rechten Winkel zueinander stehen. Das Gewächshaus besteht aus einer massiven Holzkonstruktion, hat freie Glasflächen nur nach oben und zum Westen hin. Das heißt, dass die Pflanzen etwa bis Mittag nur Himmelslicht bekommen, erst am Nachmittag die volle Sonne. Auch wenn diese Verhältnisse nicht gerade optimal sind, so bekommen sie den typischen San-Francisco-Pflanzen doch recht gut: Denn an einem normalen Sommertag in San Francisco bleibt der dichte Nebel oft bis Mittag über der Stadt liegen und die Sonne scheint erst am Nachmittag voll.

Meine Kübelpflanzen gedeihen unter diesen Bedingungen recht gut. Das bedeutet, dass man praktisch für jedes Gewächshaus und für jeden Wintergarten durchaus eine geeignete Bepflanzung finden kann, ganz gleich in welcher Lage und welche Lichtverhältnisse vorhanden sind.

Typisch für Akazien sind die gefiederten Blätter.

Chinesischer Klebsame, eine empfehlenswerte Pflanze für den Wintergarten.

Akazien

Die Hälfte der insgesamt 700–800 Akazienarten stammt aus Australien. Fast alle Arten, die sich für den Wintergarten eignen, sind immergrün. Am bekanntesten dürften die herrlich duftenden sogenannten Mimosen sein, meist handelt es sich um *Acacia-dealbata*-Hybriden. An der Riviera in Frankreich und Italien werden sie als Schnittblumen angebaut. In Europa kennt man die *Acacia farnesiana* am längsten. Man nennt sie auch Süße Akazie oder Opopanax. In Frankreich, wohin diese Akazie im Jahre 1656 aus Amerika gelangte, werden die Blüten der *Acacia farnesiana* als Rohstoff für die Parfümindustrie geschätzt. Die beste Akazien-Art für den Kübel ist jedoch *Acacia retinodes.* Beliebt ist sie vor allem wegen ihrer sehr langen Blütezeit, die sich in Schüben über das ganze Jahr hinzieht.

Insgesamt sind es sieben verschiedene Arten von Akazien, die ich in meinem Wintergarten stehen habe. Alle habe ich aus Samen gezogen. Dies gelingt erfreulicherweise sehr leicht. Nach dem Überbrühen mit heißem Wasser werden die Samen zwei Tage lang in Wasser vorgequollen und anschließend sofort ausgesät. Innerhalb von zwei Wochen gehen die meisten Samen auf, wenn sie bei Zimmertemperatur stehen. Mit wenigen Ausnahmen sind die Akazienarten kalkempfindlich, was beim Saat- und Pflanzsubstrat beachtet werden muss. Ich verwende ein Gemisch aus zwei Teilen Gartenerde, die bei mir ein etwas saurer, schwach lehmiger Sand ist, einem Teil Rhododendronpflanzerde, einem Teil Torfkultursubstrat-2 und einem Teil kalkfreiem, grobem Sand. Sicher ist dies nicht die einzige passende Mischung, meinen Akazien scheint sie jedoch gut zu bekommen.

Klebsamen

Nun zu einer anderen Pflanze. An der nordkalifornischen Küste in der Gegend um San Francisco ist das Klima ähnlich wie am Mittelmeer. Dort gedeihen viele Pflanzen aus Neuseeland und Australien. Und zwar in einem Ausmaß und einer Verbreitung, dass sie in den letzten Hundert Jahren ganze Landschaften in ihrem Charakter total verändert haben. Kalifornien ohne Eukalyptus-Haine – das ist nicht mehr vorstellbar. Auch kann man sich kalifornische Gärten nicht mehr ohne die *Pittosporum*-Sträucher vorstellen. Beide – Eukalyptus und *Pittosporum* – werden erst seit einem Jahrhundert in Kalifornien gepflanzt, und doch zählen sie zu den wichtigsten gestalterischen Elementen in dieser Landschaft. Mit ein oder zwei Ausnahmen sind Eukalyptusbäume zu mächtig für das Gewächshaus. Dagegen sind einige *Pittosporum* – oder Klebsamen, wie sie auf Deutsch heißen – geradezu ideal als Kübelpflanzen für den Wintergarten oder das Gewächshaus geeignet. Es sind immergrüne Bäume und Sträucher, meist mit schönem Laub und herrlich duftenden Blüten. Einige der circa 200 *Pittosporum*-Arten eignen sich vorzüglich für das Kalthaus. Auch einige dieser Sträucher habe ich aus Samen gezogen: Arten, die ich gerne weiterempfehlen möchte

wie *Pittosporum tobira, Pittosporum undulatum, Pittosporum tenuifolium* und *Pittosporum phillyraeoides.* *Pittosporum tenuifolium* stammt aus Neuseeland, ist sehr dicht mit hellgrünen Blättern belaubt, die etwa 5 cm lang sind. Der Baum hat dunkelrote, manchmal auch schokoladebraune Blüten, die ganz intensiv nach Honig duften. Sie ist eine der schönsten und dekorativsten Eukalyptus-Arten.
Aus Australien stammt *Pittosporum undulatum* mit ihren langen lederartigen Blättern und den süß duftenden, weißen Blüten. Wie eine kleine Trauerweide sieht *Pittosporum phillyraeoides* aus, der Weideblättrige Klebsamen. Die Blüten sind hellgelb bis weiß. Am besten bekannt ist in Europa die aus China stammende *Pittosporum tobira.* In Südfrankreich sieht man sie des Öfteren als Hecke. Sie ist aber auch eine sehr schöne, robuste Kübelpflanze. Das glänzende grüne Laub steht quirlförmig um den Zweig. Die cremefarbenen, stark nach Orangenblüten duftenden Blüten erscheinen im Frühling und Sommer am Ende des Neutriebes.

Vermehrung

Alle Arten von Klebsamen können durch Aussaat vermehrt werden. Als Erde verwendet man Torfkultursubstrat 1, vermischt mit Sand. Dann gehen die Samen bei Temperaturen um 20 °C meist nach 1–2 Monaten auf. Als Pflanzenerde im Kübel hat sich eine kräftige, aber gut durchlässige Mischung aus Gartenerde, Torfkultursubstrat 2 und Sand gut bewährt. Im Sommer können *Pittosporum* auch im Freien stehen, und zwar sonnig bis leicht schattig. Zum Überwintern brauchen sie einen luftigen, hellen und frostfreien Raum bei Nachttemperaturen zwischen 4 und 10 °C.

Wollmispel

Eine andere Pflanze, die ich keinesfalls in meinem Wintergarten missen möchte, ist die Wollmispel, *Eriobotrya japonica.* Dieser Kleinbaum oder Großstrauch aus Japan ist häufig in den kalifornischen Gärten zu finden. Für die Kinder aus der Nachbarschaft lieferte der Wollmispel-Baum bei mir zu Hause allerlei Nützliches. Man kann die Bäume leicht erklettern und sich im dichten Laub gut verstecken. Außerdem schmecken die aprikosenähnlichen Früchte recht angenehm. An warmen Nachmittagen versteckten sich in den Wollmispel-Bäumen in unserer Straße in San Francisco immer ein oder zwei Buben. Dies gehört für mich so sehr zum Erscheinungsbild dieser Pflanze, dass ich immer ein leises Getuschel und Geflüster höre, wenn mir diese wunderbare Pflanze begegnet. Auch bei mir im Wintergarten, weit entfernt vom sonnigen Kalifornien. Ich bin froh, dass *Eriobotrya* so gut für den Kübel geeignet ist. Zwar werden die Pflanzen im Wintergarten nicht so groß, dass sich Kinder darin verstecken können. Und doch ist die Wollmispel oder Woll-Traube, wie der botanische Name genau übersetzt heißt, ein architektonisch aufregender Strauch.

Die Früchte der Japanischen Wollmispel heißen Loquat. Sie werden nur frisch gepflückt verzehrt.

Mahonie

Ein durchaus auch in Bayern bekannter Strauch, der mir in Kalifornien tagtäglich begegnete, ist die Mahonie, und zwar die Sorten von *Mahonia aquifolium,* die Art mit der wohl besten Winterhärte. In unseren Breitengraden werden die Mahonien im Winter recht arg strapaziert. Man sieht es an den halb erfrorenen, bronzefarbenen Blättern gegen Ende des Winters. An der Westküste Nordamerikas werden die dort einheimische *Mahonia aquifolium* und ihre Sorten in vielen Gärten gepflanzt. Diese Art ist allerdings nicht diejenige von den über Hundert Arten, denen ich in meinem Wintergarten einen Ehrenplatz einräumen würde. Bei mir steht vielmehr die Hybride *Mahonia media* 'Charity', eine herrliche Kreuzung aus der japanischen und der chinesischen Mahonie. In

Mahonie, hier *Mahonia media* 'Charity'.

Sternjasmin betört mit romantischem Duft.

meinem Wintergarten wächst sie in einem großen durchgehenden Erdbecken. In Kalifornien und in England habe ich sie oftmals bewundert, muss aber zugeben, bei genügend Platz im Wintergarten hätte ich auch die beiden Eltern von 'Charity' sowie *Mahonia bealei* gepflanzt. Zu ihrer winterlichen Blütezeit sind sie alle in Blütenfarbe, Form und Duft unübertroffen. Von Januar bis März verströmen sie maiglöckchenähnlichen Duft. Mein Exemplar, die *Mahonia media* 'Charity', wird etwa 2 m hoch. Der Strauch wächst stolz und aufrecht. Die glänzend grünen, gefiederten Blätter werden bis zu 60 cm lang und breiten sich schirmartig aus. Darüber erscheinen dann endständig die duftenden tiefgelben Blütentrauben. Die genannten vier immergrünen, nicht winterharten *Mahonia*-Arten sind bei uns nur für kühle Gewächshäuser geeignet. Im Winter dürfen sie keinen Forst abbekommen. Am besten überstehen sie die sonnenarme Zeit bei Temperaturen bis 10 °C.

Sternjasmin

Direkt unter die Mahonie 'Charity' habe ich als Bodendecker in das Erdbecken meine zweite Lieblingspflanze gesetzt. Eine Pflanze, die die kühlen Sommernächte in den Gärten um San Francisco so romantisch mit Wohlgerüchen parfümiert, nämlich den Sternjasmin mit seinem höchst unromantischen Namen *Trachelospermum jasminoides.* Von Kalifornien bis Texas und in allen Südstaaten der USA findet man den Sternjasmin als Bodendecker, obwohl die Pflanze in China beheimatet ist. Sternjasmin ähnelt in Duft und Aussehen stark dem echten Jasmin. Beide gehören jedoch botanisch zu zwei verschiedenen Familien. Der echte Jasmin ist wie der Flieder ein Ölbaumgewächs. Sternjasmin gehört jedoch zur Hundsgift-Familie, wie auch der Oleander und unsere *Vinca*-Arten.
Eigentlich ist Sternjasmin selbstklimmend und wächst bis zu 7 m hoch. Ich kenne die Pflanze allerdings nur als immergrünen Bodendecker. Die süß duftenden Blüten sind anfangs weiß, wie kleine Sterne und werden dann später sahnefarben. In etwas saurer Erde wächst der Sternjasmin optimal. Gut tut ihm auch der Halbschatten im Wintergarten. Im Topf oder Kübel kann er im Sommer ruhig im Garten an einem leicht schattigen Platz stehen. Ich sitze nun hier am Tisch im Wintergarten. Nach den heißen Tagen ist das kühle Regenwetter eine Erlösung. Die Lüftungsfenster sind alle zu. Die Sternjasminblüten verströmen ihren schweren Duft, der mir wie eine Mischung aus echtem Jasmin und Muskatnuss vorkommt. Der ganze Raum ist erfüllt von Düften, die alte Erinnerungen wachrufen. Es ist die Stimmung eines kühlen, heiteren Sommermorgens in San Francisco, eine Stimmung, die lebt von den Blüten, der üppigen, überquellenden Vegetation – und vor allem von den Düften.

John Ferguson

Afrika – Heimat der Kalebassen

Kalebassen können auch in unseren Breiten gedeihen.

Kalebassen sind in Afrika beheimatet und waren in Europa schon lange vor den amerikanischen Kürbissen bekannt. Im Garten brauchen sie viel Platz. Die einjährigen Pflanzen bilden nämlich bis zu 10 m lange Ranken.

Anzucht der Kalebassen

Mitte bis Ende April kann man die Pflanzen im Gewächshaus oder auf der Fensterbank vorziehen. Die Samen keimen schneller, wenn sie über Nacht in warmem Wasser eingeweicht werden. Kleine Töpfe mit Erde füllen und dann die Samen 2–3 cm tief in den Boden stecken. Bei gleichmäßiger Feuchte, Zimmertemperatur und einem hellen Standort können die Pflänzchen nach den Eisheiligen ausgepflanzt werden. Besonders in der ersten Zeit sind sie für einen Windschutz (Hauben) dankbar. Nacktschnecken lieben die jungen Pflanzen der Kalebassen und sollten unbedingt abgesammelt werden.

Pflege der Pflanzen

Wie alle Kürbisse bevorzugen auch die Kalebassen einen humus- und nährstoffreichen Boden. Sie benötigen eine vollsonnige Lage und beanspruchen eine große Fläche. Besonders günstig ist es, sie an einem Spalier an einer Südwand ranken zu lassen. Rankende Pflanzen haben den Vorteil, dass die heranreifenden Früchte einen geraden Hals ausbilden. Den Boden sollte man mit Mulch bedeckt halten und ihn nicht austrocknen lassen. Möglich ist auch eine Kultur an Rankgestellen aller Art, an Pergolen, Torbögen, Zäunen, aber auch an waagerechten Gestellen. Selbst Hecken und Bäume sind geeignet, wenn die wachsenden Pflanzen voll besonnt werden und das Wachstum ihrer Früchte nicht behindert wird.

Nicht alle sind genießbar

Von den bitterstofffreien Sorten der Kalebassen können junge Früchte laufend geerntet und gekocht werden. Sie schmecken vorzüglich als Gemüse. Normale Sorten mit Bitterstoffen sind dagegen ungenießbar.

Steckbrief

Kalebasse, Flaschenkürbis

Lagenaria siceraria

Familie:	Kürbisgewächse (Cucurbitaceae)
Herkunft:	ursprünglich aus Afrika, heute fast überall verbreitet
Wuchs:	kletternd und schlingend, bis zu 15 m lange Ranken
Blütezeit:	von Juni bis in den Oktober, kleine weiße eher unscheinbare Blüten
Standort:	sonnig und warm, der Boden sollte humos und nährstoffreich sein
Pflege:	regelmäßig düngen und wässern, Schnecken bekämpfen, evtl. an einem Gerüst aufleiten
Vermehrung:	durch Aussaat im April, Saatgut kann selbst gesammelt werden

Bei den Früchten, die ausreifen sollen und aus denen man Gefäße herstellen möchte, ist es wichtig, sie nicht zu früh abzunehmen. Sobald sich der Fruchtstiel gelb verfärbt und etwas glasig wird, kann man ihn dicht am Spross abschneiden. Spätestens nach den ersten leichten Frösten sind die restlichen Früchte zu bergen und wärmer zu lagern. Dazu wird jede Frucht einzeln und luftig am verbliebenen Fruchtstiel aufgehängt, z. B. auf Dachböden, in Gewächshäusern, Scheunen oder Schuppen. Verfärbt sich die Frucht ockerfarben und rasseln die Samen im Inneren der Kalebasse, kann mit den Bastelarbeiten begonnen werden.

Basteln mit Kalebassen

Zuerst wird der Boden mithilfe einer Stichsäge aufgeschnitten. Das eingetrocknete Fruchtfleisch kann leicht herausgelöst werden. Anschließend werden die Reste mit einem Löffel vorsichtig ausgekratzt. Die getrockneten Früchte kann man bemalen, ausschneiden oder als kleine Gefäße verzieren. Das Material lässt sich eigentlich leicht bearbeiten, allerdings ist es sehr brüchig. Verwendet man die Kalebasse als Lampenschirm, sollte man darauf achten, keine zu starken Glühbirnen zu verwenden (maximal 25 Watt), da sonst Brandgefahr besteht.

Querbeet-Ökotipp

Bodenpflege im Herbst

Bodenbearbeitung bedeutet weit mehr als Beete zu säubern, Ordnung zu schaffen und den Boden zu lockern. In der Landwirtschaft, vor allem im Hackfruchtbau hat sich ein ganzes Lehrsystem zur Bodenbearbeitung entwickelt, wovon der Gärtner durchaus profitieren kann. Bodenbearbeitung, ob mit dem Pflug, mit dem Hackgerät, mit dem Spaten, der Fräse oder der Grabgabel, erledigt in einem Arbeitsgang immer mehrere Aufgaben. Das Werkzeug reißt zunächst die mehr oder weniger geschlossene Oberfläche auf, dadurch kann Luft, Wasser, aber auch organisches Pflanzenmaterial von der Oberfläche und der Samen von ein- oder mehrjährigen Pflanzen in das geöffnete Erdreich eindringen. In der Landwirtschaft, im Gartenbau und auch auf dem kleinen Beet des Gartenliebhabers verringert oder beseitigt das Lockern, Umgraben oder Harken Unkrautwuchs, der Boden wird offen und locker für das Pflanzen oder Säen von Blumen, Salat, Gemüse oder anderen Kulturpflanzen. Das Lockern des Bodens verschiebt und schließt die Kapillarröhren, die sich im Laufe der Zeit im Erdreich bilden und das Wasser schneller verdunsten lassen. Hacken oder Harken im Sommer, aber auch im Herbst, verringert auf diese Weise die Wasserverdunstung. Die Bodenbearbeitung im Herbst bewirkt aber auch noch etwas anderes: An die Wurzeln, die sich im Laufe der Vegetationsperiode gebildet haben und die nach dem Abräumen der Beete zurückbleiben, gelangt beim Lockern des Bodens Sauerstoff und Feuchtigkeit. Die restliche Biomasse im Erdreich verrottet schneller, Tonhumuskomplexe können leichter entstehen, Nährstoffe werden für die Pflanzen besser verfügbar. Gerade das aber soll im Herbst nicht geschehen. Denn Humusabbau zu dieser Jahreszeit ist nur Verschwendung und Nährstoffe, die leicht löslich sind, gehen ebenfalls leicht verloren, entweder in den Untergrund oder sie verschwinden in Hanglagen mit dem Oberflächenwasser. Man kann aber nicht sagen, dass Umgraben oder Bodenlockern im Herbst grundsätzlich schädlich ist.

Heidekraut - *Calluna*

Blühende Heidelandschaft mit *Calluna vulgaris.*

Das Heidekraut, auch Besenheide genannt, steht im September in voller Blüte. Diese natürlicherweise an öde und unfreundliche Existenzbedingungen angepasste Wildpflanze ist fast in ganz Europa zu finden, vom Norden Norwegens bis zur Südspitze Spaniens und sogar in Nordafrika. Es ist die vorherrschende, im Spätsommer und im Herbst blühende Pflanze auf ausgedehnten Heideflächen und in Gebirgslandschaften. Sie ist winterhart.

Die Gattung *Calluna* umfasst nur eine einzige Art. Die braunrote Farbe der Wildpflanzen wird in der Zucht durch leuchtendes Scharlachrot, tiefes Purpur, verschiedene Rosatöne und Weiß ergänzt. Manche Formen haben schön gefüllte Blüten. Sie blühen wesentlich länger als die ungefüllten Sorten. Im Lauf der Zeit sind auch Formen mit farbigem Laub entstanden, von klarem Gelb bis zu liebenswerten Tönen in Orange, Bronze oder Rot, auch Aprikosenfarben und Pink – praktisch die ganze Palette außer Blau. Heidegewächse kommen in ganz Europa natürlich vor, hauptsächlich auf sauren, moorigen Böden. Die meisten der rund 500 Arten, die zur Familie der Heidekrautgewächse zählen, stammen aus Südafrika. Bei uns sind in erster Linie zwei Formen zu finden: Erika, auch Glocken- oder Winterheide genannt, und *Calluna,* die Besen- oder Sommerheide.

Robust und schön

Wie die wilde Besenheide sind auch die Gartenformen von *Calluna* kalkfliehend, verlangen also kalkfreien Boden, dem bei Bedarf Torf zugesetzt werden sollte. Die Pflanzen sind unempfindlich gegen Wind und besitzen die Fähigkeit, auch unter der Einwirkung von salzhaltigen Winden zu gedeihen. Neben den ausgesprochenen Herbstblühern gibt es auch Gartenformen, die vom Frühsommer bis zum Spätherbst blühen. Ein jährlicher Rückschnitt der alten Blütenstände ist bei *Calluna* noch wichtiger als bei anderen Heidepflanzen. Wird das Schneiden versäumt, werden die Pflanzen „langbeinig“ und bringen weniger Blüten. Richtig geschnitten bilden die Pflanzen eine schöne gedrungene Form mit vollem Laub und guten Blütenähren aus. Der richtige Zeitpunkt zum Stutzen ist nach der Blüte. Manche empfehlen auch den Rückschnitt im zeitigen Frühjahr, unmittelbar vor dem Austrieb.

Besenheide

Zu einem regelrechten Star für Balkon und Terrasse wurde in den letzten Jahren die winterharte Besenheide, botanisch *Calluna vulgaris.* Durch eine Laune der Natur bleiben ihre Knospen geschlossen. Eine Befruchtung ist ausgeschlossen. So hält sich ihre Farbenpracht über Wochen, ja Monate hinweg. Erfolgreiche neue Züchtungen dieser Art in den Farben Weiß, Purpur oder Rot sind unter dem Namen 'Garden Girls' zusammengefasst. Durch gezieltes Kreuzen, Aussäen und Selektieren werden immer neue Sorten entwickelt.

Steckbrief

Besenheide
Calluna vulgaris

Familie:	Heidegewächse (Ericaceae)
Herkunft:	Mittel und Südeuropa
Wuchs:	gedrungener, kriechender Wuchs bis 25 cm hoch
Blütezeit:	von Dezember bis ins Frühjahr, je nach Sorte, Farben: Weiß, Rosa, Pink, Rot
Standort:	humose und leicht saure Böden, feucht aber keine Staunässe, sonniger Platz
Pflege:	regelmäßig düngen und leicht feucht halten, Rückschnitt nach der Blüte
Vermehrung:	Stecklingsvermehrung, sehr langsame Bewurzelung

Feldsalat – ein gesunder Feinschmeckersalat

Feldsalat eignet sich hervorragend für die Nachkultur auf abgeernteten Beeten. Der schmackhafte Wintersalat verträgt Frost und nutzt die herbstliche Sonne zum schnellen Wachstum. Aber auch im Oktober kann noch Feldsalat angebaut werden und im Kleingewächshaus gedeiht er den ganzen Winter über. Wer spät beginnt mit dem Anbau des Feldsalats, für den eigenen sich vorgezogene Pflanzen im Torfpresstopf.
Wer es geschickt anstellt, der baut Feldsalat nur einmal im Garten an, lässt ihn aussamen und braucht von da an nur noch zu ernten. Neue Züchtungen bringen größere Blätter und gut geformte Rosetten hervor, die sich einfacher ernten lassen. Daneben haben die Züchter mehltauresistente Feldsalatsorten entwickelt. Das ist vor allem für den intensiven Anbau im Gewächshaus wichtig, wo Standardsorten oder Sorten mit französischen Namen wegen ihrer Anfälligkeit gegen Mehltau kaum mehr angebaut werden. Mehltauresistente Sorten sind zum Beispiel 'Witt' und 'Elan'. Feldsalat ist nicht nur einfach anzubauen, sondern auch sehr gesund. Feldsalat enthält reichlich Kalium, Vitamin A und Vitamin C, viel Eisen und Vitamin B_6 sowie geringe Mengen an Kupfer, Zink, Folsäure, Magnesium und Phosphor. Er wirkt harntreibend und abführend.

Querbeet-Koch
Gregor Wittmann

Lammleber mit Apfelspalten auf Salatbett

Zutaten:
- *Lammleber (in 1 cm dicke Scheiben geschnitten), Radicchio, Feldsalat, Äpfel, Pfeffer und Salz, Butter, frischer Rosmarin*

Vinaigrette:
- *Balsamicoessig, Öl, Zwiebeln, Schnittlauch, Zucker*

Zubereitung:
Für das Dressing Essig, Wasser, eine Prise Salz und Zucker in eine Schüssel geben und gut mischen. Das Öl langsam einfließen lassen und gut unterrühren, zum Schluss ein paar Zwiebelwürfel und klein geschnittenen Schnittlauch zugeben. Das Dressing stehen lassen, damit die Kräuter ein wenig durchziehen können.
Die Lammleber mit Pfeffer und Salz würzen, in eine beschichtete Pfanne geben und mit etwas Öl anbraten. Je Seite nicht mehr als zwei Minuten. Gleichzeitig die Apfelspalten mit in die Pfanne geben und auch anbraten. Ein Rosmarinzweig und etwas Butter am Schluss zugegeben, runden den Geschmack ab. Tipp: Die Leber immer nur bei schwacher Hitze anbraten, damit das Fleisch zart und geschmackvoll bleibt.
Die gleiche Menge Feldsalat und Radicchio in eine Schüssel geben und mit dem Dressing mischen. Den Salat auf einem Teller anrichten und die Leber mit den Apfelspalten darauf geben. Etwas Kresse darüberstreuen, sie würzt und rundet den Geschmack der leichten Mahlzeit ab.

Steckbrief

Feldsalat
Valerianella locusta

Familie:	Baldriangewächse (Valerianaceae)
Herkunft:	heimisch in Europa, wird seit dem 19. Jahrhundert in der Küche verwendet
Wuchs:	kleine Blattrosetten mit 5 cm großen Blättern
Blütezeit:	die Blüte ist weiß und eher unscheinbar, 30 cm hoher Blütenstiel
Standort:	sonnig bis halbschattig, kommt mit jedem Boden klar, robust
Pflege:	nach dem Säen gut wässern, keine Düngung notwendig, Boden offen halten
Vermehrung:	durch Aussaat, lässt man ihn blühen, vermehrt er sich von selbst

Spätherbst

Was jetzt zu tun ist

Allgemeine Gartenarbeiten
- Kaltkeimer in Kisten im Freien aussäen, vor Mäusen schützen
- Laubkompost ansetzen
- Gehölze pflanzen, solange der Boden nicht gefroren ist
- Winterschutz für Immergrüne anbringen, bei langer Trockenheit gut wässern
- Teich winterfest machen, Laub und abgestorbene Pflanzenteile entfernen

Nutzgarten
- Chicorée-Wurzeln ausgraben und zum Treiben einlagern
- Schnittlauch aus dem Garten ausgraben, für den Wintergebrauch eintopfen
- Beerenobststräucher schneiden
- Lauch an geschützter Stelle im Garten einschlagen
- Hügelbeet neu anlegen
- Beete für den Winter vorbereiten; bei schweren Böden umgraben, sonst nur lockern und mulchen

Ziergarten
- Winterschutz für Rosen und empfindliche Stauden schaffen
- Balkonpflanzen zurückschneiden und ins Winterquartier bringen, Kübelpflanzen auf Schädlinge kontrollieren und einwintern
- Balkon-Dauerbepflanzung wässern, immergrüne Gehölze mit Vlies oder Fichtenzweigen abdecken, für guten Wasserabzug bei Tontöpfen sorgen
- Zimmerpflanzen regelmäßig auf Schädlinge kontrollieren, möglichst hell stellen

Der Garten im Spätherbst

Obwohl jetzt im Garten kaum mehr etwas blüht, ist das kein Grund, auf bunte Farben zu verzichten. Die farbige Abwechslung kommt jetzt vom Herbstlaub und den fruchttragenden Sträuchern. Allerlei Farbe bieten noch verschiedene Blumen, Samenstände, Blätter von Stauden und die spät blühenden Blumenzwiebeln.
Wer die Farbwirkungen seines Gartens in dieser Jahreszeit bewusst einplanen will, kann praktisch gar keinen Fehler machen, da die meisten herbstlichen Farbtöne gut zueinanderpassen. Da jedoch die letzte große Inszenierung im Garten sehr kurz ist, darf sie ruhig etwas intensiver sein, ein letztes großes Feuerwerk an Farben bevor die Herbstwinde die Blätter wegfegen und die Vögel die Beeren von den Sträuchern fressen.

Oleaceae – die Ölbaumgewächse

„Die Bäume gingen hin, dass sie einen König über sich salbten und sprachen zum Ölbaum: ‚Sei unser König!' Aber der Ölbaum antwortete ihnen: ‚Soll ich meine Fettigkeit lassen, die beide, Götter und Menschen, an mir preisen und hingehen, dass ich schwebe über den Bäumen?'"

Olivenhaine lieferten schon früh Stoff für Mythen und Sagen.

Diese Fabel aus dem alttestamentarischen Buch der Richter lässt ahnen, welche wichtige Rolle der Ölbaum im Leben des Volkes Israels spielte. Damals wie heute war das Olivenöl ein wichtiger und wertvoller Bestandteil der menschlichen Ernährung. Baum und Früchte standen früher in so hohem Ansehen, dass das Öl, neben der Verwendung als tägliche Nahrung, zur Salbung von Königen und Priestern wie auch zur Heilung Kranker diente. Daneben spendete es in den Lampen zu Hause und im Tempel Licht.
Von seinem ursprünglichen Zentrum in Kleinasien aus wurde der Ölbaum schon in vorgeschichtlichen Zeiten in alle Länder rund um das Mittelmeer verbreitet.
Olivenöl war und ist ein Grundnahrungsmittel, das die gängigen Hauptspeisen aus Getreide und Fleisch ideal ergänzt. Und in allen antiken Kulturen hielt der Ölbaum Einzug in die Mythen und Sagen der Völker, so auch bei den alten Griechen (siehe Kasten).

Die Erschaffung des Ölbaums

Über die Erschaffung des Ölbaums auf der Akropolis in Athen berichtet ein ungenannter griechischer Autor: „Anfänglich war die Erde ganz mit Wasser bedeckt. Da tauchte zuerst Attika aus dem großen Meere hervor und es entstand ein Streit zwischen dem Meergott Poseidon und Athene, nach wem die zu gründende Stadt benannt werden sollte. Zeus entschied, sie sollte dem gehören, der ihr das beste Geschenk gäbe. Poseidon gab der Stadt einen Hafen und Schiffswerften, Athene aber schuf auf der Burg einen an Blüten und Früchten reichen Ölbaum, bekränzte sich mit dessen Zweigen, ward zu Siegerin erklärt und nach ihrem Namen wurde die Stadt Athen genannt. Seit dieser Begebenheit werden die Sieger in öffentlichen Wettkämpfen mit Ölzweigen bekränzt."

Eine große Familie

Botanisch zählt der Ölbaum zur Familie der Ölbaumgewächse – Oleaceae. Sie ist unterteilt in 24 Gattungen, in denen nach der neuesten Nomenklatur etwa 900 Arten zusammengefasst werden. Die Familie hat ihr Verbreitungsgebiet in den gemäßigten, subtropischen und tropischen Zonen aller Kontinente, ist aber am stärksten in Asien vertreten. Sämtliche Verwandte des Ölbaums sind Gehölze: Bäume, Sträucher und Lianen, einige immergrün wie der Ölbaum, andere dagegen – wie die Esche, der Flieder oder der Liguster – werfen ihr Laub im Winter ab. Wichtigstes Erkennungsmerkmal der Ölbaumgewächse sind ihre Blüten. Die Blütenstände bestehen überwiegend aus Trauben oder Rispen und die Blüten selbst haben fast immer vier Blütenblätter, die häufig zu einer trichterförmigen, tellerförmigen oder glockigen Krone verwachsen sind. Wenn man in die Blüte hineinschaut, findet man bei den meisten Ölbaumgewächsen nur zwei Staubblätter, die mit kurzen Filamenten an den Kronblättern verwachsen sind.
Wie viele andere große Pflanzenfamilien werden auch die Ölbaumgewächse in Unterfamilien, quasi in Seitenlinien, untergliedert. Dies sind Gruppen mit ähnlichen morphologischen Eigenschaften. Die Oleaceaen werden in zwei Unterfamilien gegliedert: Die erste umfasst die Gattungen, die dem Ölbaum am nächsten stehen, zum Beispiel Esche *(Fraxinus)*, Flieder *(Syringa)*, Liguster *(Ligustrum)*, die Duftblüte *(Osmanthus)*, den Schneeflocken-

Traum vieler Gärtner: Ein Olivenbaum im Garten.

Strauch *(Chionanthus)* und den Ölbaum selber. Die zweite Unterfamilie umfasst Gattungen, die eine nahe Verwandtschaft mit dem Jasmin aufweisen. Hierzu gehören zum Beispiel die Forsythie *(Forsythia)*, die Schneeforsythie *(Abeliophyllum)* und selbstverständlich der Jasmin *(Jasminum)*.

Interessante Verwandte

Ohne Zweifel ist die ökonomisch bedeutendste Art der Familie der Öl- oder Olivenbaum *(Olea europaea)*, aber auch in anderen Gattungen finden sich wertvolle Bäume und Sträucher, die in Wäldern, in Parkanlagen oder in Gärten wachsen. Zur Gattung *Fraxinus* zählt unter anderen die Gemeine Esche *(Fraxinus excelsior)*, die ein begehrtes Nutzholz liefert. Die Manna-Esche *(Fraxinus ornus)* wird in Süditalien wegen ihres süßen Saftes angepflanzt. Die Gattung Forsythia umfasst verschiedene Arten früh blühender Sträucher, deren gelbe Blüten vor den Blättern im Erstfrühling erscheinen, vor allem die Hybrid-Sorten aus der Gruppe *Forsythia intermedia*. Auch *Jasminum*, eine überwiegend tropische und subtropische Gattung, bietet mehrere beliebte und häufig gepflanzte Ziersträucher, unter anderen den Echten Jasmin *(Jasminum officinale)* und den Winterjasmin *(Jasminum nudiflorum)*. Einige Arten werden ihrer Duftstoffe wegen kultiviert, so zum Beispiel *Jasminum sambac*.

Der Duftende Ölbaum *(Osmanthus fragrans)* ist eine dankbare Pflanze für kühle Wintergärten.

Hecken und mehr

Die Gattung *Ligustrum* umfasst auch verschiedene Ziersträucher, die oft in Hecken gepflanzt werden, so *Ligustrum vulgare,* der einheimische Gemeine Liguster. Mehrere Arten der Duftblüte *(Osmanthus)* werden als Ziersträucher in China, den USA (Kalifornien), England und anderen Ländern mit milden Wintern sehr geschätzt - in Mitteleuropa gewinnen sie immer mehr Freunde bei Besitzern von kühlen Wintergärten. In China verwendet man die wohlriechenden Blüten von *Osmanthus fragrans* zum Parfümieren von Tee, ähnlich wie die Blüten von *Jasminum sambac.* Und last not least ist *Syringa,* der Flieder, einer der bekanntesten und beliebtesten Sträucher in unseren Gärten.
Öl, Obst, Holz, chemische Rohstoffe, Parfümöl, Ziergehölze - ökonomisch wie kulturhistorisch betrachtet, sind das zweifellos die wichtigsten Vorzüge der Familie der Ölbaumgewächse. Dass einige unserer schönsten und beliebtesten Gartensträucher, Bäume und Kübelpflanzen dazugehören, macht den besonderen Reiz dieser Pflanzenfamilie aus.

Eschen

Befasst man sich näher mit den Ölbaumgewächsen, so stößt man schnell auf *Fraxinus,* die Esche, die artenreichste Gattung der dem Ölbaum am nächsten stehenden Unterfamilie. Die Esche kommt mit mehr als 60 Arten in allen gemäßigten Gebieten der nördlichen Erdhalbkugel vor, wobei die meisten Arten in Asien und Nordamerika beheimatet sind. Die Blüten der Eschen sind im Allgemeinen recht klein und unscheinbar, nur die Manna-Esche *(Fraxinus ornus)* schmückt sich mit einer ansehnlichen Blütenpracht. In Europa ist die heimische Gemeine Esche *(Fraxinus excelsior)* wegen ihres harten, wertvollen Holzes die wirtschaftlich bedeutsamste Art. Hier wächst sie sowohl auf frischen, tiefgründigen Böden als auch auf trockenen Kalkböden. In Nordeuropa bildet sie ganze Bestände, während sie in Mitteleuropa eher einzeln oder gruppenweise in Auwäldern, an Ufern von Gewässern und in Laubmischwäldern wächst. Einen besonderen Platz nimmt sie in der nordischen Mythologie ein. So war Yggdrasil, der mit seinen weitreichenden Wurzeln alles umfassende Weltenbaum, eine Esche. Der altgermanischen Sage nach ging aus ihm der Mann hervor, während aus der Erle die Frau entstand.

Die Manna-Esche stammt aus dem Mittelmeerraum.

Die Manna-Esche

Die Manna-Esche *(Fraxinus ornus)* gedeiht in Italien an trockenen, sonnigen Hängen und wächst zu einem 8 m hohen Baum heran. Ihre weißen, duftenden Blüten stehen in dichten Rispen beisammen. Schneidet man die Rinde ein, fließt ein süßer, an der Luft aushärtender Saft, der getrocknet den Mannazucker liefert. Er diente früher als leichtes Abführmittel für Kinder. Um Mannazucker zu gewinnen, wurde in Sizilien und Kalabrien die Manna-Esche früher in großen Plantagen angebaut.

Die Schneeforsythie

Bereits im März, zur gleichen Zeit wie die *Scilla,* aber gut drei Wochen vor der gelben Forsythie, blüht *Abeliophyllum,* die Schneeforsythie. In Form und Größe ähneln ihre reinweißen Blüten denen der Forsythie so sehr, dass man meint, sie sei nichts anderes als eine weiß blühende Sorte des weit verbreiteten Gartenstrauches. Tatsächlich ist diese Art aus dem mittleren Bergland Koreas mit der Forsythie und dem Liguster nahe verwandt. *Abeliophyllum* ist eine monotypische Gattung, das heißt, ihr gehört nur die eine Art, *Abeliophyllum distichum* an.
Die Schneeforsythie ist ein locker aufgebauter, sommergrüner Strauch von etwa 1–1,5 m Höhe – ohne Blüten könnte man ihn beinahe für einen Liguster halten, so unscheinbar ist er. Während der Blütezeit ist *Abeliophyllum* aber besonders apart. Wie bei der Forsythie erscheinen die vierspaltigen Blüten am noch unbelaubten Strauch und biegen mit ihrem Gewicht die zierlichen Zweige fast zu Boden. Wenn die Sonne scheint, verströmen sie einen herrlichen Mandelduft. Für Kenner zählt *Abeliophyllum* zu den wertvollsten ersten Frühlingsblühern, ähnlich der Sternmagnolie, dem Seidelbast und den frühesten Rhododendren, mit denen er sich auch gut verträgt. Auch die Schneeheide *(Erica carnea)* ist ein guter Nachbar und als Unterpflanzung bildet sie einen Blütenteppich, von dem sich der blühende Busch schön abhebt. Besonders apart ist eine Zusammenstellung mit blau blühenden *Scilla* und anderen Vorfrühlingsstauden, oder mit dem gelben *Jasminum nudiflorum.*

Standortansprüche

Im lichten Halbschatten großer Bäume fühlt sich die Schneeforsythie wohl, doch an stark sonnigen Standorten muss der Boden genügend frisch sein. Obwohl das Holz winterhart ist, treten an den Knospen, die schon auf die ersten Sonnenstrahlen im März reagieren, und ebenso an den Blüten gelegentlich Frostschäden auf, sodass ein geschützter Standort zu empfehlen ist. Doch in den letzten Jahren hat sich die Art an vielen Stellen in Bayern als frosthart erwiesen. Was durchaus nicht verwundert, da viele andere Sträucher aus dem mittleren Korea ebenfalls die klimatischen Bedingungen in Mitteleuropa gut aushalten. Besondere Ansprüche an den Boden scheint der Strauch nicht zu stellen; er gedeiht sowohl auf sandigem, magerem als auch auf schwerem, sogar kalkreichem Boden. Trotz all dieser Vorzüge ist *Abeliophyllum* nur selten in deutschen Gärten zu sehen und kaum in Baumschulen zu erwerben.

Der Schneeflockenstrauch

Etwas besser bekannt in mitteleuropäischen Gärten ist *Chionanthus,* der Schneeflockenstrauch, ebenfalls ein naher Verwandter des Ölbaums. Entstanden ist der Name aus dem griechischen „chion", Schnee, und „anthos", die Blüte. Denn wenn *Chionanthus* im Sommer blüht, scheint es, als ob Schneeflocken durch seine Zweige rieseln und im leichten Wind ihr Spiel trieben. Mit je einer Art in Nordamerika und China ist diese Gattung nicht sehr umfangreich, aber beide Arten eignen sich hervorragend als Solitärsträucher für den Garten.
Chionanthus virginicus wächst in seiner Heimat Nordamerika in lichten Wäldern und an Flussufern. Hoch geschätzt wird er im Garten wegen seiner unzähligen weißen, duftenden Blüten, die im Juni in großen Rispen herabhängen. Jede einzelne Blüte setzt sich aus vier ungewöhnlich langen und schmalen Blütenblättern zusammen.
Der Schneeflockenstrauch ist zweihäusig, das heißt eine Pflanze ist entweder rein weiblich oder rein männlich. Die Blütenrispen und die Einzelblüten am männlichen Busch sind größer als die am weiblichen. Seit 1736 in Europa, gilt der Schneeflockenstrauch neben dem Blütenhartriegel *(Cornus florida)* als der schönste Blütenstrauch, der aus Nordamerika eingeführt wurde. In seiner Heimat wächst er baumartig, in europäischen Gärten werden selbst alte Sträucher kaum höher als 3–4 m.
Auch der aus Ostasien stammende *Chionanthus retusus* wird gelegentlich in europäischen Gärten gepflanzt. Er hat aufrecht stehende kleinere Blütenrispen und blüht erst im Juli/August. Da er in der Größe bescheidener ist als sein nordamerikanischer Cousin, hat er auch in kleineren

Jasmin ist neben Rose der wohl am meisten geschätzte Blütenduft.

Gärten Platz. Beide *Chionanthus*-Arten lieben einen frischen, nahrhaften Boden und gedeihen sowohl im Halbschatten wie in sonniger Lage. Als eingewachsene Sträucher sind sie gut winterhart; nur während ihrer Jugend brauchen sie etwas Winterschutz.

Jasmin und Duftblüte

Mit mehr als zweihundert Arten ist *Jasminum* die artenreichste Gattung aus der Familie der Ölbaumgewächse, und, da sie auf allen Kontinenten beheimatet ist, zugleich auch die am weitesten verbreitete Gattung dieser, den Globus umspannenden Familie. Die meisten Jasminarten können sich nicht so recht entscheiden, ob sie als Strauch oder als Kletterpflanze wachsen sollen: In Strauchform gedeihen viele am besten an Mauern, einige klimmende Arten wiederum lassen sich ebenso gut als lockere, ausladende Büsche ziehen. Bei allen Jasminarten sind die hübschen, einfachen, eleganten Blüten die Hauptattraktion. Sie bestehen aus einer tellerförmigen Krone mit gelben oder weißen, selten auch roten Kronblättern, die an der Basis zu einer zylindrischen Röhre zusammengewachsen sind. Von den rund 12 Arten, die in Europa kultiviert werden, entwickeln fast alle weiß blühenden einen schweren, süßen Duft, die gelb blühenden duften nur schwach oder überhaupt nicht.

Zarte Duftnoten

Zur Duftblüte *(Osmanthus)* zählen 15 Arten. Wie der Name vermuten lässt, sind die kleinen, weißen Blüten mit einer wunderbaren süßen, aber dezenten Duftnote parfümiert. Die meisten *Osmanthus*-Arten sind in Süd- und Ostasien beheimatet. Eine Art, *Osmanthus fragrans,* wird in Asien für die Parfümindustrie kultiviert. Ihre weißen, außerordentlich duftreichen Blüten verwendet man auch gerne zur Aromatisierung von chinesischem Tee. In China pflanzt man den Strauch häufig sowohl in privaten Gärten wie auch in Tempelgärten. Für die Chinesen stellen die Zeichen auf dem Mond einen *Osmanthus*-Busch dar, der trotz eines gewissen Wu Kang, der auf dem Mond in Verbannung lebt und ihn ständig mit seiner Axt behackt, doch ewig nachwächst.
In Japan wird eine kostbare Speise, eine Art Lotoswurzelpudding, mit Vorliebe mit *Osmanthus*-Zucker gesüßt, der aus den Blüten von *Osmanthus fragrans* hergestellt wird. Leider ist diese Art nicht ausreichend winterhart, um der Kälte eines mitteleuropäischen Winters standzuhalten, aber für den kühlen Wintergarten stellt *Osmanthus fragrans,* wie auch alle anderen Duftblüten-Arten, eine vorzügliche Kübelpflanze dar.
In wärmeren Teilen Mitteleuropas dagegen wird die aus Japan stammende immergrüne Art *Osmanthus heterophyllus* als Ziergehölz im Garten wegen ihres dekorativen Laubs geschätzt. Sie blüht erst ab September bis Oktober und ist deswegen für die Chinesen ein Symbol für Langlebigkeit.

John Ferguson

Umgraben oder lockern

Bodenbearbeitung im Garten bedeutet weit mehr als Beete zu säubern, Ordnung zu schaffen und den Boden in den Beeten zu lockern. In der Landwirtschaft hat sich ein ganzes Lehrsystem der Bodenbearbeitung entwickelt, wovon der Hobbygärtner durchaus profitieren kann. Bodenbearbeitung, ob auf dem Feld oder im Garten bedeutet, in einem Arbeitsgang immer mehrere Aufgaben zu erledigen. Das Werkzeug reißt zunächst die mehr oder weniger geschlossene Oberfläche auf, es lässt Wasser, aber auch organisches Pflanzenmaterial von der Oberfläche und Samen von ein- oder mehrjährigen Pflanzen in das geöffnete Erdreich eindringen. Lockern, Harken und Umgraben dient zugleich der Unkrautbekämpfung, der Boden wird offen und locker.

Der richtige Zeitpunkt

Schwere Böden kann man getrost umgraben, jedoch nicht im Frühling, sondern im Herbst; der Frost macht die Bodenkrume locker. Allerdings haben die wenigsten Gärten einen wirklich schweren Boden. Wo die Beete humusreich und locker sind, kann man sich das Umgraben mit dem Spaten ruhig sparen. Im Gegenteil: Den Beeten tut es gut, wenn sie etwas abgedeckt sind und man das Unkraut und sonstige abgeschnittene Pflanzenteile liegen lässt und eine Art Flächenkompost damit aufschichtet – aber nicht höher als 10–15 cm, sonst lockt man die Wühlmäuse in die Gemüse- und Blumenbeete. Das organische Material auf der Erde setzt sich auch bei wenig Wärme schnell um. Bis zum Frühjahr bleiben nur noch die groben Teile, die dann auf den Kompost umgelagert werden. Der Frühling ist die Zeit, in der man die Beete hacken, harken oder mit dem Kultivator und anderen Kleingeräten bearbeiten sollte. Ganz wichtig dabei ist es, auf die Bodenfeuchtigkeit zu achten: Auf keinen Fall darf die Erde schmieren, wenn man sie mit dem Gerät bearbeitet.

Profitipp
Stefan Ludwig

Werkzeuge richtig pflegen: So halten sie ein Leben lang
Gartengeräte mit geschmiedeten Metallteilen und Stielen aus Eschenholz kosten zwar viel Geld, doch der stolze Preis lohnt sich. Sie liegen nach jahrelangem Einsatz wie angegossen in der Hand. An den Händen entstehen keine Schwielen und Blasen. Damit die Geräte ein Gärtnerleben lang halten, muss man sie pflegen. Nach jedem Gebrauch und vor allem vor dem Einwintern müssen sämtliche Erdreste entfernt werden. Damit die Holzstiele nicht splittern oder brechen, schmirgelt man sie mit Schleifpapier ab und fettet sie ein; das geht mit Bohnerwachs oder Leinöl sehr gut. Wenn Zinken, Schaufeln und Spatenblätter sauber und trocken sind, reibt man sie mit einem mit Öl getränkten Lappen ab oder besprüht sie mit einem Rostschutzmittel. Zeigen die Metallteile bereits Anflüge von Rost, kann man diese mit Schleifpapier oder einem in Öl getränkten Korken abreiben.
Stiele und Griffe aus Kunststoff, wie sie moderne Geräte haben, brauchen keine Pflege. Aber die Metallteile müssen gesäubert und vor Rost geschützt werden. Bewahren Sie die Werkzeuge an einem trockenen Ort auf, vor allem im Winter.

QUER BEET

Beerensträucher für die Vögel

Hagebutten sind eine wichtige Vogelnahrung, die bis in den Winter überdauert.

Beerentragende Sträucher zählen zu den wichtigsten naturnahen Elementen eines Gartens. Die Wechselwirkungen und Partnerschaften zwischen den Sträuchern, den Vögeln und den Beeren sind ein spannendes Kapitel der Ökologie.

Für einen Beerenstrauch sind seine Beeren vor allem eins – eine Verpackung für sein wertvollstes Produkt, den Samen. Aus ihm soll einmal ein neuer Strauch entstehen. Und für einen Beerenstrauch ist der Vogel der Transportdienst, der den Samen dort hinbringen soll, wo er gut keimen und weiter wachsen kann. Dabei ist die Beere nicht nur die Verpackung des Samens, sie ist auch der Lohn, den der Vogel für seine Dienstleistung als Transporteur erhält. Vermutlich sieht der beerenfressende Vogel das aber etwas anders. Er hat Hunger und die saftig-süßen, appetittlich glänzenden Beeren sind genau das Richtige, um diesen zu stillen.

Geben und nehmen

Aber wer benutzt eigentlich wen für seine eigenen Zwecke? Auf den ersten Blick könnte man meinen, der Strauch führe das Kommando. Er bestimmt, wann und von wem seine Beeren gefressen werden – und dies auf recht raffinierte Art und Weise. Bevor nämlich der Samen reif ist, sind die Beeren in der Regel unscheinbar, grün, hart und schmecken sauer oder bitter. Denn kein Tier soll auf die Idee kommen, sich über die Früchte herzumachen, bevor der Samen keimfähig ist. Wenn es so weit ist und der Samen reif ist, informiert der Strauch die Tierwelt darüber. Er macht mächtig Werbung für sein Speiserestaurant.

Vögel können Farben sehr gut sehen, haben aber keinen Sinn für Gerüche. Deswegen färbt der Strauch seine reifen Beeren mit auffallenden Farben, die schon von Weitem leuchten. Nebenbei bemerkt: In einigen Regionen Amerikas, wo es verhältnismäßig viele früchtefressende Säugetiere gibt, sind die Früchte matt in der Farbe, duften aber stark. Hierzulande sind dagegen alle heimischen Vogelbeeren ohne Duft, dafür sind sie aber, wenn sie richtig reif sind, leuchtend rot oder schwarz. Der Farbenwechsel hat den alleinigen Zweck, den Vögeln klare Signale zu geben. Außerdem sind die Beeren schnabelgerecht und reifen genau zu dem Zeitpunkt, wenn z. B. Zugvögel oder Wintergäste am meisten Energie in Form von Kohlenhydraten, Fetten und Eiweiß benötigen.

Beerenfresser und Samendiebe

Erstaunlich ist, dass keine europäische Vogelart ausschließlich auf Pflanzenfrüchte spezialisiert ist. Sie sind sogenannte Generalisten, das bedeutet, sie alle fressen zu bestimmten Jahreszeiten auch Insekten und anderes Kleingetier. Und Beeren fressen nur erstaunlich wenige Arten. Darunter ist einer der bekanntesten heimischen Vögel, die Amsel; auch alle anderen Drosselarten, wie Misteldrossel, Wacholderdrossel, Singdrossel und Rotdrossel.

Misteldrosseln finden sich schnell ein, wenn Nahrung vorhanden ist.

Hinzu kommen der freche Star und das putzige Rotkehlchen. Und schließlich die kleinen, unauffälligen Grasmückenarten, vor allem die Mönchsgrasmücke, die Gartengrasmücke, die Dorngrasmücke und die Klappergrasmücke. Im Winter zieht der Seidenschwanz gelegentlich aus dem hohen Norden zu uns. Alles in allem nicht mehr als ein Dutzend Vogelarten, die zu den Beerenfressern gehören. Nachdem sie die Beeren verspeist und verdaut haben, scheiden oder würgen sie die intakten Samenkerne wieder aus, dorthin, wo diese vielleicht Chancen haben, zu keimen und zu gedeihen. Allerdings sind unter den Beerenfressern etliche listige Kerle, die wir Samendiebe nennen. Sie pulen häufig den Samen aus den Beeren heraus, lassen das süße Fruchtfleisch beiseite und fressen stattdessen den Samen. Was ganz und gar nicht im Sinne der Fortpflanzung des Beerenstrauches ist. Die häufigsten Samendiebe in Mitteleuropa sind Finken und Meisen. Wie passend, dass der größte Samendieb der dicke gemütliche Dompfaff ist! Aber auch der unscheinbare Grünling ist so ein gewiefter Trickdieb.

Vögel und ihre Lieblingsbeeren

Jede Vogelart hat ihre Lieblingsspeise. Die Amsel z. B. frisst im August am liebsten Ebereschenbeeren, im September und Oktober Eiben und Weißdorn, im November Mehlbeeren, im Dezember Stechpalmenbeeren und Hagebutten. Im Spätwinter und zur Brutzeit lässt sie sich die Beeren des Efeus schmecken. Pro Mahlzeit nimmt eine Amsel im Durchschnitt 3–14 Beeren zu sich, je nach Größe. Dies entspricht etwa 5–10 g.
Die Mistdrossel frisst am liebsten die Beeren von Stechpalme, Eibe, Weißdorn und Efeu. Aber im Garten nascht sie auch gern Beeren von nicht heimischen Gehölzen wie Felsenbirne, Zwergmispel, Mahonie und Berberitze. Hat ein Misteldrosselpaar einen guten Futterstrauch entdeckt, dann bleibt es fast immer in seiner Nähe.
Für die Wacholderdrossel, einen bei uns häufigen Wintergast, ist die Eberesche die wichtigste Nahrungsreserve. Sie frisst gern in Gruppen, manchmal sogar mit anderen Drosselarten zusammen. Aber auch Früchte von Weißdorn, Hundsrose, Efeu, Eberesche und Stechpalme stehen auf ihrem Speiseplan. In Gärten frisst sie auch gern Cotoneaster-Beeren.
Die Singdrossel bevorzugt ganz klar Beeren mit weichem Fruchtfleisch, das sich leicht vom Samen trennen lässt, wie die der Eibe und des Efeus. Obwohl die kleine Singdrossel höchstens zwei Beeren auf einmal im Schnabel zum Nest tragen kann, füttert sie ihre Jungen sowohl während sie noch im Nest sind als auch beim Flüggewerden im April und Mai hauptsächlich mit Efeubeeren und später von Juni bis August mit den Beeren von Stechpalmen und Amelanchier. Wer der kleinen Singdrossel etwas Gutes tun will, braucht nur an geeigneten Stellen Eiben, Efeu, Weißdorn, Holunder und den Gewöhnlichen Schneeball anzupflanzen.
Gar nicht wählerisch ist das putzige Rotkehlchen. Es frisst die Früchte von Pfaffenhütchen und Holunder, gefolgt von Efeu, Eibe, Stechpalme, Weißdorn, Wolligem Schneeball, Waldgeißblatt, Hartriegel und Liguster. Wenn man seinen Speisezettel anschaut, wird klar: Das Rotkehlchen frisst fast das ganze Jahr über Beeren, sogar im Hochsommer, wenn Insekten als Beute reichlich vorhanden sind.

Die Früchte der Stechpalme stehen auf dem Speisezettel vieler Vögel.

Auch Dorngrasmücken verschmähen Beeren nicht.

Zu den kleinsten im Samentransport tätigen Vögeln gehören die Grasmücken. Vor allem die adrette Mönchsgrasmücke mit ihrem hübschen schwarzen Kopfschmuck. Sie frisst im April gern Efeubeeren. Im Spätsommer werden zusätzlich Beeren von Holunder und Geißblatt verspeist.
Fazit: Wenn man alle Gehölzarten, die auf dem Speiseplan der heimischen beerenfressenden Vögel stehen, zusammenzählt, ergibt das eine bescheidene Liste von nicht mehr als zwanzig Arten. Darunter sind die Eberesche, das Wohlriechende Geißblatt, der Wollige Schneeball, die Eibe, das Waldgeißblatt, der Schwarze Holunder, der Hartriegel, der Weißdorn, die Schlehe, die Mehlbeere, die Stechpalme, der Kreuzdorn, das Pfaffenhütchen, der Liguster, die Hundsrose, der Gewöhnliche Schneeball, der Efeu und der Faulbaum. Will man versuchen, von diesen Gehölzarten möglichst viele an geeignete Plätze in unseren Gärten, Parks und in der freien Landschaft zu pflanzen, sie zu pflegen und zu schützen, dann hat man für das Dutzend der heimischen beerenfressenden Vögel deutlich mehr getan, als wenn man zentnerweise Winterfutter verstreut.

Appell an die Unordnung

Wenn Sie Vögeln und sonstigen Nützlingen im Garten helfen wollen, dann räumen Sie nicht alles so übertrieben sorgfältig auf. Die letzten, schon etwas angematschten Äpfel muss man nicht unbedingt auflesen. Für die Amseln sind sie eine willkommene Spätherbstspeise. Selbst faule Äpfel werden mit Hingabe verputzt. Und noch eine Randbemerkung: Im September sind die Hollerbeeren reif. Holundersträucher werden in manchen Gebieten regelrecht in Plantagen angebaut, manchmal zur Saftherstellung, vor allem aber zur Farbstoffgewinnung. Holunderbeeren färben sehr intensiv. Das sollte man beim Pflanzen von Hollerbüschen bedenken, denn selbst das, was die Vögel ausscheiden, ist noch tiefviolett und hinterlässt deutliche Spuren, vor allem auf weißer Wäsche. Man tut also gut daran, den Holler etwas abseits vom Haus zu pflanzen.

Linnés Blütenuhr – zeitlos schön

Die Blütenuhr gehört sicher zu den gemächlichsten Uhren der Welt: Kein hektisches Ticken, kein Aufziehen, keine Batteriewechsel sind nötig, und trotzdem geht sie immer ganz genau. Der schwedische Naturwissenschaftler Carl von Linné beobachtete, dass bestimmte Pflanzenarten nur zu bestimmten Tageszeiten blühen und somit einen Rückschluss auf die Uhrzeit zulassen. Anhand der geöffneten und geschlossenen Blüten lässt sich auf der Blumenuhr die Zeit ablesen. Linné legte das erste Exemplar seiner Blumenuhr 1745 im Botanischen Garten von Uppsala an. Sie bestand aus einem runden Blumenbeet mit 12 Abteilen. Jedes davon wurde mit der zur jeweiligen Stunde blühenden, krautigen Pflanze bestückt.

Wie funktioniert die Blumenuhr?

Warum öffnen sich die Blüten einer bestimmten Art regelmäßig zu gleichen Tageszeiten? Es handelt sich um ein Phänomen der Coevolution, der gemeinsamen Entwicklung von Pflanze und Bestäuber, das schließlich der Pflanze Vorteile bringt. Wenn die Pflanze gewährleisten kann, dass ihr bevorzugter Bestäuber täglich zur richtigen Zeit erscheint und ihren Pollen gezielt auf die Blüten von Artgenossen, und nur auf diese überträgt, dann spart die Pflanze Energie und wirtschaftet mit ihrem Blütenstaub sehr zu ihrem Vorteil. Gleichzeitig spart auch der Bestäuber Energie; er muss keine unnütze Zeit mit der Suche nach Nektar- oder Pollenquellen verbringen. Einmal „dressiert" auf eine bestimmte Art, bleibt er dieser mehr oder weniger treu, zumindest so lange es für ihn dort Nahrung gibt. Diese Coevolution erklärt die treibende Kraft der Blumenuhr; die physiologischen Mechanismen, die dahinter stecken, sind allerdings weitgehend unbekannt. Es ist schon erstaunlich, dass eine so alltäglich vertraute Sache, wie es das Aufblühen einer Blüte ist, in seinen Einzelheiten pflanzenphysiologisch noch nicht enträtselt werden konnte.

Die Blüten des Klatschmohns öffnen sich bereits um 5 Uhr in der Früh.

Etwas später, ab 7 Uhr, entfalten sich die Trichterblüten der Ackerwinde.

Von der Sonne neu gestellt

Forscher haben die Blumenuhr Linné's mehrfach untersucht und die Funktionsweisen im Wesentlichen bestätigt. So hat vor rund hundert Jahren der österreichische Botaniker Anton Kerner festgestellt, dass die Blumenuhr, die er in Innsbruck pflanzte, der von Linné in Uppsala um zwei Stunden vorauseilte, obwohl sie mit den gleichen Arten bepflanzt war. Der Grund? In Innsbruck geht die Sonne im Juni nicht zur gleichen Zeit auf wie in Schweden. Doch für die Blumen ist die Sonne ein wichtiger Zeitgeber. Sie stellt nämlich die biologische Uhr jeden Tag neu ein. Wenn man hier in Bayern eine Blumenuhr nach dem Muster von Linné im Garten anpflanzt – ein sicher lohnendes Experiment – so wäre es durchaus interessant zu beobachten, inwieweit sich die schwedischen Ergebnisse auf unsere Verhältnisse übertragen lassen. Die Dauer von Sonne, Licht, Helligkeit und Dunkelheit sind bei Pflanzen die bestimmenden Faktoren für das Öffnen und Schließen der Blüten.

Zu den Langschläfern gehören die Blüten der Prunkwinde.

Die innere Uhr

Pflanzen besitzen wie alle anderen Organismen, abgesehen von Bakterien und Viren, eine innere Uhr. Mithilfe der Uhr steuern sie innere Stoffwechselvorgänge, bisweilen auch sichtbare Bewegungen. So lassen Bohnen nachts ihre Blätter hängen, morgens stellen sie sie wieder auf. Anhand ihrer inneren Uhr messen Pflanzen auch die Tageslänge und entscheiden danach, ob sie sich auf die Winterruhe vorbereiten, Dauerorgane wie Knollen oder Blüten bilden, um die Fortpflanzungsphase einzuleiten. Einige Pflanzen wie etwa das Alpenveilchen sind tagneutral. Sie bilden unabhängig von der Beleuchtungsdauer vom frühen Frühling bis in den Herbst hinein Blüten.

Die Blütenuhr

Deutscher Name	Botanischer Name	Blüten öffnen sich	Blüten schließen sich
Hundsrose	*Rosa canina*	4–5 Uhr	Abend
Klatschmohn	*Papaver rhoeas*	5 Uhr	18 Uhr
Kürbis	*Curcurbita pepo*	5 Uhr	15–16 Uhr
Wegwarte	*Cichorium intybus*	6 Uhr	17–18 Uhr
Huflattich	*Tussilago farfara*	7 Uhr	16 Uhr
Ackerwinde	*Convolvulus arvensis*	7–8 Uhr	Abend
Sumpfdotterblume	*Caltha palustris*	8 Uhr	21 Uhr
Ackergauchheil	*Anagallis arvensis*	8 Uhr	14 Uhr
Löwenzahn	*Taraxacum officinale*	9 Uhr	17 Uhr
Sauerklee	*Oxalis*	9–10 Uhr	16 Uhr
Himmelblaue Prunkwinde	*Ipomoea tricolor*	10 Uhr	Abend
Weiße Seerose	*Nymphaea alba*	10 Uhr	14 Uhr
Kalifornischer Mohn	*Eschscholtzia californica*	13 Uhr	Abend
Wunderblume	*Mirabilis jalapa*	16 Uhr	Morgen
Nachtkerze	*Oenothera biennis*	18–19 Uhr	12 Uhr
Acker-Lichtnelke	*Silene noctiflora*	18–19 Uhr	6–7 Uhr
Stechapfel	*Datura stramonium*	20 Uhr	9 Uhr

Winterblühende Pflanzen unter Glas

Gerade in den dunklen, sonnenarmen und blütenlosen Wintertagen erkennt der glückliche Besitzer eines Wintergartens, wie wertvoll sein Glashaus ist und was für einen wirkungsvollen Ausgleich zum Alltagsstress er darin findet. In einem kühlen, aber frostfrei gehaltenen Wintergarten kann er das Gartenjahr so ausdehnen, dass er auch im Dezember, Januar und Februar leuchtende und herrlich duftende Blüten voll genießen kann. Pflanzen aus Australien, wie die einzigartigen *Grevillea-* oder die anmutigen, duftenden *Acacia*-Arten; Südamerikanerinnen, wie die bizarre Ankerpflanze; Chinesinnen, wie die bunten Kamelien oder Mittelmeerpflanzen, wie die parfümierte Winter-Iris sind nur einige der winterblühenden Schönheiten, die mit nur wenig Aufwand im Wintergarten zu halten sind.

Ankerpflanze

Die Ankerpflanze *(Colletia cruciata)* und ihre etwas weniger kriegerische Schwester *Colletia armata* sind zwei winterblühende Gehölze aus Südamerika, denen der Liebhaber von Pflanzen aus den Halbwüstenregionen als auch der Sammler von bizarren botanischen Kuriositäten unbedingt einen Platz in seinem kühlen Wintergarten einräumen sollte. Zur Blütezeit zwischen Oktober und Februar sieht die Ankerpflanze nicht anders aus als ein merkwürdiges Blumengesteck, zusammengeflochten aus gefährlichem Stacheldraht und Tausenden von Maiglöckchen-Blüten. Vielleicht ist es eben dieser Widerspruch, der *Colletia* ihren optischen Reiz verleiht.
Die großen, dreieckigen Dornen der Ankerpflanze sind tatsächlich gefährlich und bleiben äußerst scharf, selbst lange nachdem sie von der Pflanze abgefallen und ausgetrocknet sind. *Colletia* ist also eine Pflanze, die nur an einem gut überlegten Platz im Wintergarten stehen soll. Man möchte den süßen Mandelduft der Blüten genießen können, ohne dabei schmerzhafte Stiche zu riskieren. Den flachen, kreuzweise übereinanderstehenden Dornen verdankt die Ankerpflanze ihren deutschen Namen. Nur junge Sämlinge und manchmal neu gebildete Triebe tragen winzige Blätter, die sehr bald abfallen, sonst ist die Ankerpflanze völlig blattlos. Photosynthese und Atmung werden von den grünen Dornen übernommen, die eigentlich umgebildete Zweige sind.
Bei der nahe verwandten Art *Colletia armata* sind die graugrünen Dornen nicht flach, sondern zylindrisch. Sie sind etwa 3 cm lang, steif und sehr scharf. Trotzdem ist *Colletia armata* nicht ganz so bizarr und aggressiv in ihrer Erscheinung wie die Ankerpflanze. Ihre weißen Blüten hängen einzeln, zu zweit oder zu dritt mitten unter den Dornen. Sie wirken wie

Die Ankerpflanze ist eine äußerst dornenreiche Angelegenheit.

aus Wachs geformt und duften sehr schön. Bei der hübschen Sorte 'Rosea' sind die Blütenknospen pinkfarben und die Blüten von einem hellen Rosa überzogen.
Colletia gedeiht am besten in einer gut durchlässigen, aber etwas lehmigen Erde. Im Winter stehen die Pflanzen relativ trocken, am besten bei Temperaturen um 4–6 °C. Auf jeden Fall soll die Luft im Wintergarten immer frisch und trocken sein. Im Sommer mögen Colletien es sonnig, am besten vor einer warmen Hauswand im Freien. Beide Colletia-Arten lassen sich leicht aus Samen ziehen. Beide wachsen sehr langsam und können im Wintergarten mit der Zeit 1,5 m groß werden.

Silberbaumgewächse

Die Gattung *Grevillea* gehört zur Familie der Silberbaumgewächse, einer sehr alten Pflanzenfamilie, die sich vorwiegend auf Australien und Südafrika beschränkt. Leider sieht man in Europa nur wenige Vertreter dieser interessanten Familie, und dann meist nur in botanischen Gärten. Dies hat seinen Grund in der außerordentlichen Empfindlichkeit und dem geringen Anpassungsvermögen an neue Kulturbedingungen, was bei alten Pflanzenfamilien oft zu beobachten ist. Glücklicherweise sind die australischen Gattungen wie *Grevillea, Hakea, Banksia* oder *Dryandra* leichter zu kultivieren als die südafrikanischen Vertreter der Silberbaumfamilie. Mit etwas Einfühlungsvermögen und Kenntnissen über ihre Kulturansprüche lassen sich jedoch viele Arten bei uns im Wintergarten halten.

Entscheidend für den Kulturerfolg bei *Grevillea,* wie bei allen Silberbaumgewächsen, ist vorsichtiges Gießen – sowohl im Sommer als auch im Winter. Der Wurzelballen darf nie zu nass sein, er darf aber auch niemals ganz austrocknen. Gerade hier, wie so oft bei exotischen Kübelpflanzen, muss man sich mit viel Fingerspitzengefühl einarbeiten, denn bereits einmaliges übermäßiges Gießen kann, vor allem in der lichtarmen Jahreszeit, schlimme Folgen haben. Außerdem darf nur mit Regenwasser oder enthärtetem Wasser gegossen werden, da die Silberbaumgewächse – von wenigen Ausnahmen abgesehen – extrem empfindlich gegen kalkhaltiges Wasser sind.

Aus diesem Grund kommt auch nur eine saure Kulturerde infrage; die günstigen pH-Werte liegen zwischen 4,5 und 5,5. Die Erdmischung muss auch eine sehr gute Durchlässigkeit aufweisen. Eine geeignete Erde ist eine Mischung aus sandiger Heideerde oder Moorbeeterde vermischt mit Maulwurfhügelerde, alter Lauberde und kalkfreiem Quarzsand. Im Übrigen vertragen Grevilleen nur wenig Dünger; sie haben eine ausgeprägte Salzempfindlichkeit und vor allem Phosphor wirkt wie Gift auf sie. Deswegen erhalten sie nur eine verdünnte Lösung eines stickstoffbetonten, aber phosphor- und kaliarmen Düngers, ergänzt ab und zu mit einem Eisendünger wie Fetrilon.

Australischer Gast

Grevillea rosmarinifolia, die Rosmarin-Grevillea aus Australien, ist ein hübscher, buschiger Strauch, der dem Rosmarin tatsächlich sehr ähnlich sieht. Während der Blütezeit von Januar bis März wirkt die Rosmarin-Grevillea besonders attraktiv. Die eigenartig spinnenförmigen Blätter sind rosarot und erscheinen verstreut zwischen den dunkelgrünen, schmalen Blättern.

Rosmarin-Grevillea verträgt zwar einen leichten Frost, vorsichtshalber sollte sie aber Anfang Oktober in ein luftiges, helles Gewächshaus eingeräumt werden, wo sie bei Temperaturen zwischen 4 und 10 °C den Winter verbringt. Im Sommer gehören sie ins Freie, an einen hellen warmen Platz. *Grevillea,* wie die anderen Silberbaumgewächse, können volle Sonne gut vertragen, unerlässlich ist aber ausreichende Luftbewegung. Außerdem sollte man die Pflanzen bei längeren Regenperioden gegen zu viel Nässe schützen. Sie stammen nämlich alle aus sommertrockenen Gebieten.

Grevilleen gehören freilich nicht zu den problemlosesten Pflanzen, die man unter Glas halten kann, aber *Grevillea rosmarinifolia* und einige andere Arten sind so hübsch, dass sich ein Versuch lohnt, zumal das Saatgut aus dem Ausland leicht zu bekommen ist. Sät man sie im Frühjahr in sterile, sandige Erde bei Temperaturen um 20 °C, gehen die Samen im Allgemeinen nach 4–6 Wochen auf.

Das Laub der Rosmarin-Grevillea erinnert stark an den echten Rosmarin.

Winter-Iris

Iris unguicularis stammt aus dem nordafrikanischen Mittelmeerraum. Sie wird oft schlicht Winter-Iris genannt. Wegen ihrer Frostempfindlichkeit ist diese wunderschöne Art in Deutschland kaum bekannt. Sie wird aber in England und in den wärmeren Teilen der USA – besonders in Kalifornien – hoch geschätzt und dort in mehreren Sorten häufig im Garten gepflanzt. *Iris unguicularis* blüht in der dunklen Zeit zwischen November und Februar. Bei der Wildform sind die Blüten lavendelblau und haben den köstlichen Duft der Schlüsselblume. Die anderen Sorten dagegen zeigen verschiedene Farben von Weiß bis Dunkelblau und duften stark nach Honig oder auch nach Primeln.

Die Tatsache, dass ihre schönen, duftenden Blüten im tiefsten Winter erscheinen, und dass *Iris unguicularis* wunderbar in Töpfen und Kübeln gedeiht, macht sie zu einer perfekten Pflanze für den Wintergarten. Überdies ist die Kultur nicht kompliziert, wenn man ihr nur ein oder zwei bescheidene Wünsche erfüllt: *Iris unguicularis* will kalkhaltige Erde und im Sommer einen vollsonnigen, heißen und trockenen Standort. Ansonsten ist diese winterblühende Schwertlilie mit einem Platz in einem normalen, kühlen Wintergarten voll zufrieden – das heißt, hell und bei Temperaturen im Winter zwischen 5 und 8 °C.

Da *Iris unguicularis* ein ungestörtes Wachstum über Jahre hinweg schätzt, ist es günstig, nicht zu kleine Pflanzgefäße zu wählen, damit sich die Wurzeln ungehindert entfalten können. Die Kulturerde soll eher alkalisch und gut durchlässig sein. Dünger sollte nur sparsam verabreicht werden, im Frühjahr und Herbst vielleicht durch eine Knochenmehlgabe ergänzt.

Die Winter-Iris blüht im Winter – nur leider nicht bei uns.

Sorten

Iris unguicularis und ihre Sorten sind immergrüne Pflanzen mit etwa 45–60 cm langen, schmalen Blättern. Der Blütenstängel selbst ist sehr kurz oder überhaupt nicht vorhanden. Dafür haben die Blüten eine Kronröhre von 10–20 cm und stehen zwischen den Blättern. Die Blüten messen etwa 7 cm im Durchmesser und die sogenannten Hängeblätter sind etwa 8 cm lang.

Einige bekannte Sorten sind 'Alba' mit reinweißen Blüten und 'Mary Barnard' in Veilchenblau. 'Speciosa'-Blüten wirken wie aus violettem Samt mit einem orangefarbenen Streifen; sie duften stark nach Honig. Auch die silbrigblauen Blüten von 'Walter Butt' duften stark. Die Sorte 'Marginata' hat fliederblaue, weiß gesäumte Blüten.

Kamelien verlangen bei der Pflege etwas Fingerspitzengefühl.

Kamelien

Neben anderen winterblühenden Pflanzen wie den Akazien *A. longifolia, A. baileyana* und *A. dealbata* sowie verschiedenen duftenden *Sarcococca*-Arten, wie *S. humilis, S. hookeriana* und *S. confusa,* die allesamt fast, aber leider nicht ganz winterhart sind, und deshalb mit Erfolg nur in einem kühlen Wintergarten gedeihen, sollte einigen Kamelienarten auf jeden Fall ein Platz im Wintergarten eingeräumt werden.

Die *Camellia sasanqua*-Sorten 'Crimson King' und 'Narumi-Gata' blühen beispielsweise von November bis März. Die *Camellia japonica* 'Noblissima' folgt mit ihrer Blüte von Januar bis April. Alle drei Sorten lassen sich ausgezeichnet in Kübeln ziehen. Allerdings muss man zugeben: Kamelien sind keine Pflanzen für Anfänger. Im Großen und Ganzen haben sie ähnliche Ansprüche wie Rhododendren und Azaleen, brauchen also eine saure, humusreiche Erde, einen kühlen, etwas schattigen Standort sowie weiches, kalkfreies Gießwasser. Wenn man diese Bedingungen erfüllen kann, dann sind Kamelien ein absolutes Muss im Wintergarten. Es gibt nämlich nur ganz wenige winterblühende Pflanzen, die mit ihrer Schönheit konkurrieren können.

In einem 6–12 °C warmen Wintergarten wachsen und blühen Kamelien ohne jede Schwierigkeit. Während des ganzen Jahres ist der Wurzelballen stets gleichmäßig feucht zu halten. Lediglich vor dem völligen Ausreifen des neuen Triebs und vor der Bildung der Blütenknospen, also etwa im Juli, sollten sie etwas trockener gehalten werden. Anschließend wird wieder gleichmäßig wie zuvor gegossen. Von Ende Juni bis September stellt man Kamelien am besten an einen halbschattigen Platz im Freien. Während des ganzen Jahres wollen sie es luftig.

Pflegetipp

Einen Tipp zum Thema Kamelien möchte ich Ihnen noch weitergeben. Ich habe ihn von einer sehr guten, erfolgreichen Kamelienspezialistin und sie hat das Rezept aus China mitgebracht. Die Kamelien wachsen vorzüglich in verrottetem Nadelstreu von Fichten oder noch besser von Kiefern. Dazu schiebt man die oberste Nadelschicht am Waldboden zur Seite und nimmt sich von der darunter befindlichen weichen, zersetzten Schicht so viel wie man halt braucht. Seitdem ich diesen Rat befolge, blüht und wächst meine Kamelie aufregend gut!

Cranberrys – aromareiche Früchte

Cranberrys sind die großfruchtigen amerikanischen Verwandten unserer Preiselbeeren, botanisch *Vaccinium macrocarpon*. Beide gehören zur Familie der Heidekrautgewächse. Sie gedeihen auf sauren Böden mit einem hohen Humusgehalt. Cranberrys brauchen noch zusätzlich das sandig-salzige Element meeresnaher Böden, um gut und üppig gedeihen zu können.

Vielseitige Beeren mit Geschichte

Als die Pilgrim Fathers 1620 an der Küste von Cape Cod in Neuengland landeten, waren sie vom Hungertod bedroht. Die dort ansässigen Indianer zeigten ihnen, wie man von den einheimischen Pflanzen und dem Wild leben konnte. Nachdem die Auswanderer das erste harte Jahr überlebt hatten, bereiteten sie zusammen mit den Indianern ein Festmahl aus wildem Truthahn, Cranberrys, Kürbis und Maisbrot und feierten so 1621 das erste Erntedankfest. Die Pilgrim Fathers gaben den Früchten ihren heutigen Namen: Die Blüte erinnerte sie an den Kopf eines Kranichs, daher nannten sie die Frucht „Crane Berry", was später zu Cranberry verkürzt wurde.
Die Indianer schätzten die tiefroten Früchte, die sie "Ibimi" oder "Sassamanesh" nannten, seit jeher, nicht nur wegen ihres Nährwerts, sondern ebenso wegen ihrer heilenden Eigenschaften. So wurden mit dem Saft der Früchte Wunden ausgewaschen und die Medizinmänner bereiteten Umschläge, um Gift aus Pfeilwunden zu ziehen.
Seefahrer nahmen die Früchte auf ihre langen Walfangreisen mit, um dem gefährlichen Skorbut vorzubeugen. Cranberrys enthalten nämlich reichlich Vitamin C, Kalium, Phosphor und Antioxidantien. Ähnlich wie Preiselbeeren enthalten sie Wirkstoffe, die verhindern, dass sich im Harnwegsbereich Bakterien festsetzen.

Ungewöhnliche Ernte

Cranberrys können mit einer Art Mähdrescher geerntet werden. Dieser sammelt die Früchte ab, dann laufen sie über ein Förderband bis in den Sammelbehälter. Eine andere Erntemethode ist jedoch wesentlich effizienter. Bei der Nassernte werden die Felder bis zu einem halben Meter hoch geflutet. Eine Vorrichtung auf schwimmenden Pontons erzeugt einen Wasserstrudel, der die Beeren von der Pflanze löst. Da die Früchte vier kleine Luftkammern enthalten, steigen sie an die Wasseroberfläche und können abgesaugt werden. Ebenso ungewöhnlich wie die Ernte verläuft auch der Frischetest. Die Cranberryfrucht muss springen können! Jede Frucht muss über eine 10 cm hohe Barriere springen, beschädigte und minderwertige Früchte springen nicht und werden ausgelesen.
Frisch sind Cranberrys bei uns von Oktober bis Mitte Januar erhältlich; das ganze Jahr über gibt es Trockenfrüchte und Cranberrysaft. Da sie nicht ganz so säuerlich sind wie Preiselbeeren, sind sie in der Küche vielseitiger verwendbar, zum Beispiel in Muffins oder als Sauce.

Steckbrief

Cranberry
Vaccinium macrocarpon

Familie:	Heidekrautgewächse (Ericaceae)
Herkunft:	Amerika
Wuchs:	bodendeckend, bis 40 cm hoch, dicht verzweigt mit kleinen rundlichen Blättern
Blütezeit:	von Mai bis in den Juni, kleine weiße bis leicht rosa Blüten
Standort:	humoser und eher saurer Boden, sonnige und luftige Standorte
Pflege:	fast keine Pflege notwendig, in jedem Frühjahr eine leichte Startdüngung
Vermehrung:	durch Stecklinge und auch Ausläufer, die neu eingetopft werden können

Walnuss – die königliche Jupiternuss

„Iovis glans“ oder königliche Jupiternuss, so wurde die Walnuss bei den Römern genannt. Dies zeigt die hohe Wertschätzung, die der Walnuss entgegengebracht wurde und noch wird. Mit den Meeressäugern hat die deutsche Bezeichnung Walnuss nichts zu tun, sie bezieht sich auf die Herkunft des Baumes. Als „Walche“ bezeichneten die Germanen ihre Nachbarn aus Gallien, und von dort fand die Walnuss ihren Weg zu uns. Aus „Walsche Nuss“ wurde so Walnuss.

Ursprung der Walnuss

Walnussbäume, botanisch *Juglans regia,* stammen ursprünglich aus Asien. Etwa um 800 n. Chr. gelangten sie in das Gebiet nördlich der Alpen. Mit zunehmendem Bekanntheitsgrad verdrängten sie die Haselnusssträucher und sind vor allem in Süddeutschland häufig in Dörfern und bäuerlichen Obstgärten zu finden. Mittlerweile steht die Walnuss auch an Waldrändern oder in Streuobstanlagen. Die Bäume werden 10–15 (20) m hoch und haben eine rundliche, unregelmäßige Krone. Normalerweise trägt ein Walnussbaum erst nach 15–20 Jahren Früchte. Heute gibt es aber auch kleinere Walnusssorten, deren Krone nur ca. 4–6 m breit wird und die oft schon im zweiten Standjahr Früchte bringen.

Wer die Wahl hat …

Eine bekannte Walnusssorte ist ‘Esterhazy’, die besonders für warme Standorte geeignet ist und keine Befruchtersorte braucht. Die ‘Rote Donaunuss’ ist eine österreichische Sorte und eine der besten im Geschmack. Die Ernte ist regelmäßig und reich. Eine sehr gute und vor allem frostharte Walnuss ist die ‘Spreewalder Walnuss’. Die Nüsse selbst sind mittelgroß und schmecken sehr gut. Die ‘Geisenheimer Walnuss’ ist eine sehr robuste und wohlschmeckende Nuss. Durch den späten Austrieb ist sie nicht spätfrostgefährdet und dadurch auch für ungünstigere Lagen geeignet.

Runter kommen sie alle …

In den Erwerbsanlagen werden die Walnüsse von den Bäumen geschüttelt und mit riesigen „Staubsaugern“ aufgesammelt. Bei den Freizeitgärtnern dauert die Ernte etwas länger, runter kommen die Früchte aber früher oder später alle. Anfang Oktober sind die Nüsse reif und können geerntet werden. Mühelos lassen sie sich vom Baum schlagen. So richtig reif sind sie aber erst, wenn sie von selbst abfallen. Werden die Nüsse zu früh geerntet, stecken sie noch fest in ihrer grünen Fruchtschale. Vollreife Walnüsse fallen entweder mit geplatzter oder ganz ohne Fruchtkapsel zu Boden. Sind die Früchte aufgesammelt, muss die grüne Schale restlos entfernt werden. Danach werden die Walnüsse an einem luftigen und sonnigen Platz getrocknet. Unterlässt man das Putzen und Trocknen, fangen die Früchte häufig an zu faulen und zu schimmeln. Damit wird auch der wertvolle Kern ungenießbar. Beim Sammeln sollte man unbedingt Handschuhe tragen, da die Schale der Walnuss die Haut braun färbt.

Die Blätter des Walnussbaumes

Frische Walnussblätter und Walnussblätter-Tees wirken bei Hautkrankheiten, die auf innere Ursachen zurückzuführen sind. Die in den Blättern der Walnuss enthaltenen Gerbsäuren sind wesentlicher Bestandteil für die meisten erwünschten, aber auch die unerwünschten Wirkungen des Baums. Bereits Plinius wusste zu berichten, dass es schädlich ist, andere Pflanzen unter einen Walnussbaum zu setzen. Erfahrene Gärtner wissen, dass unter einem Walnussbaum tatsächlich wenig wächst; die vom Regen ausgewaschene Gerbsäure wirkt wie ein Unkrautbekämpfungsmittel (siehe auch S. 63).

Den strengen Duft der Gerbsäure verwendete man früher gerne beim Einlagern von Obst und Gemüse im Freien. Die klassischen Erdmieten wurden außen, bevor man noch eine Lage Stroh einlegte, mit Walnussblättern ausgelegt: Die Blätter halten nicht nur die Mäuse ab, sondern wirken auch gegen Bakterien und Pilze. Eingelagerte Äpfel, Birnen und das Wurzelgemüse werden so vor Fäulnis bewahrt. Frische Blätter besitzen eine insektizide Wirkung. In der Vergangenheit dienten die gerbstoffreichen Blätter als Mittel gegen Ekzeme und zum Färben von Stoffen und Haaren. Das Waschen mit einem Sud aus den Blättern schützte alten Enzyklopädien zufolge Pferde vor Mücken und Stechfliegen.

Gesundes, nahrhaftes Öl

Wegen ihrer gerade im Winter so wichtigen nahrhaften und gesunden Inhaltsstoffe galt die Walnuss schon früher als eine besondere Delikatesse. Besonders kostbar macht sie der hohe Gehalt an fettem Öl, das sich hervorragend zur Herstellung von Speiseöl eignet. Man trocknete die Nüsse und quetschte das Öl mit einer Presse aus. Walnussöl ist hellgelb und hat einen vollen Nussgeschmack. 50 Kilogramm Nüsse ergeben 10 Liter Öl. In ihrem Nährwert steht die Walnuss der Haselnuss in keiner Weise nach und taucht deshalb im Brauchtum vielfach als Fruchtbarkeitssymbol auf.

Aberglaube und Naturheilkunde

Die Bauern, vor allem im Alpenraum in Tirol und in der Schweiz, verfütterten früher ihren Tieren an Weihnachten ein paar Walnüsse, um deren Fruchtbarkeit zu erhöhen. Im Allgäu hängte man die Nachgeburt von Pferden an einen Nussbaum, was Stute und Fohlen die Gesundheit erhalten sollte. Die Naturheilkunde zählt die Walnuss zu den blutreinigenden Pflanzen. Blutreinigend wirken vor allem die getrockneten und zerstampften Blätter des Baums. Sie regen die Ausscheidung eingelagerter Giftstoffe aus dem Körper an. Das heißt, sie wirken positiv auf Leber, Blase, Nieren, Darm und Haut.

Gehirnnahrung der Extraklasse

In der Volksmedizin hat man die Walnuss immer als etwas Besonderes betrachtet. Von ihrer Struktur her erkennt man Ähnlichkeiten mit dem menschlichen Gehirn, und deshalb wird die Nuss als „Gehirnnahrung" empfohlen. Ihre Inhaltsstoffe sind mittlerweile natürlich längst erforscht: Walnüsse enthalten ein- und mehrfach ungesättigte Fettsäuren, vor allem die wichtigen Omega-3-Fettsäuren, die sich positiv auf den Blutfettspiegel auswirken. Außerdem Eiweiß, Ballaststoffe und die Vitamine B_1, B_2 und B_6. Walnusskerne und Walnussöl sind somit sowohl Gehirn- als auch Nervennahrung, fördern die Konzentrationsfähigkeit und eine ausgeglichene Stimmung. Walnussöl ist auch ein Kosmetikum: Es zieht gut in die Haut ein und macht sie geschmeidig.

Die grüne Schale der Walnuss färbt die Hände braun.

Steckbrief

Walnuss
Juglans regia

Familie:	Walnussgewächse (Juglandaceae)
Herkunft:	Europa, Zentralasien
Wuchs:	aufrechter Baum
Höhe:	10–15 (20) m
Blüte:	Mai, unauffällige grünliche Blüten, männliche und weibliche Blüten an einem Baum
Standort:	sonniger, warmer Standort, keine spätfrostgefährdete Lage wählen, humoser Boden
Vermehrung:	durch Aussaat möglich, Sorten mit früherem Fruchtbesatz durch Veredlung

Winter

Was jetzt zu tun ist

Was jetzt zu tun ist

Allgemeine Gartenarbeiten

- Gartenkataloge besorgen, Saatgut aussuchen und bestellen
- Vögel bei lang anhaltendem Schnee und Frost füttern
- Mistbeet packen
- Gartengeräte/-maschinen auf Schäden kontrollieren, reparieren und trocken einwintern

Nutzgarten

- Winterschnitt der Obstbäume, Kalkanstrich an Obstbaumstämmen
- Chicorée satzweise treiben
- Mischkulturen, Fruchtwechsel auf den Beeten für das nächste Jahr planen
- Feldsalat und Spinat mit Fichtenreisig schützen
- Rosenkohl und Pastinaken draußen lassen, nach Bedarf ernten

Ziergarten

- Sonnenschutz mit Vlies und Reisig für Immergrüne, regelmäßig wässern
- Schnitt von sommerblühenden Ziergehölzen
- Wasserversorgung von Rhododendren und anderen Immergrünen sichern
- Immergrüne und Nadelgehölze von Schneelast befreien
- Balkon- und Kübelpflanzen im Winterlager kontrollieren, ausputzen und gegebenenfalls gießen
- Zimmerpflanzen und Kübelpflanzen regelmäßig auf Schädlinge kontrollieren

Der Garten im Winter

Der Winter ist für jeden Garten der Moment der Wahrheit. Sobald die Blüten verwelkt sind, die Bäume und Sträucher ihre kahlen Äste in den Himmel recken, treten die formgebenden Elemente des Gartens und der Pflanzungen mit einem Mal deutlich – und bisweilen unbarmherzig – hervor. Pfade, Plattenwege, Hecken und Mauern, die Gestaltungselemente des Hintergrundes müssen nun allein wirken, da das Auge nicht mehr von der Fülle der Blütenfarben angezogen und abgelenkt wird. Wenn einem der Garten auch jetzt noch gefällt, dann sind wesentliche Ziele einer Gartengestaltung erfüllt. Prüfen Sie die Formen und Umrisse der Bäume und Sträucher, den Hintergrund, den Immergrüne und Hecken bilden, und ob Ihr Auge genügend Farbe im Garten findet. Bäume und Sträucher mit dekorativen Früchten gehören dazu, und Gehölze mit attraktiven, schön gefärbten Rinden und Zweigen ebenso.

Weihnachtliches Pflanzenbrevier

Pflanzen spielen in der Geschichte der Menschheit eine weit größere Rolle, als es uns im Allgemeinen bewusst ist. In der Literatur wimmelt es nur so von ihnen: Pflanzen symbolisieren viele menschliche Eigenschaften. Ob man nun in der antiken griechischen Literatur oder bei den alten Römern nachblättert oder Stellen in der Bibel aufschlägt, an denen Pflanzen auftauchen – immer haben Pflanzen eine ganz bestimmte symbolische Bedeutung. Sich damit zu befassen, lohnt sich also. Denn sie geben Auskunft über die vielfältigen Beziehungen von Mensch und Natur und vermitteln Einblicke in das lebendige und gleichnishafte Denken und Fühlen längst vergangener Kulturepochen der Menschheit.

Marienpflanzen

Allein ein gutes halbes Dutzend Pflanzen symbolisiert die Reinheit der Gottesmutter Maria, die Geburt Christi oder das Weihnachtsfest. Seit uralter Zeit steht die Mistel als Symbol für das Heil und für neu entstehendes Leben. Eine weihnachtliche Pflanze, die an vielen Stellen in der Bibel vorkommt, ist der Granatapfel. Um Weihnachten herum blüht auch die Christrose. In den angloamerikanischen Ländern zählt Efeu zu den Weihnachtspflanzen, ebenso die Stechpalme. Eng verbunden mit der Jungfräulichkeit Marias ist die Myrte. Zu einem weihnachtlichen Pflanzenbrevier zählen auch all jene Blumen und Gewächse, die in den Darstellungen der Mutter Maria mit dem Jesuskind auftauchen. Eine der bekanntesten ist die Madonna im Rosenhag von Stephan Lochner, entstanden um 1450 in Köln. Selbst einer Rose gleich, sitzt Maria im himmlischen Garten vor weißen und roten Rosen, flankiert von zwei Lilien, Symbolen der Keuschheit, der Sinnlichkeit und der Erotik. Engel reichen ihr aus einer Schale Äpfel und Maria sitzt auf einem Kissen, das auf einem mit Veilchen und Erdbeeren übersäten Flecken liegt. Die zur Familie der Rosen zählende Erdbeere symbolisiert die große Gemeinde der Liebesgöttin Aphrodite.

Symbolträchtig: Die Brautmyrte findet sich schon im Alten Testament.

Myrte

Bisweilen findet man die Mutter des Jesuskindes mit Myrten umkränzt. Wie viele andere Pflanzen hat das Christentum die Myrte aus früheren Kulturen oder aus dem Alten Testament übernommen, als Pflanze, die immer etwas mit Feiern oder mit Festen zu tun hat. Botanisch heißt sie *Myrtus communis*, auch als Brautmyrte bekannt.

Wie kommt es aber, dass die Myrte, deren Früchte nur Gewürzcharakter haben, in der Bedeutung gleichgestellt wird mit der Zeder, mit Akazien, dem Ölbaum und mit Pflanzen, die weit mehr die Mitte des Lebens symbolisieren? Zunächst ist es ihre Anspruchslosigkeit, welche der Myrte zu ihrem Stellenwert verhalf. Sie wächst nicht nur in der feuchten Ebene des Jordantals und im Dan-Tal, sondern auch auf den Golanhöhen, in Obergaliläa und auch auf dem Berg Karmel. Nicht zu unterschätzen ist die botanische Vielfalt der Myrte: Die Familie der Myrtaceae umfasst 3000 Arten, die wiederum in 100 Gattungen unterteilt sind, wobei die Gattung *Myrtus* Hundert Arten einschließt, in erster Linie tropische.

Myrten im Garten

Über die Alpen wanderte die Myrte erst im 16. Jahrhundert. Bis dahin galt ein Kranz aus Rosmarinzweigen als besonderer Brautschmuck. Im Laufe der Jahrhunderte löste der Myrtenkranz jedoch das Rosmarinkränzchen ab.
Seit dem 17. Jahrhundert werden Myrten im kühlen Norden kultiviert, meist in den Orangerien. Auch in vielen Bauernhäusern finden sich Myrten als Kübelpflanzen, die sich oft über Generationen auf dem Hof halten. Meist begann es mit einem Kranz aus frischen Myrtenzweigen, die nach der Hochzeit ins Wasser gestellt wurden, Wurzeln schlugen und dann weiterkultiviert wurden. Denn die Myrte zählt zu jenen Topfpflanzen, die sich leicht vermehren lassen: Die Vermehrung durch Stecklinge gelingt das ganze Jahr hindurch. Es ist allerdings darauf zu achten, dass Myrten in Töpfen und Kübeln äußerst empfindlich gegen kalkhaltiges Wasser sind. Das Substrat für die Myrte sollte leicht sauer sein. Bewährt hat sich eine Mischung aus alter Laub-, Mist- oder Rasenerde, wobei etwas Sand zugesetzt werden sollte.

Myrten im Kübel

Als Kübelpflanze blüht die Myrte von Juni bis August . Die Blüten haben weiße Kronblätter und gelbliche Staubblätter. Im Herbst bringt die Myrte rundliche, erbsengroße, meist bläulichschwarze Beeren hervor, die süßlich-würzig schmecken. Eine der bei uns kultivierten Ziermyrten trägt den Namen Judenmyrte *(Myrtus communis romana).* Sie besitzt große und quirlförmig angeordnete Blätter.

Granatapfel

Noch eine andere Pflanze wurde dem Alten Testament als Symbol für die Reinheit und Jungfräulichkeit der Mutter Jesu entliehen, der Granatapfel. In der Bildersprache des Hoheliedes Salomos wird die runde Form des Granatapfels mit der Schönheit einer Frau verglichen. Sein köstlicher roter Saft ist im Hohelied der Nektar der Liebenden, der Duft seiner vielen Blüten gilt als Inbegriff des erwachenden Frühlings in all seiner Lieblichkeit.
Die goldenen Glocken, die den Tempel zu Jerusalem schmückten, waren der Granatapfelform nachgebildet, Einrichtungsgegenstände des Tempels, Stickereien, Säulenkapitelle und die Priestergewänder waren mit Abbildungen des Granatapfels verziert. Beschrieben wird der Granatapfel auch als eine der sieben Pflanzenarten, welche die Männer, die Mose ausgesandt hatte, im gelobten Kanaan fanden. Der Granatapfel war eine der „sieben Arten" mit denen das Land gesegnet war.
Der Granatapfel taucht in der Kulturgeschichte des Menschen aber auch an vielen anderen Stellen auf. Seine Früchte wurden nachweislich bereits in Ägypten um 2500 vor Christus verzehrt. Als Ornament taucht er in der Kunst der Assyrer auf und eine große Rolle spielen die auch Granaten genannten Früchte in der griechischen und römischen Mythologie. Und das Christentum machte den Granatapfel zum Symbol der die köstlichste Frucht gebärenden Jungfrau Maria; die Blüte wurde zum Sinnbild feuriger Liebe. Im Hohelied Salomos heißt es in Kapitel 4, Vers 3:

„Einem Karmesinband gleich sind deine Lippen und dein Plaudermund ist lieblich. Gleich dem Riss im Granatapfel schimmert deine Schläfe hinter deinem Schleier hervor."

Vielseitige Frucht

Wissenschaftlich heißt der Granatapfel *Punica granatum*, was so viel bedeutet wie die körnige Frucht aus Phönizien. Es handelt sich um eine Pflanze mit allerlei Verwendungsmöglichkeiten. Die Früchte sind fleischig und haben viele Kerne, diese werden frisch verzehrt oder verarbeitet. Die Frucht ist eine kugelige Beere mit einer lederigen Schale, die beim Reifen aufplatzt und von einem Kelch gekrönt ist. Innen ist sie quergeteilt und enthält viele eckige Samen. Aus der Rinde der Pflanze stellte man früher Tinte her und noch heute dient sie zum Färben. Nördlich der Alpen hat der Granatapfelbaum als Kübelpflanze längst Einzug in die Wintergärten gehalten. Seine Früchte zählen zum festen Bestandteil gut sortierter Obst- und Gemüsegeschäfte. Im Wintergarten hat der Granatapfelbaum zwei Höhepunkte, nämlich die Blütezeit und die Periode der Fruchtreife. Der ursprüngliche Granatapfel blüht ungefüllt und rot, doch es gibt inzwischen viele Zuchtsorten mit gefüllten, gelben oder weißen Blüten.

Granatäpfel enthalten bis zu 400 Samen.

Stechpalmenzweige sind in England fester Bestandteil der Weihnachtsdekoration.

Stechpalme

Ausgesprochen keltische und später dann in den Zeiten des Christentums schottische und englische Pflanzen aus dem weihnachtlichen Pflanzenbrevier sind die Stechpalmen und der Efeu, Holly und Ivy, Pflanzen, die Kraft und Energie ausstrahlen, die lebensbejahend sind, vor Not und Tod schützen.

“The Holly and the Ivy
When they are both full grown
Of all the trees that are in the wood
The holly bears the crown …“

So beginnt ein bekanntes englisches Weihnachtslied, das dem Efeu und noch mehr der Stechpalme die obersten Ränge in der Pflanzenvielfalt des Waldes einräumt.
Doch schon der römische Schriftsteller Plinius wusste von geheimnisvollen Kräften der Stechpalme zu berichten; etwa von der Hilfe, die sie den Menschen bei der Abwehr von Dämonen und Hexen verleihen kann. Bereits im 15. Jahrhundert hat man die Zweige der Stechpalme als Weihnachtsschmuck verwendet.

Daneben hat sie in der Volkskunde nie ihre Bedeutung als Schutz gegen Blitz und anderes Unheil verloren. Ihr kräftig grünes Laub in Kombination mit den leuchtend roten Beeren regte natürlich immer schon die Fantasie der Menschen an. Galt der Ilex einerseits als Symbol des Lebens, deutete man das Rot der Beeren gerne als Symbol für Blut. Nicht umsonst lautet eine der Versionen vom Kreuz Christi, dass es vermutlich aus dem Holz der Stechpalme gemacht war.

Standortansprüche

Mit ihren immergrünen, lederigen und stacheligen Blättern passt die Stechpalme so gar nicht in unsere mitteleuropäische Vegetation. Und doch ist sie hier heimisch, ebenso wie in ganz Südeuropa, in Nordafrika und in Kleinasien. Sie ist noch schattenverträglicher als die Buche, liebt kalkhaltige, nicht zu trockene Böden. Wo man Wildwuchs erlaubt, bildet sie mit Stachelbeere, Weißdorn, Heckenkirsche, Haselnuss, Pfaffenhütchen, Himbeere und Efeu gerne ein undurchdringliches Gestrüpp. Ihre giftigen Früchte enthalten den Bitterstoff Ilicin, dazu Ilexsäure und den gelben Farbstoff Ilixanthin. Den Vögeln schaden die Inhaltsstoffe der Früchte nicht. Vor allem Drosseln machen sich im Winter über sie her. Vielen anderen Singvögeln bietet der Ilexstrauch Schutz, Deckung und Nistgelegenheit.

Efeu

Efeu war in der Antike bereits eine Pflanze, die mit Freude und Feiern in Verbindung gebracht wurde. Sie tauchte dort auf, wo Bacchus seine ausgelassenen Orgien feierte. In den Highlands von Schottland und England werden heute noch am Heiligen Abend die Kuhställe mit Efeu geschmückt. Der Efeuzweig soll von den Tieren, ihrer Milch und Butter, Unheil, Krankheit und Seuchen fernhalten. In Großbritannien künden einige Weihnachtslieder von der Schönheit und von den wundersamen Eigenschaften dieser Kletterpflanze.

Efeu – grüne Vielfalt mit Herz

Der Efeu ist die immergrüne Pflanze schlechthin und symbolisiert mit dieser Eigenschaft die Unvergänglichkeit. Das hat auch seinen Namen geprägt, der auf die germanische Sprachwurzel „iwe“ (ewig) zurückgeht. Das englische Wort „ivy“ zeigt den Ursprung des Namens noch deutlicher.

Der Kletterkünstler ist heute gefragter denn je. Ein Blick auf das umfangreiche Sortiment – weltweit etwa 1 000 Sorten – lässt auch den Gartenprofi staunen. Es gibt unglaublich viele verschiedene Blattformen und -farben. Viele sind aber Liebhabersorten und nur in milden Klimazonen richtig frosthart. Als „ausgezeichnet“ wurden nach einem mehrjährigen Test die Sorten 'Cathedral Wall', 'Wingertsberg' und 'Woerner' bewertet. Efeu besticht nicht nur durch seine optische Vielfalt, er ist auch im Garten vielseitig verwendbar. In halbschattigen bis schattigen Lagen ist die Pflanze ein hervorragender Bodendecker und eine robuste Kletterpflanze. In den ersten zwei Jahren nach der Pflanzung tut sich meist nicht besonders viel, aber danach sind auf guten Böden Jahrestriebe von über einem Meter Länge möglich.

Efeu ist ein robuster Bodendecker und besticht durch sein dekoratives Laub.

Früchte sieht man nur an alten Exemplaren des Efeu.

Efeu nimmt es sogar mit Birke und Ahorn auf

Die Pflanze wächst selbst dort, wo die meisten anderen Arten sich nicht durchsetzen können, zum Beispiel im dichten Wurzelgeflecht von Spitzahorn und Birke. Als typische Waldpflanze mag der Efeu keine vollsonnigen Standorte, lediglich die buntlaubigen Sorten wie 'Goldherz' brauchen 2–3 Stunden Sonne am Tag, damit sich die Blätter ausfärben. Was den Boden betrifft, ist Efeu nicht wählerisch. Er bevorzugt zwar kalkhaltige, humose Lehmböden, wächst aber auch auf ärmeren Sandböden, wenn sie humos und nicht zu trocken sind.
Als botanische Besonderheit bildet der Efeu nach frühestens sieben Jahren die sogenannte Altersform aus. Man kann sie oft in großen Bäumen oder auf dem Dach von Häusern entdecken. Die Pflanze scheint plötzlich den Spaß am Klettern zu verlieren und bildet stattdessen senkrecht wachsende, frei stehende Triebe mit dunkelgrünen, ovalen Blättern. Die Altersform wirkt wie eine völlig andere Pflanze, und nur sie blüht und trägt im Frühjahr schwarze Beeren. Wird sie durch Stecklinge vermehrt, können Sie sich diese Wuchsform als aufrecht wachsenden Strauch in den Garten setzen. In der Gärtnerei wird sie unter der Bezeichnung *Hedera colchica* 'Arborescens' (= „baumartig") angeboten.
Apropos baumartig: Oft klettert der Efeu im Garten an Bäumen hoch und macht sich in deren Kronen breit. Das ist nicht weiter schlimm und im Winter sogar sehr dekorativ. Efeu schmarotzt nicht und würgt die Bäume auch nicht, sondern er benutzt sie lediglich als Kletterhilfe. Bei altersschwachen Bäumen kann es schon einmal passieren, dass unter dem Gewicht der Efeupflanze einzelne abgestorbene Äste herausbrechen – aber dann ist es ohnehin Zeit, sich von dem Gehölz zu trennen.

Grüne Wände aus Efeu

Wollen Sie Ihre Hausmauer mit dem robusten Kletterer begrünen? Dann sollten Sie sicherstellen, dass die Fassade in einem guten Zustand ist. Wenn der Putz dauerfeuchte Risse hat, versucht die Pflanze, diese Wasserquellen für sich zu erschließen. Aus den kleinen Haftwurzeln bilden sich an diesen Stellen richtige Wurzeln. Sie wachsen in die Risse hinein und sprengen durch ihr Dickenwachstum mit der Zeit den Putz. Eine intakte Efeufassade hält dagegen lange, weil die dichte Blätterwand den Putz vor Witterungs- und Temperatureinflüssen schützt. Wenn Sie Ihr Haus mit Efeu begrünen, muss Ihnen klar sein, dass Sie mit

Profitipp
Klaus Körber

Der Trick mit der Farbe

Weil der Efeu ohne Rankhilfe überall hochklettern kann, eignet er sich wie der Wilde Wein hervorragend, um unschöne Gebäudefassaden zu kaschieren. Allerdings verweigert er bei neuen Betonwänden und weiß gestrichenen Fassaden mitunter seine Dienste. Von hellen, stark reflektierenden Flächen wenden die Triebe sich ab, weil sie mit dem grellen Licht nicht zurechtkommen. Ein etwas dunklerer Anstrich löst in der Regel das Problem. Frische Betonwände haben einen sehr hohen pH-Wert, und auch das hat der Efeu nicht so gerne. Es kann deshalb ein paar Jahre dauern, bis seine kleinen Haftwurzeln an solchen Wänden Halt finden.

der Pflanze einen Bund fürs Leben schließen. Es ist nämlich fast unmöglich, die zahllosen kleinen Haftwurzeln wieder von den Wänden zu entfernen. Sandstrahlen oder Abschrubben mit einer kräftigen Bürste sind am ehesten Erfolg versprechend. Außerdem müssen Sie gelegentlich die Fenster freischneiden und aufpassen, dass die Efeuranken nicht zwischen den Dachziegeln durchwachsen. Nichtsdestotrotz schmückt die immergrüne Fassade ein Haus ungemein und erntet stets bewundernde Blicke.

Efeu aus Stecklingen ziehen

Alle Efeusorten eignen sich gut für die Stecklingsvermehrung. Besonders hoch ist die Ausbeute, wenn man sogenannte Blattknospenstecklinge mit nur einem Blatt schneidet.

1. Man durchtrennt einen kräftigen einjährigen Trieb oberhalb und unterhalb zweier Blätter mit einem scharfen Messer und schneidet das untere Blatt ab (nicht abreißen!).
2. Jeweils drei Stecklinge werden in einen kleinen Blumentopf mit Anzuchterde gesteckt. Der Blattansatz sollte kurz oberhalb der Oberfläche liegen.
3. Decken Sie den Topf mit einem Folienbeutel ab und stellen Sie ihn auf eine helle, aber nicht sonnige Fensterbank. Die Stecklinge brauchen bis zur Bewurzelung etwa acht Wochen. Bis dahin müssen sie gleichmäßig feucht gehalten und regelmäßig belüftet werden.

Rote Christrosen sind langlebige, winterblühende Stauden.

Christrose

Zu den klassischen Weihnachtspflanzen zählt die Christrose *(Helleborus niger)*, auch Schwarze Nieswurz oder Eberwurz genannt. Sie gehört zur Familie der Hahnenfußgewächse, die bekannt ist für zahlreiche giftige Vertreter. Ihren Namen Christrose trägt sie, weil sie bereits im Dezember, um Weihnachten herum blüht. Von den Sumerern ist überliefert, dass sie die Nieswurz als ein stark wirkendes Heilmittel schätzten. Auch die alten Griechen setzten die Wirkstoffe der Nieswurz gegen Nervenleiden und Geisteskrankheiten ein. Im alten Rom sagte man, wenn jemand etwas „verrückt" war: „Helleboro opus habet" – er braucht die Nieswurz.

Hieronymus Bock erzählt in seinem Kräuterbuch aus dem Jahr 1577, dass manche Bauern ihrem Vieh an Weihnachten kleine homöopathische Mengen an Nieswurz verabreichten, und dass der Genuss der Pflanze den Tieren Gesundheit und dem Bauern Glück im Stall brachte.

Heute wissen wir, dass die Pflanze, insbesondere in ihren Wurzeln, neben dem Saponin Helleborin hochwirksame Digitalis-Glykoside enthält. Man verwendet Nieswurzpräparate deshalb, ähnlich wie den Fingerhut, als Präparat in der Herzmedizin.

Burkhard Mücke

Baumschnitt

Bei Gartenscheren auf keinen Fall sparen, Qualität hat ihren Preis.

Bäume sind wichtig für ein gesundes Klima, denn sie wandeln Kohlendioxid in Sauerstoff um. So kann ein großer Baum an einem Tag den Kohlendioxidanfall von zweieinhalb Einfamilienhäusern aufnehmen und Sauerstoff für zehn Personen produzieren. Bäume tragen also wesentlich zum Kleinklima bei und dürfen deshalb – auch auf Privatgrundstücken – nicht einfach abgeholzt werden. Die meisten Kommunen haben daher Baumschutzverordnungen erlassen, und in vielen Fällen ist es so geregelt, dass Bäume mit einem Stammumfang von 80 cm und mehr nicht ohne das Einverständnis der Unteren Naturschutzbehörde gefällt werden dürfen. Ausnahmen werden nur dann gewährt, wenn die Sicherheit des Straßenverkehrs oder die von Menschen gefährdet ist. Für Obstbäume gelten wieder spezielle Bestimmungen.

Kleinere Sanierungsmaßnahmen wie Äste und Zweige schneiden dürfen natürlich in Eigenregie durchgeführt werden. Allerdings sollte man dabei auch an die eigene Sicherheit denken: Das Arbeiten in luftiger Höhe ist nur etwas für Spezialisten. Selbst Hand an große Bäume anlegen, ist nur ratsam bei festem Boden unter den Füßen.

Erziehungsschnitt

Bei neu gepflanzten Bäumen und Sträuchern bildet der Erziehungsschnitt die Grundlage für ein regelmäßiges, kräftiges Wachstum. Spätere Schnittmaßnahmen dienen zur Bewahrung des Erziehungsschnitts und fördern – beispielsweise bei Obstbäumen – eine reichliche, regelmäßige Fruchtbildung. Die beste Zeit, um Äste zu schneiden, ist zu Beginn der Wachstumsperiode, je nach Region im Februar oder März. Zur Schnitttechnik: Auf jeden Fall sollte man große Äste erst einkürzen und danach fachgerecht auf Astring – das heißt nah am Stamm – abschneiden.

Wundversorgung

Jeder Schnitt verursacht Wunden. Deshalb ist die Wundversorgung ein wichtiger Aspekt. Förderlich für den Heilungsprozess ist das Verschließen der offenen Schnittfläche, am besten mit einem speziellen Wundverschluss-Balsam. Die Wunde mit dem Pinsel 1–2 cm über den Rand hinaus gut einstreichen. Der Belag bildet eine Schutzrinde, die Fäulniserreger abhält und die Wundheilung fördert.

Astscheren

Gartenscheren und insbesondere Astscheren müssen funktional, robust und handlich sein. Auch dicke Äste sollen sie mühelos und sauber schneiden. Doch die meisten modernen Astscheren erfüllen all diese Anforderungen. Allerdings gibt es Unterschiede in der Funktionsweise und bei der Technik der Kraftübertragung, die man kennen sollte. Der grundlegende Unterschied ist in der Schneidweise zu finden. Hier unterscheidet man zwischen Bypass- und Amboss-Scheren. Ihre Anwendungsbereiche sind verschieden.

Die Bypass-Schere

Bei der Bypass-Schere schneidet die obere Klinge an der unteren vorbei. Eine ziehende Schneidebewegung erfordert weniger Kraft und ist sehr präzise. Diese Technik erlaubt einen sauberen Schnitt, bei dem kein Gewebe gequetscht oder ausgefranst wird. In erster Linie sind Bypass-Scheren für junges und noch grünes Holz geeignet, auch Sträucher und Rosen lassen sich damit gut schneiden. Bei altem, starkem oder bereits abgestorbenem Holz ist die Bypass-Schere im Nachteil, hier empfiehlt es sich, eine Amboss-Schere zu verwenden.

Amboss-Scheren

Die Klinge der Amboss-Schere ist schmaler und schärfer als die der Bypass-Schere. Beim Schneiden von altem und vor allem hartem Holz muss die Klinge mit mehr Kraft durch das Holz gedrückt werden. Der Amboss der Schere stützt dabei den Ast und verteilt den Druck. Dadurch entstehen weniger Verletzungen am Holz und der Schnitt wird glatter. Der Schnitt durch dickes und hartes Holz erfordert sehr viel Kraft, deshalb haben viele gute Amboss-Scheren einen eingebauten Mechanismus, der den Kraftaufwand deutlich verringert.

Kraftübertragung

Viele moderne Astscheren haben eine Art Kraftübersetzung eingebaut. Diese soll den Schnitt erleichtern und vor zu schneller Ermüdung schützen. Manche Astscheren haben z. B. ein Zahnradgetriebe, das den Kraftaufwand erheblich verringert. Allerdings haben diese Scheren einen weiten Öffnungswinkel, der das Schneiden in engen Sträuchern oder Bäumen erschwert. Des Weiteren gibt es Astscheren, die eine Hebelübersetzung besitzen. Der Hebel überträgt die Kraft auf die Klingen und reduziert so den eigentlichen Kraftaufwand. Trotz des etwas höheren Preises dieser Scheren sind sie sehr zu empfehlen, da sich der Kraftaufwand um bis zu 40 % verringert. Übrigens: Je länger der Holm einer Schere, desto weniger Kraft muss man für den Schnitt aufbringen.

Für jeden Zweck die richtige Schere – so schont man seine Kräfte.

Bauweise und Langlebigkeit

Scheren aus dem Profibereich haben häufig den Vorteil, dass sie robust gebaut und die Klingen gut gehärtet sind. Diese Scheren sind zwar etwas schwerer, dafür aber nahezu unverwüstlich. Ein Großteil der Scheren aus dem Profisortiment kann nachgerüstet werden. Das heißt, Klingen, Stellschrauben und Stoßdämpfer sind auch einzeln erhältlich.

Werden die Klingen stumpf, wechselt man sie einfach aus – und schon ist die Schere wieder wie neu. Aber auch im Sortiment für den Freizeitgartenbereich sind sehr robuste Scheren zu finden. Auf allzu günstige Schnäppchen sollte man jedoch verzichten. Astscheren für den Freizeitgärtner sind eher leicht gebaut und verhindern so das schnelle Ermüden.
Im Freizeit- und natürlich auch im Profibereich gibt es verschiedene Scherengrößen, sowohl bei Astscheren als auch bei normalen Gartenscheren. Die Schere sollte gut in der Hand liegen, die Griffe an die Handgröße angepasst sein. Für Frauen sind Astscheren mit zu dicken Holmen nicht geeignet, besser sind dünne Holme die ganz umfasst werden können.

Fazit

Alle Scheren haben ihre speziellen Vorteile und ihren Einsatzbereich. Vor dem Kauf einer Astschere sollte man die Schere unbedingt auf ihre Handlichkeit prüfen, denn nur, wenn eine Schere gut in der Hand liegt, ist ein müheloses Schneiden möglich. Für Gartenbesitzer mit vielen Gehölzen und Obstbäumen sind Astscheren aus dem Profibereich zu empfehlen. Diese sind zwar in der Anschaffung etwas teurer, dafür aber sehr robust und langlebig. Eines gilt allerdings für alle Scheren: Einmal im Jahr sollten sie auseinandergebaut, gründlich gereinigt und geölt werden, denn nur so bleiben sie in einem guten Zustand.

Düngen nach der Bodenuntersuchung

Wer jetzt im Winter sein letztes Gartenjahr noch einmal Revue passieren lässt, der stolpert früher oder später über das Thema Dünger und Nährstoffversorgung von Pflanzen. Und dabei werden noch allerhand Fehler gemacht. Diese lassen sich in drei Problemkreise einteilen: Ein Grundproblem besteht darin, dass meist nach Rezeptur auf den Düngerpackungen und nicht nach den tatsächlich vorhandenen Bedürfnissen des Bodens und der Pflanzen gedüngt wird. Zunächst bedeutet dies nur eine Geldverschwendung. Das zweite Problem liegt aber darin, dass das ungezielte Düngen für die Kulturen im Garten keineswegs von Vorteil ist. Denn ein Zuviel von einem bestimmten Dünger kann zu einem Ungleichgewicht führen, das andere Nährstoffe automatisch ins Minus rutschen lässt. Ein Übermaß an Stickstoff kann das Blühen und Reifen behindern. Wenn Gehölze im Spätsommer oder gar im Herbst leicht löslichen Stickstoff abbekommen, dann kann das Holz in den Zweigen nicht abreifen und die Bäume und Sträucher sind gegen die winterlichen Frosttemperaturen sehr empfindlich. Die dritte Folge von unsachgemäßem Einsatz von Düngemitteln: Wer zu viel düngt, belastet den Naturhaushalt nicht nur in seinem Garten, sondern auch darüber hinaus. Gründe genug, um immer wieder zu betonen, dass man grundsätzlich nur nach den Ergebnissen einer Bodenuntersuchung düngen sollte und auf keinen Fall nach Gefühl oder Rezept auf den Düngemittelpackungen. Eine Bodenuntersuchung ist daher alle drei Jahre neu zu machen. Sogar mit Gründüngung und organischen Düngern kann man zu viel des Guten tun. Im Gegenteil: Wer umweltbewusst nach vorliegenden Bodenuntersuchungsergebnissen düngt, tut sich mit den Mineraldüngern wesentlich leichter, die Nährstoffmengen auf die Bedürfnisse des Bodens und der Pflanzen abzustimmen.

Frostgare

Schwere Gartenböden, noch dazu wenn sie recht feucht sind, kann man mit der sogenannten Frostgare im Winter lockern. Die Fähigkeit des Frostes, die Erdklumpen zu zerkleinern, hängt vom Wassergehalt des Bodens und der Abkühlungsgeschwindigkeit ab. Geht die Frosteinwirkung langsam vor sich, so erfolgt die Eiskristallbildung hauptsächlich in den großen Poren des Bodengefüges. Es bilden sich große Eiskristalle, die den umliegenden kleineren wassergefüllten Poren kaum zusätzlich Wasser entziehen. Bei schneller und intensiver Frosteinwirkung entsteht dagegen eine Vielzahl kleiner Kristalle, die dann durch die Ausdehnungskraft des Eises die Bodenaggregate zerstören. Bei Frost wandert das Wasser im Boden nach oben hin zur eindringenden Kälte. Es wird aus tieferen Schichten emporgehoben und in immer neuen Eisschichten an der obersten Frostzone abgelagert. Das führt zu einer starken Wasseranreicherung in der gefrorenen Schicht. Je sandiger der Boden, umso geringer ist allerdings die Feuchtigkeit in der Frostschicht. Das Fatale an dieser Frostgare ist, dass ausgerechnet die schweren Böden, die die Sprengkraft der Eiskristalle am nötigsten haben, auch am schnellsten wieder in den alten Zustand zurückfallen. Und zwar, weil Böden mit einer starken frostbedingten Wasserhebung, also Löss- und Lehmböden, im nachfolgenden Frühjahr beim Auftauen zu relativ starker Staunässe neigen. Diese Staunässe verschlämmt leicht und zerstört die im Winter entstandenen Bodenkrümel. Je humusärmer der Boden ist, umso stärker ist die Gefahr, dass das Werk des winterlichen Frosts wieder zunichte gemacht wird. Etwas anders liegen die Verhältnisse bei Tonböden. Sie zerfallen zuerst in große und dann in immer kleinere Krümel. Auf solchen Böden bildet sich während des Winters ein Gemisch von trockenen und locker liegenden Feinkrümeln. Bei schwereren Böden bedeutet das für die herbstliche Bodenbearbeitung, dass man die Fläche aufrauen sollte, zu große Schollen sind jedoch ungünstig. Besitzt ein Boden bereits eine gute Krümelstruktur, dann sollte man alles tun, um ein tiefes Eindringen des Frosts zu verhindern.

Auch Kleiber mögen Meisenknödel. Aber nicht zur Brutzeit füttern!

Querbeet-Ökotipp

Winterfütterung der Vögel

Einer der Gründe, wieso das Füttern der Vögel im Winter so verbreitet ist, liegt in der Neugier der Menschen und in ihrer Freude daran, die bunte Vogelwelt einmal aus der Nähe, durch das Fenster aus der warmen Stube heraus, beobachten zu können. Genau gesehen pfuscht man jedoch mit der Winterfütterung der Natur ins Handwerk, da man die Wintersterblichkeit einiger weniger Vogelarten vermindert. Man muss auf jeden Fall damit rechnen, dass dann, wenn man im Winter Dutzende von Amseln und Hunderte von Grünlingen und Spatzen füttert, die Gefahr zunimmt, dass diese Vögel im nächsten Jahr die Blütenknospen der Kirschbäume und der Johannisbeeren fressen oder die Erdbeeren, Äpfel und Birnen anpicken.

Den Zeitpunkt der Fütterung sollte man in jedem Fall an die Witterung anpassen. Gefüttert werden darf nur bei Dauerfrost und geschlossener Schneedecke. Dabei kommt es darauf an, die Fütterung zu überwachen. Findet man tote Vögel, so besteht Verdacht auf Salmonellose. Die Fütterung ist sofort einzustellen. Das Futterhaus muss gesäubert und desinfiziert werden und alle Futterreste am Boden sind zu entfernen. Manche Salmonellen sind auch für den Menschen ansteckend, sodass man vorsichtig sein sollte beim Anfassen von toten Vögeln mit schleimigem Ausfluss am Schnabel und an der Kloake. Salmonelleninfektionen werden häufig dort beobachtet, wo viele Vögel an Futterplätze gelangen. Deshalb ist es besser, mehrere kleine Futterstellen anzulegen als eine große. Selbstverständlich sollte sein, dass das Futter nicht nass werden darf. Auf keinen Fall sollte Vogelfutter auf den nassen Boden gestreut werden.

Gefährlich ist es, wenn man Meisen während der Brutzeit füttert, denn die Altvögel verfüttern die leicht erreichbaren Sonnenblumenkerne an die Jungvögel, deren Verdauungstrakt aber nur auf leicht verdauliche tierische Nahrung eingestellt ist. Schwer verdauliche Körner wie die von Sonnenblumen führen zum Tod der Jungvögel.

QUER BEET

Keimsprossen

Keimsprossen liefern frische Vitamine, auch mitten im Winter.

Am Anfang steht der Samen, das Samenkorn. Keimt es, spricht man von Keimlingen oder auch von Sprossen. Während des Keimens werden die Inhaltsstoffe im Samenkorn umgewandelt. Aus Stärke, Öl und sonstigen Nährstoffen entstehen so Zucker, Vitamine, Enzyme und Proteine. Sie dienen der heranwachsenden Pflanze als Nahrung. Die Phase des Keimens ist einer der spannendsten Augenblicke im Leben der Pflanze. Nur ein bisschen Feuchtigkeit und etwas Wärme genügen bereits, damit das Samenkorn sich aus seiner Ruhephase heraus voll aktiviert: All die guten Dinge im Samen sind in einer hochmolekularen, komplexen, stabilen und damit lange haltbaren Form gespeichert. Durch den Keimungsprozess entstehen daraus extrem leicht verwertbare Substanzen wie Aminosäuren, Peptide und Dextrine. Zusätzlich werden diese, jetzt niedermolekularen Nährstoffe mit Vitaminen, Enzymen, Hormonen, Ribonukleinsäuren und vielen Wachstumsfaktoren angereichert. Parallel dazu erfolgt der Abbau wachstumshemmender Substanzen wie Phytinsäure und Protease-Inhibitoren. Das Ziel ist eine möglichst ideale Nährlösung für den Pflanzenembryo zu erzeugen. Je besser die Rahmenbedingungen, umso günstiger ist das Ergebnis.

Zeitdauer, Temperatur, Luftzusammensetzung, Wasserzufuhr, Wasserzusammensetzung, Licht und noch ein paar andere Faktoren helfen, dass der Keimling wächst und gedeiht. Und was dem Pflanzenembryo dient, ist auch der menschlichen Ernährung zuträglich. Zu den leicht verdaulichen Substanzen gesellen sich im Laufe der Keimung neue Verbindungen wie etwa Chlorophyll, Cellulose, neue Enzyme, neue Pflanzenhormone und eine ganze Palette sogenannter sekundärer Pflanzenstoffe. Vor allem sind es die Enzyme, die das Keimsprossen-Gemüse für die Verdauung und den Stoffwechsel des Menschen so wertvoll machen. Hierzu ein wichtiger Hinweis:

Kressesamen

Kresse, *Lepidium sativum*, zählt zusammen mit Leinsaat zu den schleimbildenden Samen. Die Körner ummanteln sich beim Einweichen mit einer schleimigen Substanz. Damit es auf keinen Fall zur Pilzbildung kommt, sollte man Kresse und Leinsamen in einer offenen Schale ansetzen. Sie keimen aber ebenso gut auf Papierküchentüchern.

Praxistipp

Weil die Enzyme empfindlich gegen Hitze sind, ist es ratsam, Keimsprossen schonend zuzubereiten. Möglichst nur leicht andünsten, im Wok oder in der Pfanne, aber keinesfalls kochen oder durchbraten.

Voraussetzungen

Grundsätzlich kann man sagen, dass die Anzucht der Sprossen weit einfacher ist als die Erzeugung von Salat und Gemüse im Garten. Stimmen Licht, Luft, Wärme und Feuchtigkeit, dann kann eigentlich nichts schiefgehen. Beginnen wir mit dem Licht: Sprossen wollen keine direkte Sonneneinstrahlung, am besten wachsen sie bei weichem, indirektem Licht, also am Nord-, Ost- oder Westfenster. Man kann sie ruhig einen halben bis einen Meter von den Fensterscheiben entfernt aufstellen. Feuchtigkeit heißt, dass die Körner sowohl während des Aufgehens als auch in den Tagen darauf, während des Längenwachstums, stets feucht gehalten werden müssen, also nie austrocknen dürfen. Feucht halten, aber nicht nass. In Keimbehältern, die nach dem Prinzip des Durchlaufverfahrens funktionieren, sollte man die Sprossen mindestens zweimal am Tag spülen. Andererseits brauchen sie Luft und Sauerstoff, dürfen also nicht im Wasser stehen oder liegen. Die ideale Keimtemperatur liegt zwischen 18 und 21 °C. Bei Temperaturschwankungen dauert das Aufgehen und Wachsen der Keime etwas länger.

Wintervitamine in allen Variationen ...

- Rettich ist bekannt für seinen angenehm würzigen, appetitanregenden Geschmack, verursacht durch einen hohen Senfölanteil. Rettichsprossen wirken verdauungsfördernd, antibiotisch und blutreinigend. Der Vitamingehalt ist hoch. 100 g Sprossen enthalten mit ca. 100 mg fast doppelt so viel Vitamin C wie die gleiche Menge Orangen und hundertmal so viel wie die vergleichbare Menge eines Stücks Rettich.
- Radieschensprossen weisen ähnliche Eigenschaften wie Rettich auf, sind im Gegensatz dazu aber rot gefärbt und bieten somit eine optische Bereicherung für den Salatteller.
- Alfalfa hat einen mild-herben, an junge Erbsen erinnernden Geschmack und ist besonders reich an Vitaminen (u. a. A, B, C, D), Aminosäuren und an Mineralstoffen wie Kalzium und Magnesium. Alfalfa wirkt stoffwechselanregend, blutreinigend und entzündungshemmend.
- Senf hat einen scharfen, pfeffrigen Geschmack und enthält die Vitamine A, B_1, B_2, C und Mineralstoffe sowie 30 % Senföl und Glucosinolat. Senfsprossen eignen sich ausgezeichnet zur Zubereitung von Senfsaucen.
- Leinsamen enthält bis zu 40 % pflanzliche Öle mit einem hohen Anteil ungesättigter Fettsäuren. Die Sprossen schmecken mild bis neutral und liefern neben Mineralstoffen auch die Vitamine E, F und K. Die bioaktive Substanz Phytoöstrogen gilt als krebsvorbeugend.
- Rucolasprossen sind milder und nicht so intensiv im Aroma wie die ausgewachsene Salatrauke; sie schmecken dafür nussig und pikant.
- Brokkolisprossen enthalten laut Angaben der niederländischen Firma Koppert bis zu 30-mal mehr Glucosinolat wie ausgewachsener Brokkoli.

Methode und Zubehör

Technisch bieten sich als Gefäße für die Herstellung von Sprossengemüse mehrere Methoden an. Die einfachste ist Glas, ein oben offenes Weckglas etwa, in das die Körner gegeben werden. Man lässt sie ein paar Stunden einweichen, dann das Wasser ablaufen und spült dabei immer wieder. Bei der zweiten Methode wird Fließpapier auf einem Teller ausgebreitet und immer etwas feucht gehalten. Zum Ansetzen größerer Samenkörner eignen sich Plastikschalen am besten, die verschiedene Saatgut-Hersteller beim Kauf des Keimsprossen-Samens mitliefern. Wer einmal auf den Keimsprossen-Geschmack gekommen ist und das zarte Gemüse als festen Bestandteil seines Speiseplans sieht, kann zu aufwendigeren Behältnissen greifen. Gut bewährt haben sich sogenannte Keimrollen, längliche runde Behälter aus stabilem Plexiglas und mit Schraubverschlüssen auf beiden Seiten. Anfangs, beim Einfüllen, hält

Kressesamen keimen auf feuchtem Küchenpapier.

Frische Sprossen aus dem Keimturm.

man einen Deckel geschlossen und einen Deckel offen. Die Bohnen einweichen, wie bei den anderen Methoden 1–2 Stunden stehen lassen, danach das Wasser ausgießen. Der feste Deckel auf der einen Seite bleibt drauf, solange die Bohnen noch nicht ausgetrieben haben. Ist die äußere Schale aufgeweicht, beginnen die Enzyme im Inneren der Körner zu arbeiten und setzen die gesammelten Nährstoffvorräte im Korn in wertvolle Proteine und Vitamine um. Nach dem ersten Abgießen wird der feste Schraubdeckel nun durch einen Siebdeckel ersetzt. Meist werden zu dem System vier verschiedene Siebgrößen angeboten. Bei der Wahl der verschiedenen Größen kommt es darauf an, dass die Öffnungen immer etwas kleiner sind als die Keimlinge selbst. Durch die allmähliche Vergrößerung der Öffnungen gelingt es, die weichen, nicht ganz so appetitlichen Samenschalen während des Spülvorgangs zu entfernen. Entscheidend auch bei dieser Methode: Es muss immer genügend Luft an die wachsenden Sprossen kommen.

Keimturm und Schale

Die Keimverfahren im Glas, auf Fließpapier bzw. auf einem Papierhandtuch, in der einfachen Schale oder in der Keimrolle haben den Nachteil, dass man in einem Gefäß nur eine Sprossenart ansetzen kann. Diesen Nachteil gleicht das sogenannte Biostartergerät aus, ein Keimturm mit vier Etagen. Mit ihm lässt sich Sprossengemüse im Rotationssystem erzeugen. Angesetzt wird eine Schale nach der anderen: Zuerst diejenige über der Wasserauffangschale, die praktisch die Basis bildet. Die Körner werden hineingegeben, aufgeweicht und über ein kleines Ventil läuft nach einer Weile das überschüssige Wasser nach unten in die unterste Basisschale, die als Überlaufbehälter fungiert. Nach und nach lassen sich die drei weiteren Schalen ansetzen, eine über der anderen. Wasser eingießen, ablaufen lassen und am Ende wird alles mit einem Deckel abgedeckt. Das Spülen funktioniert

denkbar einfach: Oben wird Wasser reingegossen, es läuft nacheinander durch alle Behälter nach unten und wird durch das Ventil in jedem Stockwerk gebremst, das Wasser bleibt also eine Weile stehen, und sammelt sich dann unten an.
Erhältlich ist der Turm in Samengeschäften und Gartencentern. Das System funktioniert im Dreischritt: Zunächst einen Esslöffel Saatgut im Sieb unter fließendem Wasser abspülen und in der Schale verteilen. Der zweite Schritt ist das Durchspülen mit kaltem, frischem Leitungswasser, zweimal täglich. Der dritte und letzte Schritt ist die Ernte nach etwa fünf Tagen. Lassen Sie die Keime nicht zu lange auswachsen, ernten Sie lieber klein, und was nicht gleich verzehrt wird, geben Sie in den Kühlschrank. Dort halten sich die Keimsprossen circa eine Woche lang frisch.
Der ganze Keimturm besteht aus Plexiglas, ist also lichtdurchlässig und nach unten hin dicht. Das Schöne an dieser Methode: Zur gleichen Zeit stehen Keimsprossen in vier unterschiedlichen Reifephasen zur Verfügung – das ist Sprossengemüseproduktion in einem perfekten und arbeitssparenden Rotationsverfahren.

Vitamin pur

Sprossen werden auch gerne als Vitamine von der Fensterbank bezeichnet. Die Keimgläser, Keimschalen oder Keimtürme müssen aber nicht unbedingt am Fenster stehen, sie brauchen lediglich einen hellen, warmen Platz. Folgende Keimsprossen werden momentan in Reformhäusern und Gartencentern angeboten:

- Alfalfa
- Bockshornklee
- Brokkoli (ernährungsphysiologisch besonders wertvoll aufgrund der krebsvorbeugenden Substanzen)
- Kichererbsen
- Rettich
- Linsen
- Lunja
- Sojabohnen und Mungbohnen (= grüne Sojasprossen)
- Weizen

Sprossen sind gesund

Was bringen Keimsprossen für die Gesundheit? Beispielsweise die Sojasprossen: Von allen Keimen enthalten sie am meisten Eiweiß, außerdem besitzen sie einen hohen Anteil an ungesättigten Fettsäuren. Auch liefern sie eine reiche Palette an Mineralien, etwa Kalium, Kalzium, Phosphor, Magnesium, Eisen und Fluor. Die Chinesen haben offensichtlich gute Gründe, warum sie so auf Sojakeime schwören. Erstaunlich hoch ist auch der Proteingehalt von Alfalfa, der Luzerne, er liegt bei 30 %. An Vitaminen hat Alfalfa zu bieten A, B_1, B_2, D, E, G, K, und U. Beim Bockshornklee sticht vor allem der hohe Gehalt an Eisen hervor.
In deutschen Gärtnereien, die sich auf Sprossen spezialisiert haben, wird seit zwei Jahren in großem Umfang ganzjährig die Daikonkresse angebaut, botanisch eine Rettichart. Der besondere Vorteil dieser Kresse- bzw. Rettichart japanischen Ursprungs: Sie keimt rasch und ist besonders gut haltbar. Seit dem Frühjahr 2009 wird der Daikon-Rettich-Samen in guten Gartenfachgeschäften auch für den Hobbygärtner und Sprossengemüse-Liebhaber angeboten.
Übrigens: Normales, übriggebliebenes Gartensaatgut von Rettich, Kresse, Rucola oder den diversen Bohnensorten sollte man nicht für das Ansetzen von Sprossengemüse verwenden. Es könnte mit Rückständen aus der Produktion oder der Samenaufbereitung behaftet sein. Für die Keimsprossen in der Küche möglichst Samen aus biologischem Anbau nehmen.

Bockshornklee gehört ebenfalls zum Sortiment der Reformhäuser.

Stimmungsvoller Weihnachtsschmuck

Der Klassiker: Adventskranz mit roten Kerzen und stimmungsvollem Schmuck.

Kerzenschein, aromatische Düfte nach Zimt und Orangen, leckere Weihnachtsplätzchen: Die Adventszeit ist die gemütlichste Zeit des Jahres. Hübsche Adventsgestecke und attraktive Christbaumgebinde sorgen für die richtige Weihnachtsvorfreude.
Erlaubt ist, was gefällt. Der Gestaltung sind keine Grenzen gesetzt: Ob klassisch-schlichte Gestecke aus Tannenzweigen, Kiefernzapfen und Ilex-Beeren oder originelle aus Eibe, dekoriert mit farbigen Kugeln – für jeden Geschmack gibt es das Passende. Für kleine Wohnungen eignen sich platzsparende, gehaltvolle Gebinde. Wie ein kleiner Christbaum wirkt zum Beispiel ein Gesteck aus Tannenzweigen, das auf Moosgeflecht aufgebunden ist. Mit Zieräpfeln, Sternchen und Kugeln dekoriert, sorgt das schmal gehaltene Gebinde für weihnachtliches Flair. Es verbreitet in Ecken und auf Kommoden festlichen Glanz. Attraktiv und appetitlich zugleich ist eine Dekoration mit Pfeffernüssen, Lebkuchen und Zimtstangen. So ein Gesteck verbreitet im Haus einen angenehm weihnachtlichen Duft. Beeren, Nüsse, Koniferenzweige und duftende Äpfel lassen sich auch einfach in einer adventlichen Gabenschale arrangieren. Zusammen mit selbst gebastelten Strohsternen entsteht so an einem hellen Platz in der Wohnung ein attraktiver vorweihnachtlicher Blickfang.

Adventsgestecke

„Adventus" ist ein Wort aus dem Lateinischen und bedeutet Ankunft. Advent ist die Zeit, in der in christlichen Kirchen symbolisch auf die Ankunft Christi gewartet wird.
Der Brauch, in dieser Zeit Gestecke mit vier Kerzen aufzustellen, geht zurück auf den evangelischen Theologen Johann Wichern, der 1833 in Hamburg das „Raue Haus" gründete. In diesem Haus wurden Waisenkinder, vor allem Jungen, aufgenommen. Sie erhielten Unterkunft, Verpflegung und eine Berufsausbildung. Im Dezember wurde hier täglich eine Adventsandacht abgehalten und jeden Tag eine weitere Kerze angezündet, sodass am 24. Dezember 24 Kerzen brannten. Die Jungen legten als zusätzlichen Schmuck Tannenzweige dazu. Nach dem Ersten Weltkrieg verbreitete sich dieser Brauch über Norddeutschland hinaus in ganz Deutschland; die ursprünglich 24 Kerzen reduzierten sich auf vier Kerzen.
Mittlerweile gibt es Kränze und Gestecke aus allen möglichen Materialien und in den verschiedensten Ausstattungen.

Oh Tannenbaum!

Fichtennadeln sind spitz und pieksen, daran erkennt man sie eindeutig.

Tannennadeln sind stumpf und sitzen direkt an der Rinde.

Der Weihnachtsbaum gehört zum Weihnachtsfest dazu wie feierlich verpackte Geschenke und stimmungsvoll leuchtende Kerzen. Diese Tradition ist tief verankert und findet sich bereits bei den Römern. Zur Zeit der Jahreswende wurden im alten Rom, wie später auch bei den nordischen Völkern, immergrüne Zweige aufgehängt. Später im Mittelalter entstand daraus der Brauch, zu festlichen Anlässen ganze geschmückte Bäume aufzustellen. Das ist auch der Ursprung von Mai- und Richtbaum.
In den Kirchen hatte der Weihnachtsbaum zunächst im Krippenspiel seine Rolle, wo er den Paradiesbaum darstellen sollte. Später stellte man ihn auch außerhalb der Krippen auf. Wann der Christbaum zum ersten Mal erwähnt wurde, ist ungewiss. Der ungefähre Zeitraum ist Anfang des 15. Jahrhunderts. Geschmückt wurden die Bäume mit Äpfeln, Nüssen, Kugeln, Lichtern und Gebäck und anderem Zuckerwerk. Heute sind Weihnachtsbäume weltweit verbreitet, je nach Region werden unterschiedliche Pflanzen verwendet: Tannen, Mammutbäume, Eukalyptusbäume, Lorbeerbäume, bis hin zu wiederverwendbaren Kunststoffbäumen.

Skandinavischer Baum oder Öko-Baum?

Die meisten als Weihnachtsbaum angebotenen Nadelbäume stammen nicht aus deutschen Wäldern, sondern aus Skandinavien, vor allem aus Dänemark. Allerdings gibt es auch Christbäume aus heimischen Wäldern. Diese haben den Vorteil, dass sie nicht über weite Entfernungen transportiert werden müssen. Damit sind sie ökologischer und zudem auch meist frischer! So werden beispielsweise Fichten aus durchforsteten Wäldern zum Zweck der Auslichtung geschlagen. Eine gute Auswahl findet man in speziellen Christbaumkulturen, in denen Tannen- und Fichtenarten in allen Größen verfügbar sind. Zur Information der Verbraucher gibt es einige Siegel zur Herkunft der Bäume. Dazu zählen das FSC-Zeichen (Organistion zur Förderung nachhaltiger Waldwirtschaft), aber auch Güte- und Ökosiegel wie „Bayerischer Christbaum“ oder „Naturland-Christbaumkultur“.

Tanne oder Fichte

In unseren Mischwäldern heimisch ist die Weiß-Tanne, botanisch *Abies alba.* Sie gehört zu den echten Tannen, erkennbar an den Nadeln. Die Oberseite der Nadel ist dunkelgrün, die Unterseite weist dagegen zwei helle Streifen auf. Die kurzen und langen Nadeln wechseln sich ab und sind an der Spitze stumpf. Sie sitzen außerdem direkt an der Rinde. Am beliebtesten ist jedoch nach wie vor die Nordmanntanne, *Abies nordmanniana.* Sie duftet herrlich weihnachtlich und nadelt kaum. Etwas bläulich erscheinen die Nadeln der Nobilis-Tanne, *Abies nobilis.* Schmaler gewachsen ist die Colorado-Tanne, *Abies concolor.* Sie hat lange, bläuliche, duftende Nadeln und ist nicht so gleichmäßig aufgebaut wie die Nordmanntanne.
Alle Tannen erkennt man an den flachen stumpfen Nadelspitzen, die, im Gegensatz zu Fichten, nicht stechen. Ein weiteres Unterscheidungsmerkmal sind die Zapfen: Bei Tannen sind sie aufrecht und stehen wie Kerzen auf den Zweigen. Bei Fichten hingegen hängen sie von den Trie-

QUER BEET

Praktisch: Weihnachtsbäume im Topf werden nach dem Fest einfach ausgepflanzt.

ben nach unten wie Eiszapfen. Im Allgemeinen nadeln Tannen nicht so schnell wie Fichten.
Trotzdem werden auch Fichten gerne als Christbaum verwendet. Da sie schneller wachsen, sind sie meist günstiger im Preis. Verbreitet sind die Serbische Fichte, *Picea omorika,* und die Gemeine Fichte, *Picea abies.*

Trend zum Baum im Topf

Je schöner sich ein Christbaum präsentiert, desto eher ist er dem Fällen geweiht. Kein Wunder, dass der Trend zum Bäumchen im Topf geht. Der Vorteil: Es kann nach den Feiertagen in den Garten wandern und auf seinen Auftritt im nächsten Jahr warten. Dies klappt allerdings nur mit kultivierten Baumschulpflanzen samt Ballen, denn die Wurzeln müssen sich schon lange vorher an den Container gewöhnen. Gießen Sie den Weihnachtsbaum im Topf reichlich und halten Sie den festlichen Auftritt im Warmen so kurz wie möglich. Gut geeignet für den Garten ist die Korea-Tanne, *Abies koreana.* Sie bleibt klein und trägt bereits in jungem Alter wunderschöne Zapfen.

Fester Stand für den Christbaum

Wer dennoch lieber einen geschnittenen Weihnachtsbaum möchte, kann aus einem großen Angebot wählen. Ein besonderes Problem ist bei den geschnittenen Bäumen die standfeste Aufstellung. Die Christbaumständer-Technik hat sich in den letzten Jahren aber immer mehr verfeinert. Praktisch sind Ständer mit einem Seilzug, in ihnen können nicht nur gerade, sondern sogar krumme Bäume aufgestellt und bei der richtigen Ausrichtung einfach festgezogen werden. Seile aus Stahl halten hier den Baum sicher und stabil in der Halterung.

Qualität des Baums

Die Freude am schön geschmückten Christbaum ist schnell dahin, wenn seine Nadeln zu rieseln beginnen. Frische ist deshalb oberstes Gebot. Das gilt besonders für diejenigen, die den Baum schon zeitig vor Weihnachten aufstellen, oder sich bis weit in den Januar hinein an ihm erfreuen wollen. Wer ein paar Tipps befolgt, kann das Nadeln zwar nicht verhindern, aber immerhin hinauszögern. Die Weichen werden schon beim Kauf des Baums gestellt: Frisch aus der Kultur gekauft oder aus heimischer Herkunft halten die Bäume und ihre Nadeln oft länger als die von importierten Bäumen. Dann entscheidet die Baumart: Während Fichten zwar günstig sind, ist ihr Grün aber nicht besonders haltbar; Kiefern sind meistens ausdauernder. Rund 60 % der Käufer entscheiden sich heute für die Nordmanntanne. Sie hat weichere Nadeln, die relativ lange an den Zweigen bleiben. Kaum zu schlagen, aber auch am teuersten, ist die Edel- oder Nobilistanne, die auch trockene Nadeln lange Zeit nicht abwirft.
Wichtig auch die Wasserversorgung: Je länger der Christbaum stehen soll, desto bedeutender wird die Versorgung mit Wasser. Ein etwa 3 m großer Baum verbraucht in 24 Stunden ungefähr 0,3 l Wasser. Wasser macht den Baum außerdem schwerer und gibt ihm so mehr Halt im Ständer. Er trocknet nicht so schnell aus und ist damit weniger feuergefährdet. Die Nadelpracht hält bei einer guten Wasserversorgung ebenfalls einige Tage länger.

Mistel

Misteln galten den Kelten als heilig und bis heute sagt man ihnen wundersame Kräfte nach.

Die Mistel gehört zur Familie der Mistelgewächse. Allein die Gattung *Viscum* umfasst 65 Arten. Die meisten davon wachsen im tropischen und subtropischen Afrika, in Asien und im tropischen Australien. Die kleinste Mistelart gedeiht auf einer sukkulenten Euphorbie, die sie mit fadenartigen Ausläufern bis ins Mark durchdringt. Die Blütenknospen durchstoßen dann die Außenhaut, sodass Insekten an die Blüten herankommen können.

Unverwechselbar sind das gabelig aufgeteilte Zweigsystem, die gegenständigen, schmalen, grüngelben Blätter und die im Winter reifenden, weißen kugeligen Früchte unserer heimischen Mistel. Die Nadelholzmisteln haben im Unterschied zu den Laubbaummisteln gelbe Früchte. Die Blüten, kleine rundliche, unscheinbare Gebilde, öffnen sich bereits im März/April. Nicht jedes Exemplar fruchtet, denn Misteln sind zweihäusig.

Ist die Mistel ein Schmarotzer, wie sooft behauptet wird? Zum Teil schon. Zwar vermag sie dank ihres eigenen Chlorophylls zu assimilieren, also Zucker und andere Nährstoffe aufzubauen. Die Mistel braucht allerdings auch noch Wasser und Mineralsalze, und diese lebenswichtigen Stoffe entzieht sie den Bäumen, auf denen sie wächst. Man bezeichnet so etwas als Halbschmarotzer. Damit ein Baum durch Misteln in Mitleidenschaft gezogen wird, müssen allerdings schon sehr viele Misteln auf ihm siedeln.

Die Mistel ist vom Vorhandensein geeigneter Wirtsbäume abhängig. Wie aber kommt sie auf die Bäume? Nun, die Früchte enthalten einen klebrigen Schleim, der besser hält als Alleskleber – selbst dann noch, wenn die Samen den Verdauungskanal von Vögeln passiert haben. Hauptsächlich Drosseln fressen die Früchte.

Der klebrige Schleim ist aber auch schon vielen Vögeln zum Verhängnis geworden, denn jahrhundertelang diente er zur Herstellung von Vogelleim. Die Früchte werden zerstoßen, in Wasser gekocht und die Masse mit Nussöl verknetet. Im wahrsten Sinne des Wortes gingen vornehmlich Zugvögel aus dem Norden „auf den Leim".

Klebt ein Samen erst einmal fest auf der Rinde, erscheint zunächst die Keimwurzel in Form einer Scheibe und saugt den Samen noch fester an. Dann wächst eine Wurzel durch die Rinde, die jedoch nicht fähig ist, in das Holz einzudringen. Deswegen schiebt sie sich unter der Rinde langsam voran. Der Baum selbst umwächst das Würzelchen und nimmt es so unfreiwillig jedes Jahr mit einem neuen Jahresring tiefer in sich auf und versorgt die junge Mistel mit Wasser und Nährsalzen. Im Winter allerdings sitzt die Mistel mehr oder weniger auf dem Trockenen, da es mit dem Wassernachschub hapert. Doch die ledrigen Blätter bremsen eine zu rasche Verdunstung. Dienen Mistelzweige als weihnachtlicher Schmuck, sollte man sie nicht ohne Wasser aufstellen, weil sonst die Blätter bald welken und unansehnlich werden.

Steckbrief

Mistel
Viscum album

Familie:	Mistelgewächse (Viscaceae)
Verbreitung:	fast ganz Europa, Nordafrika, Südasien, Japan
Wuchs:	halbparasitischer Strauch, bis 1 m Durchmesser
Blütezeit:	Februar bis Mai
Standort:	parasitiert auf Laub- und Nadelhölzern
Verwendung:	alte Heilpflanze zur Behandlung verschiedener Krankheiten, u. a. Bluthochdruck, Gelenkerkrankungen und Krebs

Register